조영식과 이케다 다이사쿠의
생태문명과 평화운동

Ecocivilization and Peace Movement

조영식·이케다 다이사쿠 연구회 총서 제3권

조영식과 이케다 다이사쿠의 생태문명과 평화운동

하영애 편저

경희대학교 조영식·이케다 다이사쿠 연구회의 세 번째 총서인 『조영식과 이케다 다이사쿠의 생태문명과 평화운동』의 출간을 진심으로 축하합니다.

위대한 교육자 故 조영식 박사님께서는 귀국의 명문대인 경희대학교 창립자로서 한국뿐만 아니라 세계 고등교육의 발전에 다대한 공헌을 하셨습니다. 또한 저명한 평화활동으로서 일관된 유엔주의 아래 박사님께서 주창하신 '세계평화의 날'과 '세계평화의 해'가 1981년 유엔 총회에서 채택되는 등 세계평화 구축에도 위대한 업적을 남기셨습니다. 박사님께 다시 한번 충심으로 경의를 표합니다.

소카대학과 경희대학교의 교류는 평화주의와 인간주의라는 공통 이념을 지닌 귀 대학의 창립자 故 조영식 박사님과 본교의 창립자 이케다 다이사쿠 선생님의 깊은 우정으로 구축되었습니다. 1997년 9월, 본교는 한국의 대학과 처음으로 교류 협정을 맺었습니다. 이후 교직원의 교류를 시작으로 지금까지 200명이 넘는 학생들이 두 대학의 캠퍼스를 오가며 공부했습니다. 해를 거듭할수록 교류가 더욱 깊어지고 있어 그저 기쁠 따름입니다. 창립자 두 분의 이름을 붙여 만든 '조영식·이케다 다이사쿠 연구회'도 하영애 교수님을 중심으로 활발하게 연구 교류를 추진하고 있기에 진심 어린 경의와 감사를 표하는 바입니다.

박사님께서는 1997년 가을 본교를 처음으로 방문해 본교 창립자나 교직원과 회견하시고 본교 강당에서 개최된 학생제(대학제)에 참석하셨습니다. 석상에서 박사님께서 소카대 명예박사학위를 받고 본교의 일원이 되어 주신 것도 본교역사에 빛나는 역사적인 한 징표입니다. 그리고 두 창립자가 지켜보는 가운데 본교에 유학 중이던 한국 유학생들과 본 학생들이 어깨동무하고 박사님께서 작사하신 '평화의 노래'를 함께 불렀습니다. 두 손을 높이 들고 굳게 맹세하는 그대와 나, 모두 어서 나와 함께 평화를 구축하자며 대합창을 하던 벅찬 광경은 지금도 선명하게 기억합니다.

본교 창립자와 나눈 간담에서 박사님은 문명의 미래와 세계평화, 교육의 중요성, 지역과 가족에 대한 일 등 다방면에 걸쳐 여러 말씀을 하셨습니다. 본교 창립자는 기회가 있을 때마다 학생들에게 평화사회 구축을 위해 교육의 중요성을 말씀하시고 "인류 최대의 비극은 전쟁이고 인류 최고의 행복은 평화다"라는 말씀을 비롯해 박사님의 지언을 가르쳐 주셨습니다. 전쟁의 쓰라림을 맛보고 수많은 고난과 시련을 극복해 오신 박사님은 인간중심주의를 근본으로 인류의 행복을 위해 과감히 행동하는 인재육성을 목표로 교육이라는 성업에 존귀한 생애를 바치셨습니다. 귀 경희대학교에 유학하고 있던 저희 학생들도 따뜻하게 대해 주시며 기대 가득한 눈길로 "인류의 행복과 평화에 공헌하는 세계시민이 되어라"하고 격려의 말씀을 해 주셨다고 들었습니다. 귀 경희대학교에서 공부한 학생들도 박사님의 기대에 부응하듯 현재 세계를 무대로 활약하고 있습니다.

박사님은 본교를 방문하셨을 때, "천년의 지기여, 21세기를 다시 건설합시다"하고 메시지를 남겨 주셨습니다. 또한 '고등교육을 통한 세계평화의 실현'을 당부하셨습니다. 소카대학교는 박사님이 지향하신 이상을 실현하는 인재 배출을 위해 형님인 귀 대학과 손을 맞잡고 진력해 갈 결심입니다. 박사님의 고귀한 평화주의와 인간주의의 정신은 늘 저희 소카대학에 살아 숨쉬어 영원히 그 빛을 더해 갈 것이라고 약속드립니다.

끝으로 이 총서 제3권에 집필해주신 모든 분께도 감사드립니다.

2023년 2월

다나카 료헤이(田中亮平)

소카대학교 부총장(創価大學 副學長)

　지금으로부터 49년 전인 1974년에 이미 조영식은 생태학적 병폐가 가져올 위기에 대해 우리들에게 경고한 바 있다. 대기오염, 수질오염, 환경파괴의 병폐를 지적한 것이다. 그는 급기야 '지구 공동체 헌장'을 제시하고 지성인을 대표하는 세계대학총장회(IAUP)와 세계 각국에 이를 막기 위한 자연보호 운동과 평화운동을 실천하자고 제시하였다. 이케다 다이사쿠는 지구에 위협을 가져올 다양한 위험을 지적하였는데 특히 자연 생태계의 현 상태와 환경 보전 대책을 배우는 '환경교육' 과 '전쟁'의 잔혹함과 무의미함을 가르쳐 사회에 '비폭력'을 뿌리내려 가는 '평화교육'을 강조하였다.

　이러한 의미에서 조영식 · 이케다 다이사쿠 연구회가 펴내는 총서3『조영식과 이케다 다이사쿠의 생태문명과 평화운동』은 이 시대에 '나름의' 의미를 지닌다고 생각한다. 평화는 끊임없이 추구되어야 한다. 러시아와 우크라이나 전쟁이 1년이 되었으며 민간인 사상자만 수만 명에 달했다. 특히 여성과 어린이의 죽음은 더욱 가슴을 아프게 하여 하루속히 전쟁이 종료되어 모두가 평화스러운 일상으로 돌아가기를 바란다.

　두 분의 선각자적 생태계 파괴에 대한 예찰은 지금 이 시대의 가장 핫 이슈로 부각되고 있으며 이 문제에 대한 다각적인 생각과 그 해결을 위한 실천적 평화운동에 이 책이 주목하고 있는 이유이다.

연구회는 매년 학술 행사인 '조영식·이케다 다이사쿠 평화포럼'을 개최하고 있다. 특히, 2021년은 "기후위기와 세계평화", 2022년은 "평화·지구·미래를 위한 대화"를 대주제로 개최했으며, 2년간의 발표문을 엮어서 이 총서로 펴낸 것이다. 또한, 이 책에는 기후환경 분야에 탁월한 활동가인 일본 소카대학교 카게가와 미치요(掛川三千代) 교수의 일본의 기후위기 대응과 탄소중립에 관한 논문과, 연구회에서 2021년부터 청년육성과 두 분의 사상을 펼치기 위해 야심 차게 기획한 "조영식·이케다 다이사쿠 펠로우"(장학생) 제1기생 2명의 연구논문을 실었다. 올해로 벌써 펠로우 3기 장학사업을 진행 중에 있으며 우리는 이 장학사업을 오래도록 실천할 것이다.

본 총서 제3권의 구성은 다음과 같다. 우선 제1부는 조영식 및 이케다 다이사쿠 평화사상의 기초와 평화운동을 주제로 3개 챕터를 포함한다. 법과 철학, 법과 사회 등을 주제로 수많은 연구를 해오신 강희원 교수는 평화의 의미와 조영식 평화운동의 선구성, 독창성을 조명했다(제1장). 국제정치 전문가이신 오영달 교수는 조영식과 이케다 다이사쿠의 공통적인 사상적 기초로서 인간(중심)주의에 주목하여 이 내용과 전망을 심도 있게 논의했다(제2장). 국회의원도 역임하신 박명광 이사장은 대학 재학 시절 이래 직접 배운 조영식의 평화 사상과 운동에 대해서 귀중한 역사를 기록했다(제3장). 특히 제3장은 2022년 평화포럼의 기조연설 원고를 출판용으로 재구성한 것이다. 평화는 역시 조영식·이케다 다이사쿠 연구의 중심적인 주제라고 할 수 있으며, 연구회에서도 사상적 기초로부터 실천적 응용까지 매년 다각적 시각에서 집중적으로 다루고 있다.

제2부는 4개 챕터가 생태문명을 향한 과제를 논의한다. 조영식과 이케다 다이사쿠 모두 평화와 환경의 상호의존성에 주목하여, 지구와 인류 차원의 문제인 기후위기의 극복을 위해 문명적 전환을 해법으로 제시했다. 이에 대해 우선 제2부 전반부에서는 김용환 교수가 불교의 상호의존 사상과 지구민족주의를 바탕으로 세계지속평화라는 포괄적 패러다임과 이를 구현하기 위한 미래공창대화를 펼친 이케다의 사상과 행동을 분석했다(제4장). 이어서 정세희 연구원과 가케가와 교수는 기후위기 문제를 현실적으로 진단하여 이를 극복하기 위한 비전을 이케다 사상으로부터 각각 도출했다. 즉, 목적·책임·행동의 공유를 통해 지속가능한 남북환경협력을 근본적, 실제적, 통합적으로 추진하는 비전(제5장), 기후·경제·사회 등 각종 문제해결의 상승적 연쇄작용을 일으킬 필요성과 사회 시스템을 만든 인간 자신의 변혁 즉, 인간혁명을 넓히는 비전이다(제6장). 제2부 후반부에서는 하영애와 김천일 교수가 평화와 환경의 상호의존성을 일찍이 깨닫고 포괄적 대책을 스스로 실천한 조영식의 사상과 행동을 논의했다. 즉, 1974년의 저서 『인류사회의 재건』에서 조영식은 위기의 근본적 원인을 인간소외와 상호불신으로 보고, 인간성 회복을 위한 세계 수준의 시민연대와 평화운동을 전개했으며(제7장) 한국

사회와 세계 각지에서의 현실적 실천으로서 밝은사회운동을 펼친 것을 상세히 분석했다(제8장).

　제3부는 조영식 · 이케다 다이사쿠 펠로우 2명의 연구 결과물을 실었다(김성우, 홍예성). 대학생과 대학원생을 대상으로 자유주제로 1년 동안 추진되는 펠로우 연구사업의 방침 중 하나로서 우수한 결과물에 한해서 교수와 전문가 중심인 연구회 출판물에 함께 실을 수 있도록 기회를 마련하고 있다. 검토의 결과 1기생 2명 모두 개성 있는 각자의 활동 경험을 바탕으로, 우수한 연구논문을 작성했기에 게재가 실현되었다. 이 자리를 빌려 두 펠로우의 노고에 감사함과 동시에 미래 리더로서 무한한 성장을 응원하는 마음을 전하고 싶다. 또한, 2기, 3기...10기 등으로 이어질 인재에게도 이 책을 통해 '위배멘쉬(overmen)'-위대한 인격적 인간(제9장 참조)을 향한 두 펠로우의 노력이 전해지길 바란다.

　시작이 반이다. 연구회가 설립된 지 벌써 7년을 맞이하고 있다. 우리는 조영식과 이케다 다이사쿠에 대한 이론적 연구와 실천 운동을 위해 더욱 매진할 것이다. 이 책의 옥고를 내주신 많은 교수님과 세미나에 토론자로 참석하여 고견을 주신 분들, 참석자 한분 한분께도 감사드린다. 바쁘신 중에도 연구회에 커다란 관심을 가지고 ZOOM 웨비나 참석을 비롯하여 훌륭한 추천사를 써주신 소카대학교 다나카 료헤이 부총장님께 커다란 감사를 드린다.

오영달 교수님, 정복철 교수님, 신충식 교수님, 미우라 연구위원장님, 여국회 사무국장님과 연구회 모든 회원님들을 비롯하여 학술부 교수님들께도 고마움을 전한다. 그리고 예나 지금이나 보이지 않는 곳에서 연구회의 발전을 위해 물심양면으로 도움주시는 많은 분들께 머리 숙여 감사드린다.

끝으로 항상 좋은 책이 나오도록 세심한 배려를 해주시는 한국학술정보 ㈜ 채종준 사장님과 출판사 관계자분들께도 감사의 인사를 드린다.

2023년 2월 25일

아차산 기슭에서

저자 대표 하 영 애 씀

■ 목차

제2부__ 평화와 환경의 상호의존과 위기 극복:
　　　　생태문명을 향해

제4장　이케다 다이사쿠의 지속가능한 평화　_김용환

제5장　평화를 향한 한반도 지속가능발전　_정세희

제3부 ___ 조영식·이케다 다이사쿠 펠로우 연구

제1부

—

평화 사상의
기초와 실천

○

제1장

「평화(平和)」라는 말에 대한 단상

삶의 「평화」가 어떻게 가능할 수 있을까?

강희원*

Ⅰ. 서론

　지금 우리는 매스컴을 통해서 유럽의 동서 양 진영 간의 실질적인 대리전으로서 러시아와 우크라이나 간에 참혹한 전쟁이 진행되고 있는 것을 목도하고 있다. 이 전쟁이 자유 수호를 위한 정전(正戰) 또는 합법전쟁(合法戰爭)이냐 아니냐를 떠나, 상상할 수 없는 폭력이 난무하고, 수천 명의 젊은 군인이 죽어 소멸해버리는 것은 어쩌면 예상되었던 당연한 귀결이고, 비무장의 수많은 무고한 남녀노소가 죽고, 가족과 집을 잃고 죽음의 공포에 떨고 있다. 우크라이나의 상황이 강 건너 불처럼 보이지 않는다. 지금 한반도에, 나만 느끼는 불안감인지는 모르겠지만, 전운(戰雲)과 같은 이상한 긴장감이 점점 세지고 있는 것 같기도 하다. 자연과 타자에 대한 수탈을 통한 성장만 추구하

＊　경희대학교 법학전문대학원 명예교수, 변호사

는 세계자본주의 시스템은 그 속성상 막힌 곳을 뚫기 위해서는 가장 약한 고리 어느 곳의 대량적인 파괴를 필요로 하는데, 그 문제해결의 구멍으로서 한반도가 지정학적으로 가장 유력한 것이 아닌가 생각되기 때문이다. 아니, 한반도는 제2차 세계대전 이래 계속 전시 상태에 있어 왔지 않는가? 70여 년 전에 불을 뿜었던 6.25 동족상잔이 한반도에는 여전히 종식되지 않은 채 계속되고 있고, 국제법적으로 보면, 대한민국은 아메리카합중국[1]을 위시한 연합국들과 조선인민공화국을 비롯한 중화인민공화국, 러시아[=(구)소련]를 당사자로 하는 휴전협정 체제라는 애매한 상황에 처해 있을 뿐이다. 더구나 대한민국은 이 휴전협정의 당사자조차 아니지 않은가? 게다가 남쪽에는 전쟁을 억제하고 평화를 지킨다는 미명하에 중무장을 한 수만 명의 외국군이 주둔하고 있고, 북측은 핵폭탄의 개발에 박차를 가하는 등 남북 양측은 6.25전쟁 시에는 상상하지도 못했던 첨단무력으로 대치하고 있다.[2]

---

1 이름은 그 이름의 주체를 상징하는 것인데, 외국의 이름을 바르게 불러야 하지 않을까 생각한다. 그러한 의미에서 이 글에서는, 가능한 한, 그 나라 사람들이 자기 나라를 부르고 있는 이름을 그대로 우리말로 부르든가, 그렇지 않으면 그 의미를 번역해서 부르기로 한다. 그래서 "the United States of America"을 "미국"으로 표기하지 않고 「아메리카합중국(合州國)」이라고 한다. 과거에 중국인들이 중국어로 발음하기 위해서 한자로 표기했던 서양 국가들의 이름, 예컨대「英國」, 「美國」, 「獨逸」등을 우리는 이것을 우리말로 부르고 있는데, 이제 이러한 한자가 뜻글자라는 것을 생각할 때, 한자를 우리말로 읽는 것을 지양해야 하지 않을까 하는 것이 필자의 생각이다. 그래서 「영국(英國)」이 아니라 "연합왕국" 또는 "유나이티드 킹덤" 또는 짧게 "잉글랜드", 「미국(美國)」이 아니라 "아메리카합중국" 또는 "유나이티드 스테이츠 오브 아메리카" 또는 짧게 유에스에이(USA), 「독일(獨逸)」이 아니라 "도이칠란트" 또는 "분데스레퍼블릭 도이칠란트"가 그것이다. 그리고 우리나라의 공식적인 국호가 "대한민국"인데, 이것을 잉글리시 알파벳으로 표현하면, 천년 전에 사라센제국을 통해서 서유럽에 알려진 "고려(高麗)왕국"의 잔재인 「고려공화국」의 잉글리시 표기 "Republic of Korea"가 아니라, "Daehanminkuk" 또는 "the Pepople State of Great Khan"으로 표기해야 하는 것이 아닌지?

2 필자는 초등학교 시절에 한민족이 평화를 사랑하는 "백의민족"임을 자랑스럽게 배웠다. 그런 민족이 남북으로 갈라져서 서로 수백만명을 살상하는 큰 전쟁을 치르고도 모자라서 또다시 서로를 더 많이 죽이지 못해서 안달하고 있다. 게다가 지금까지 줄곧 양쪽의 정치적 지배집단은 분단이라는 비극적 민족현실을 평화적으로 극복하고자 노력하기는커녕, 북쪽은 민족 전체를 겁박하는 핵폭탄을 개발하였고, 남쪽은 표면적으로 '민족평화를 지키고 평화적 통일을 위해서'라는 슬로건을 내세우면서도, 역

게다가 최근에, 범죄의 수사 및 범죄자의 처벌을 위한 공소의 제기와 유지를 주업무로 하는 검찰조직에서 피고인의 반대편에 서서 그의 유죄를 주장하는 원고관(原告官) 즉 검사로서 오랫동안 체득해온 유·무죄의 일도양단적인 흑백논리와 과거지향적인 법률특유의 사고를 완화할 수 있는 어느 정도의 시간조차 갖지 못한 채, 검찰조직의 수장에서 갑자기 국가와 국민 전체의 장래를 설계하고 또 미래지향적이어야 할 정치인으로 변신한 윤석렬 대통령을 최고권력자로 하는 이른바 보수당의 새 정부의 출발, 그리고 대한민국의 정치적 상황 변화에 대한 대응으로서 조선민주주의인민공화국의 무력시위가 아메리카합중국 및 대한민국의 동맹군 간 대립과 긴장의 고조는 치킨게임(chicken game) 양상으로 강 대(對) 강으로 치닫고 있는 2022년 여름에 「전쟁」이라는 말이 어느 정도 현실성으로 이야기되는 상황에서 필자는 불안감과 폐색감으로 암울해지고 있다.

어쩌면 인류 역사에서 보면, 국지적으로 휴전상태라고 할 수 있는 소극적인 의미에 있어서 평화는 있었지만, 글로벌 차원에서 적극적인 평화는 한 번

설적(paradoxical)이게도, 북쪽에 질세라 거대한 외세의 핵우산 아래에서 "국방"을 산업화하고 첨단무기개발에 전념해 대량살상무기를 제조해온 덕분에, 이제 다른 민족들 간의 전쟁을 돈벌이기회로 삼을 수 있을 만큼 살상무기수출에 있어 세계에서 주목받을 만한 국가로 발돋움을 한 것 같다. 외신에 의하면, 한국의 군사복합체(Military Industrial Complex)의 규모가 정말 세계적 수준이라고 한다. 2013년에 서울에서 "국제항공우주국방전시회(The Seoul International Aerospace & Defence Exhibition: SEOUL ADEX)"가 개최되었고, 2013 서울아덱스(SEOUL ADEX)에서는 브로슈어의 기재 대로 28개국 361개 참가사를 유치해 75억 달러 규모의 무기수출을 위한 계약상담이 이뤄졌다고 하는 보도를 접했다. 그 이후 살상무기의 수출량은 짐작하건대, 그때보다 훨씬 더 많이 늘어났을 것이다. 스톡홀름국제평화연구소(SIPRI) 데이터베이스에 따르면, 한국이 2009년부터 2013년까지 세계 13위의 무기수출국이자 8위의 무기수입국이라 하고 있다. 또 최근 언론 보도에 의하면, 한국은 "세계 10대 경제강국·6대 군사대군·K방산 수출 세계 최고"라는 표제어를 자랑하고 있는데, "세계평화를 애호하고 세계평화에 기여하겠다"는 우리 헌법의 표방과는 너무나 달라서 정말 어의가 없다. 한국이야말로 겉으로는 평화애호, 속으로는 전쟁과 살상, 양두구육(羊頭狗肉)의 나라가 아닌가? 평화를 대량살상무기에 의하지 않고, 평화적으로 실현하는 방법이 없을까?

도 있어 본 적 없었다고 해도 과언이 아니다. 글로벌 시대인 오늘날, 전쟁과 평화에 대한 사람들의 태도는 현저히 혼미양상을 보이는 것 같다. 한편에서 는 글로벌 미디어 보도를 통해서 보면, 깨어 있는 시민들 간에는 모든 무력 분쟁 특히 다수의 민간인 피해를 수반하는 대량살상전쟁을 부정하는 비전주 의(非戰主義)적 경향이 국제여론으로 되어 가고 있는 것 같기도 하다. 그렇지 만 다른 편에서, 무기사용 대신에 수입 또는 수출 금지라는 교환의 형태이긴 하지만, 경제적 제재에 의한 간접적 위협 그리고 테러까지 글로벌화하고 있 고, 오늘날 세계에는 이미 안전지대는 있을 수 없고, 사람들의 불안감은 현저 히 높아지고, 안전을 확보하기 위한 경제제재뿐만 아니라 무력제재와 예방 적 선제공격 등에 대한 여론의 지지도 강해지고 있다. 「평화」와 「안전」 각각 의 요청이 정반대의 인자(factor)로서 점점 강화되고 있다고 할 수 있다.

우리의 경우, 남북한 사이에서는 서로 동족을 위해서라고 말하고 있긴 하 지만, 정의 자유, 평등은 물론이고, 「평화」에 있어서조차, 정치적 권력으로 서 국가라는 올가미를 벗어나지 못하고 있다. 일제의 압박에서 벗어난 이 후부터 지금까지 남북한의 정치 권력은 시민 일반을 위한 「평화」보다는 정 치적 지배권의 유지나 확대를 위한 「통일(統一, unificated integration)」을 늘 우선 시해왔고, 집권 세력의 정치적 구호에 맞추어서 대부분의 사람은 통일(通一, communcated harmonization)이 아니라, 통일(統一, unificated integration)만을 생각했지, 민족평화(Volkesfrieden)에는 별로 관심이 없었던 것이 아닌가 생각한다.[3] 특히

---

3 「통일(通一, communication)」과 「통일(統一, unification)」은 발음이 동일하지만, 그 차원이 다른 말이 다. 전자는 시민의 주체적인 소통(疏通)이지만, 후자는 권력의 주도적인 지배(支配)이다. 통일(統一) 은 지배자와 지배체제의 단일화에 불과한 것이지, 그것이 곧바로 개개인의 자유와 평화적 소통의 보장 은 아니다. 정치적 지배자들은 「통일(統一)」을 부르짖고 있다. 그들은 정치적 지배체제를 하나로 만드 는 것이 통일이라고 한다. 그들은 남북의 부모형제자매가 자유롭게 만나서 대화하고 왕래하지 못하는 것이 통일(統一)이 되어 있지 않기 때문이고 말한다. 그러나 그것은 거짓말이다. 통일(統一)은 더 많

우리의 경우, 남·북한에서 헤게모니를 장악하고 있었던 정치 집단이 한반도를 이데올로기의 전장터로 만들어 제국들을 위한 1950년 3년 동안 대리전을 벌여 엄청난 희생을 치렀고, 그 전쟁의 휴전체제는 여전히 불안하기 그지없고, 양쪽의 지배적 정치세력은 지금도 서로 악마화의 경쟁을 서슴치 않고 있으며, 늘 조국통일 또는 민족통일이라는 미명으로 각자의 내부 정치적 문제를 무마하기 위한 방법으로서 분단의 상처를 자극해오고 있다. 특히 북쪽은 자기 체제 유지를 위한 유일한 수단으로 핵폭탄을 준비하고서 남쪽을 겨냥하고 있고, 남쪽에도 이에 질세라 북쪽에 대항해서 방어한다는 명목으로 외세에 목을 내놓고 있는 상황이다.

남쪽에 있는 국가인 대한민국은 그 기본법인 헌법전문에서 "유구한 역사와 전통에 빛나는 우리 대한국민은 … 평화적 통일의 사명에 입각하여 … 밖으로는 항구적인 세계평화와 인류공영에 이바지함으로써 우리들과 우리들의 자손의 안전과 자유와 행복을 영원히 확보할 것을 다짐……"이라고 「평화주의」를 선언하고 있고, 헌법 제3조는 "대한민국의 영토는 한반도와 그 부속도서로 한다"라는 전제 하에 동 제4조는 "대한민국은 통일을 지향하며, 자유민주적 기본질서에 입각한 평화적 통일 정책을 수립하고 이를 추진한다"라고, 또 동 제5조는 제1항에 "대한민국은 국제평화의 유지에 노력하고 침략적 전쟁을 부인한다"라고, 제2항에 "국군은 국가의 안전보장 국토방위의 신성한 의무를 수행함을 사명으로 하며… "라고, 그리고 동 제39조 제1항은 "모든 국민은 법률이 정하는 바에 의하여 국방의 의무를 진다"라고 규정하

은 지배를 위한 속임수이지, 진정으로 하나(通一)가 되기 위한 유일한 길은 아니다. 정치적 지배체제를 하나로 만드는 것만으로 우리 모두가 진정으로 하나로 될 수 있는 것은 아니다. 왜냐하면 체제통일(統一)은 「통일(通一)」을 위한 한 가지의 가능조건일 뿐이기 때문이다. 같은 민족이기 때문에 반드시 통일(統一)된 정치체제 하에 살아야 한다는 것은 정치적 이데올로기에 불과하다고 할 것이다.

고 있다. 이러한 헌법 조항의 규범적 의미를 면밀히 읽어 보면, 헌법에는 모순이 극치에 이르고 있다는 것을 알 수 있다.[4]

게다가 우리 헌법이 「평화」라는 단어를 4번이나 사용하고 있음에도 정치가는 물론이고, 법률가 특히 헌법학자조차 "평화"가 무엇인지 그리고 "평화"와 국군의 사명과 국방의무와는 어떠한 관계에 있는지에 대해서 거의 생각하지 않는 것 같다. "평화"는 수식어일 뿐, 진정 평화가 무엇인지에 대해서는 논의조차 되고 있지 않다. 대한민국 헌법에서는 국군을 마치 통일의 역군으로 미화하는 듯하고 있으며, 또 정치권력은 그것을 국방정책으로 전개해 왔을 뿐, 국가의 공교육은 진정한 의미에 있어서 평화역군 및 평화운동가의 양성에는 아주 소극적이 아니었는가 생각한다.

나는 지금까지 이른바 「국민국가(nation state)」를 전제로 하는, 즉 국가를 법형성의 주체이자, 집행자로 보는 법학자로서 국가권력 아래 또는 국가 내에 있어서 사인(私人), 단체 그리고 기타 집단 간의 「법적 평화(法的 平和)」에 주된 관심을 가지고 있었는데, 이 번에 국가라는 테두리를 넘어서, 어쩌면 국가를 도외시할 수도 있는 문제로서 「평화」를 생각하면서, 평화란 무엇인가를 다시 생각하게 되었다. 사실 법학적 관심은 대체로 국가권력을 전제로 해서 국내에 있어서 법질서 유지로서의 평화에만 한정되어 있다. 물론 국제법학은 국가 간 법을 다루고 있지만, 그 주체를 국가로 할 뿐이고, 이른바 조약이라는 국가 간의 계약을 그 대상으로 하고 있기 때문에, 법학의 기본인 국가중심중

---

4 우리 헌법의 규범적 모순은 평화주의를 선언하고 있는 헌법전문과 헌법 제5조 1항의 취지에 비추어 볼 때 극명하다. 대한민국의 헌법이 1948년 7월 17일 발효했음에도, 영토의 범위에 관한 헌법 제3조에 의해, 그 이전에 북위 38도 이북의 한반도에 이미 성립했던 「조선민주주의인민공화국」존재 자체가 부정되고 있으며, 국토방위를 국군의 신성한 의무로 규정하는 동조 2항에 의하면, 대한민국의 군대는 북위 38도 이북의 한반도의 영토 회복을 위해서 조선민주주의인민공화국의 영토를 무력에 의해서 처단해야 한다. 이러한 결과는 헌법이 전제하고 있는 「평화주의」를 부정하는 것이 될 것이다.

적 메커니즘에서 벗어나지 않는다.

우리나라의 교육 현실을 보면, 공교육과정에서 지금까지 이데올로기적 반공교육은 주입되어왔지만, 평화교육은 되지 않았다. 이민족에 의한 지배와 동족상잔의 전쟁을 경험했지만, 대학에서조차 평화에 대한 치열한 논의가 없었던 것이 아닌가 생각한다. 물론 우리 정부는 민족 "통일(統一)"을 국시(國是)로 내세우고 「통일부(統一部)」이라는 정부 조직을 만들어 놓고 "통일(統一)"에 관해서는 논의하고, 또 공교육 차원에서 민족 "통일(統一)"을 강조하면서 "통일(統一)" 역군의 양성에는 힘을 쏟고 있지만, 평화 문제에 대해서는 별로 관심을 보이지 않았던 것이 지금까지의 국가정책이 아니었는가 생각한다.

우리는 「평화」를 어떻게 생각하고 있는가? 또는 우리에게 「평화」란 무엇인가? 「평화」란 국제관계적 이데올로기인가? 평화 문제는 오로지 국가 간 문제에 그쳐야 하는가? 「평화」의 반대가 무엇인가? 「전쟁」인가? 이렇게 「평화」에 대해서 생각하다 보니, 이 번에 신생 학문, 특히 글로벌학(Global Studies)으로서 이른바 「평화학(平和學)」을 처음 접하면서 그야말로 혼돈에 빠지게 되었다.[5] 지금까지 평화학은 단순히 국가를 단위로 하는 국제관계학과 국제정치학과의 가까운 연구체계로서 논의되고 있는 것 같다. 기존의 평화학도 국제관계학, 국제정치학도 국가 간 전쟁이나 분쟁의 문제를 비롯하여 국제사회에 있어서

---

5 종교에서 갈구하고 있는 평화는 글로벌학으로서 평화학이 말하는 평화보다 더 포괄적이라고 생각한다. 왜냐하면, 종교는 현세(現世)에 있어서 '삶'의 평화는 물론이고 내세(來世)에 있어서 '영혼'의 평화까지 기원하고 보장한다고 하기 때문이다. 우리 현실에 있어서 종교의 평화는 그렇지 않은 것 같다. 예컨대, 크리스트교의 경우, 지금까지 사랑의 최고 경전이라고 하는 『바이블』의 내용을 보아도, 타종교에 대한 관용(寬容)은 없었고 자기 신에 대한 신앙밖에 몰랐던 것이 아닌가 한다. 이교도나 비(非)크리스트교도는 교화되어야 하거나 처단되어야 할 악마에 불과하다. 각주 5에 내용 추가. "이러한 점은 종교의 역사를 통해서 알 수 있고, 또 현재 한국사회에서 사회적 문제의 하나로서 우리가 경험하고 있다고 말할 수 있다. 이와 관련해서는 일본의 종교학자 町田宗鳳의 저서 『なぜ宗教は平和を妨げるのか―「正義」「大義」の名の下で』(講談社 2004) 참조."

국가 간 상호작용을 중심으로 광범하고 다면적인 대상을 연구하는 것이 공통적이기 때문이다. 그래서 제1차 세계대전의 큰 충격 후, 체계적으로 발전했던 국제관계학, 국제정치학 및 제2차 세계대전 이후에 비로소 성립되어서 지금까지 상당히 깊게 논의되고 있는 평화학에서 평화가 무엇인지도 찾아보았다.

「평화」가 얼마나 중요한가라는 문제는 오늘날과 같이 글로벌화된 세계에 살고 있는 우리에게 더욱더 절실해지는 것 같다. 지금까지 우리는 인간의 사상이나 생각, 이론은 대부분 특정 국가나 민족 내부 문제의 해결을 위한 것, 즉 말하자면 "부족(部族)적 성격"을 가지고 있었던 것이 아닌가 생각한다. 그래서 지금까지의 법, 정치에 있어서 정의·자유·평등 등과 같은 기본이념 또는 가치에 관한 사상을 국가나 민족이라는 울타리를 넘어가려고 할 때에는 문제가 생긴다. 평화도 그러하다. 오늘날과 같이 글로벌화된 상황에서는 평화주의자는 "국익"이라는 좁은 틀을 넘어야 한다고 할 것이다. 그렇지만 「평화」라는 말 자체에서 그야말로 혼동의 도가니에 빠져버렸다. 그래서 평화라는 말의 기원과 어의를 찾아보고, 나름대로 아주 초보적인 차원에서 「평화」라는 언어(言語: langue+parole)[6]의 「기표(記標; 記表, signifiant, signifier)」, 「기의(記意, signifié, signified)」 등과 관련해서 의미론과 용어법에 관해서 생각하는 것에서 출발해 보았다.

---

6 우리말 "언어"는 한자 "言"과 "語"의 합성어다. 나는 "言"이란 스위스의 프랑스어 지역 출신 구조주의언어학자 소쉬르(Ferdinand De Saussure, 1857~1913)가 말하는 "파롤(parole)"에 해당하고 "語"는 "랑그(langue)"에 해당한다고 생각한다. 다른 사람과 소통하는 경우에 사회적 관습으로서의 체계가 관여되어 있는 "어(語)"를 사용해야 비로소 어의(語義)가 공유되어 서로 간에 이해가 될 수 있다. 이에 관해서는 Ferdinand De Saussure, *Ecrits de Linguistique Générale, 1891*(김현권/최용호 역, 『일반언어학 노트』, 인간사랑, 2007); Ferdinand de Saussure, *Linguistik und Semiologie: Notizen aus dem Nachlass. Texte, Briefe und Dokumente* (auf deutsch übersetzet von Johannes Fehr), 1997(최용호 역, 『소쉬르 언어학과 기호학 사이』, 인간사랑, 2002) 등 참조.

II. 「평화」라는 말

1. 한자어 "平和": 「平」과 「和」의 기원

우리말 「평화」는 한자어 "平和"의 한글 표현이다. 한자어 "平和"는 "평(平)"+"화(和)"이다. "평+화"로서 우리말 「평화」에 있어서는, 나의 개인적 견해이긴 하지만, "화"가 주된 말이고, "평"은 "화"의 수단으로서 수식어라고 생각한다.[7] 이 문제에 대해서 더 이상 들어가지 않고, 먼저 상형문자인 "平"과 "和"의 기원에 관해 약간 언급해두려고 한다.

한자 「平」과 「和」는 모두 음악과 관련된 상형문자다. "平"의 고자(古字)는 "竽"+"八", 즉 "竿"이다. 이것은 고대 중국인들은 우(竽)라고 하는 피리를 불면, 그 때 나는 소리는 팔(八)방으로 울려 퍼져 모든 사람과 동물, 식물 등 삼라만상이 꼭 같이 듣고 즐길 수 있다는 모습을 형상화한 것이다. 그 후에 "竽+八", 즉 "竿"에서 위의 "竹" 머리가 생략되어 간편화된 것이 오늘날 "평(平)"자다. "和"의 고자(古字)는 "口"+"篁"+"禾", 즉 "龢"이다. 중국에서 대나무로 만든 관악기들을 「황(篁)」이라고 하는데, "和"의 고자 "龢"는 입(口)으로 "황(篁)"을 불어서 연주하는 모습을 형상화한 것이다. 사람들이 황(篁)을 직접 연주하거나 그 소리를 들으면 마음이, 마치 논이나 밭에 곡물(禾)이 풍성하게 자라서 그것을 보고 있기만 해도 배가 불러오듯이 편안하게 되는데, 이러한 마음의 상태를 형상화해서 글자화한 것이 바로 "화(和)"자이다. 그 후 세월이 지나면서 그 기의(記意)가 추상화되면서 "口"+"篁"+"禾", 즉 "龢"에서

---

[7] 다음에서 언급하듯이, 현재 중국에서, 우리말 「평화」와 같은 의미로 상용되고 있는 「和平」의 경우에는 오히려 "平"이 주된 말이고 "和"가 수식어가 아닌가 한다. 이렇게 보는 것이 현재 중국이 추구하는 "平"을 강조하는 사회주의 이념에 부합한다고 생각하기 때문이다.

"篁"이 생략되고 또 더욱더 추상화되고 또 쓰기 간편하게 되어, "口"와 "禾"의 위치가 바뀌어서 오늘날의 "和"자로 된 것이다.

이렇듯, "평"과 "화"는 모두 아름다운 소리, 즉 음악(音樂)인 것이다. 아름다운 풍류와 소리는 인간의 마음을 활짝 열게 해서 서로를 용서하고 수용하도록 어울리게 한다. 평화란 바로 아름다운 음악인 것이다. 아름다운 음악은 인간의 감각기관뿐만 아니라 동물의 감각기관까지도 직접적으로 자극하여 완화하여 너그럽게 한다. 아름다운 소리는 인간이든 동물이든 누구에게나 그 나름으로 자발적이고 보편적으로 이해된다고 하겠다. 이러한 의미에서 음악에 대해서 잉글랜드의 대문호 윌리엄 셰익스피어(William Shakespeare, 1564~1616)도 음악의 진술은 항상 진실이고, 그 감정표현은 항상 순수하다고 하였던 것이 아닌가 한다. 오늘날에도 시인들과 작곡가들은 평화를 주제로 다양한 시와 다양한 장르의 음악을 작곡하고 있다.[8]

2. 「평화」의 사전적 의미: 자기포섭적 개념으로서의 평화

「평화」라는 개념을 어떻게 규정해야 할까? 국립국어원 『표준국어대사전』은 표제어 「평화」를 ① "평온하고 화목함", ② "전쟁, 분쟁 또는 일체의 갈등이 없이 평온함 또는 그런 상태"라고 정의하고 있다. 이렇듯 우리말 「평화(平

---

8 고전적 음악(Klassische Musik)으로는 Johann Sebastian Bach: Du Friedefürst, Herr Jesu Christ, Kantate für Solo (SATB), Chor (SATB) und Instrumente, BWV 116 (1724); Jan Nooter: Gib Frieden, Herr, gib Frieden, Kirchenlied (1963); Heinrich Poos: Da nobis pacem, Chorsatz (1977); Arvo Pärt: Da pacem Domine, für vier Singstimmen a cappella (2004); Karl Jenkins: The Peacemakers, für Gesang Solo, Chor und Orchester (2011); Georg Christoph Biller: Verleih uns Frieden, Chorsatz für Männerchor TTBB (2015); Ludger Stühlmeyer: Gib Frieden, Gott, zu unserer Zeit, Motette für Chor SATB (2020) 등을 들 수 있고, 다수의 대중음악가들은 노래로써 반전과 평화를 지지하였다. 예컨대, John Lennon: Give Peace a Chance (1969) 등등.

和)」의 어의에 대해서는 잉글리쉬 낱말 "peace"와 동치시키면서 좁게는 "전쟁을 하지 않는 상태" 또는 넓게는 '분쟁과 다툼이 없이 서로 이해하고, 우호적이며, 조화를 이루는 상태'로 정의하고 있다. 그러면 여기에서 「평온」과 「화목」, 「전쟁」과 「분쟁」과 「갈등」 등은 어떻게 정의해야 하는가? 결국 사전적인 개념 규정은 동어반복적이 아닌가 생각한다.

유럽어 autology(잉), Autologie(도)라는 말은 "자기" 또는 "자신"을 뜻하는 그리스어 "αὐτός(autos)"와 "말" 또는 "이야기"를 의미하는 그리스어 "-λογία(-logía)"를 합성해서 만든 말인데, 그의 형용사형이 "autological" "autologisch"이다. 이들 단어는 유럽의 언어철학에서 여러 가지 의미로 사용되어 왔다. 이 용어는 옛날에는 자신의 개인과 관련된 연설(특히 허영심, 자기 자신에 대한 과도한 연설) 또는 자기 설명(예: 자서전)을 의미했고, 17세기부터 자기, 자아, 또는 자기에 대한 연구라는 의미로 사용되었다. 19세기부터는 말 그대로와 비유적인 언어라는 의미에서 "자기서술(Autologie)"과 "타자서술(Heterologie)"이 구분되어 있다.

여기에서는 유럽어 autology(잉), Autologie(도)의 형용사형 "autological", "autologisch"이란 어떠한 개념(ein Begriff)을 정의할 때, 그 개념 자체를, 그 개념의 핵심적인 요소를 다시 사용해서만이 정의할 수 있을 때, 그러한 개념을 "an autological term" "ein autologischer Begriff"이라고 한다. 여기에는 "autological", "autologisch"는 「자기포섭적(自己包攝的)」 또는 「자기술기술적(自己記述的)」 및 「자전적(自傳的)」이라는 뜻으로 이해할 수 있을 것 같다. 그러므로 "an autological term" "ein autologischer Begriff"를 우리말로 용어화한다면, 「자기포섭적 개념」, 「자기기술적 개념」, 「자전적 개념」으로 번역할 수 있겠다. 그러므로 언어적 기표의 개념 정의에서 그 개념 자체의 핵심적 요소를 사용해서만이 정의가 가능할 수 있을 때, 그러한 언어의 개념을 「자기포

섭적(自己包攝的) 개념」 또는 「자기술기술적(自己記述的) 개념」 및 「자전적(自傳的)
개념」으로 이해할 수 있을 것 같다. 여기에서 나는 이들 표현 중에서 하나를
선택해서 「자기포섭적 개념」으로 하고자 한다.

「자기포섭적 개념」이란 그 개념 자체의 핵심적 요소를 사용해야 즉 자기
준거적(self- referent)이어야 비로소 그 언어적 기표를 제대로 정의할 수 있는
개념이다. 다수의 기본적인 단어들은 이러한 자기포섭적 개념이다. 그러한
말은 그 자체를 사용해서 정의할 수 있고 또 그렇게 사용해야 비로소 의미가
있는 것이다. 예컨대 개성(Individualität)이란 그 개체(Individums)의 것이다. 또는
학문 분야에서 예를 하나 더 들면, 지식사회학(Wissensoziologie)이라는 말은 〈지
식의 사회학(sociology of knowledge)〉이라고 할 때 가장 정확하다. 그렇게 할 수
밖에 없다. 그리고 일반적으로 말하면, 타인이 그가 볼 수 없는 구별을 가지
고서 나를 어떻게 관찰하는지를 내가 스스로 관찰하는 경우, 나는 내가 나의
관찰에서 타인이 볼 수 없는 어떠한 구별을 사용한다고 것을 「자기포섭적」
으로 다시 폐쇄할 수 있고 또 폐쇄할 수밖에 없는 것이다.[9] 즉 내가 나 스스
로를 관찰하는 경우에 나는 다른 사람이 아니라 나 자신을 근거로서 나를 규
정할 수밖에 없다는 것이다.

한자 말 "平和"라는 어의를 우리말로 뜻을 전환하는 데에도 역시 자기포

---

9 「자기포섭적」 또는 「자기준거적」라는 말을 이해하는 데에는 '자기창발적 체계이론(autopoietische
　Systemtherie)'의 주창자 니클라스 루만(Niklas Luhmann, 1927-1998)의 체계이론이 도움이 될 것 같
　다. 연구자란 자신의 테마를 외부에서 다루고 있는 주체인 것이다. 그러나 사회이론의 분야에서는 그
　러한 견해가 객관적이라는 것은 통용되지 않는다. 사회이론에 대한 작업은 필연적으로, 연구자를 사
　회체계의 자기준거적 작동에 둘러싸여 있기 때문이다. 그러한 이론은 사회체계의 내부에서만 의사
　소통되는 것이다. 이러한 자기포섭(Autologie)을 양가적 논리에 대치하고 있다고 할 것이다. Niklas
　Luhmann의 체계이론에 대해서는 Niklas Luhmanns, *Thoerie Sozialer Systeme*. Frankfurt a.M 1984(이
　철/박여성 옮김, 『사회적 체계들 일반이론의 개요』, 한길사, 2020); Die *Gesellschaft der Gesellschaft
　2Bde*. Frankfurt a.M 1998(장춘익 옮김, 『사회의 사회 1, 2』, 새물결, 2012); *Rechtssoziologie*,
　Wiesbaden 2008(강희원 옮김, 『법사회학』, 한길사, 2015) 참조.

섭적으로 정의할 수밖에 없는 것 같다. 즉 "평화"는 적극적으로는 "평온(平穩)하고 화목(和睦)함" "화합(和合)하고 안온(安穩)함", 소극적으로 전쟁(戰爭), 분쟁, 분규, 갈등이 없는 상태다. 결국 "평화는 평화이다"라고 동어반복적으로 정의할 수밖에 없다.

3. 한국에 있어서 「평화(平和)」와 중국에 있어서 「화평(和平)」

우리말에서 「평화(平和)」와 「화평(和平)」이라는 두 단어가 모두 사용되고 있다. 양자는 의미용법상 겹치는 것이 있는가 하면, 다른 부분도 있는 것 같다. 예컨대 「평화(平和)」란, 세계 「평화」라는 말이 시사하고 있듯이, 세계의 모든 나라, 민족, 인류 사이에 '화평(和平)'이 성립해서 싸움이나 전쟁이 없고, 세상이 안온한 것을 나타낸다. 여기에서 「화평」은 이를테면, 「평화」의 수단 또는 내용이다. 또 「화평교섭(和平交涉)」과 같이 진행 중인 분쟁이나 전쟁을 중지하기 위해서 화(和)를 강구하는 것을 표시하고, 「화의(和議), 화담(和談), 화해(和解)」와 유의적으로 사용되고 있다. 즉 「화평」은 싸우고 있는 사람들을 서로 중재해서 화(和)하도록 만든다는 것이다. 현대 우리말에서 「평화(平和)」와 「화평(和平)」은 주로 이러한 의미로 사용되고 있다고 하겠다.

그 반면에 우리말에서 평화와 화평이 언제부터 중국과 다르게 사용되었는지 자세히 알 수 없지만, 중국어에는 우리말의 위와 같은 의미는 무엇보다도 「화평담판(和平談判)」 「사회화평(社會和平)」과 같이 「和平」이라는 하나의 단어로 표현하고 있는 것 같다. 또 "和平"이라는 한자어는 중국에서는 후한(後漢) 때 환제(桓帝, 132-167)와 북위(北魏) 때 문성제(文成帝, AD 460-465)의 연호(年號)로서 사용되었다고 한다.

사실 우리나라에서는 「평화(平和)」와 「화평(和平)」이라는 말이 언제부터 사용되게 되었는지에 관한 자세한 연구를 접하지 못해서 제대로 알 수 없지만, 「평화」와 「화평」이라는 말이 약간 다른 맥락에서 사용되게 된 것은 일본의 영향 때문이 아닌가 생각한다.

4. 유럽어의 역어로서 우리말 「평화」

현재 우리말 「평화」는 한자어 「平和」의 고유한 의미도 가지고 있지만, 전문용어 또는 사회과학적 개념으로서 「평화」라는 표현은, 우리의 현대학문 대부분이 그렇듯이, 유럽어의 peace(잉), Frieden(도), paix(프) 등과 같은 유럽어의 역어로서 사용되고 있는 듯하다. 그래서 우리말 「평화」는 이들 유럽어와 개념적 외연과 내포가 거의 동일하다고 할 것이다. 결국 현재 주로 사용되고 있는 「평화」라는 우리말 기표(記標)는 유럽어의 우리말 표기에 불과하다는 것이다.

그런데 명사에 있어 우리말과 유럽어를 비교함에 있어서 아주 재미있는 현상을 볼 수 있다. 도이치어, 프랑스어, 스페인어 등 유럽어권에서는, 우리가 잘 알고 있듯이, 구상명사(具象名詞)든, 추상명사(抽象名詞)든 각 명사는 남성(性), 여성, 중성을 구분하고 그것을 표시하는 관사를 붙여서, 성을 구분하는 경우가 일반적이다. 그런데 유럽어 중에서 프랑스어의 "paix"와 스페인어의 "paz"는 여성인데, 도이치어 「Friede(또는 Frieden)」에는 남성을 의미하는 "der"가 붙는다. 도이치어에서 평화가 남성이라는 것에도 나는 처음에 적지 않은 놀람이 있었다. 게르만 문화권에서는 평화가 남성의 전유물이었나? 그렇지 않으면, 그들의 수탈과 약탈 그리고 정복을 생활수단으로 했던 원시 게르만인들이 사후에 비로소 평화 상태에 들어가기 때문인가? 나만의 재미인지 모르지만, 여러 가지 즐거운 상상을 해 보게 된다.

"peace"(잉) 또는 "Friede"(도)는 세 가지 주요 의미가 있다. 하나는 "평온(Ruhe)과 안전(Sicherheit) 속에서 국가 내(內) 또는 국가 간(間) 공존의 상태 (Zustand des inner-oder zwischenstaatlichen Zusammenlebens in Ruhe und Sicherheit)"이고, 다른 하나는 "조화(Eintracht)와 평온(Ruhe)의 상태", 그 외 종교적 의미에서 있어서 신 안에 보호된 상태(die Geborgenheit in Gott)이다. 오늘날 우리가 자주 사용하고 있는 글로벌화(globalization)라는 현상은, 내 개인적인 견해이지만, 자본주의적 유로 · 아메리칸문화의 제패(制霸)를 의미한다. 내 느낌에 불과하지만, 특히, 한국의 경우에 더욱더 그렇다. 그래서 과거 조선시대에 중국이 학문적 종주국이었을 때, 조선의 학문적 언어가 중국의 한문이었듯이, 현대에서 한자라는 기호의 한글 발음기호로 표기되는 우리말의 어의도 대부분 그 내용이 유럽어의 어의로 채워지는 것 같다. 특히 거의 모든 학문적 용어의 어의는 그것이 설령 한자(漢字)로 표기해 있더라도 그것은 신라시대의 이두(吏讀)와 같은 기능을 할 뿐이지, 한자 자체의 본래적 의미가 그 용어의 의미 내용을 확정하는 것은 아니라고 할 것이다. 다시 말하면, 유럽어를 우리말로 번역하는 것에 불과하다. 「평화」라는 우리말도 그렇다. 「평화」는 "peace"(잉), Friede(도) 등 유럽어의 우리말 역어로 되어 있는 것 같다. peace(잉) 또는 Friede(도)에 관한 유로 · 아메리카어의 사용자들에 의해서 정치하게 내용이 우리말 「평화」의 어의로 된다는 것이다.

III. 「평화」의 의미론(Semantik): 「평화」의 어법(語法)

1. 서설

「평화」라는 말이 위에서 언급했듯이, 자기포섭적 개념이기 때문에 그 어의는 누구도 이의를 하지 않는 단순하고 자명한 개념인 것처럼 생각할 수 있지만 그렇지 않다. 사람들은 "평화를 사랑하기 때문에 싸운다"라고 말하기도 하고, "평화를 위해서 전쟁을 한다"라는 극언을 하기도 한다. 이들 생각하고 있는 평화란 도대체 무엇인가? 그들은 왜 이런 말을 서슴치 않고 말할까? 실제로 평화라는 말은 중국 고대 전설에 나오는, 머리는 원숭이, 수족(手足)은 호랑이, 몸통은 너구리, 꼬리는 뱀, 울음소리는 호랑지빠귀와 같이 지저귄다고 하는 「백야(白鵺)」라는 괴물새의 이름과 같을지도 모른다. 평화의 모습은 보는 사람에 따라, 어느 쪽에서 어떻게 보는가에 따라 다르게 보일 수 있다. 평화라는 개념의 존재는 역사상 옛날로 거슬러 올라가는데, 그 내용과 실체는 처음부터 다양하고 또 장소에 따라 또 시대의 흐름에 따라 다양하고 다면화 다차원화되어 왔다고 하겠다. 현재에는 「평화」라는 말그릇(記標)에는 실질적으로 그 정반대의 기의(記意)도 포함할 만큼 「평화」가 의미하는 바는 거의 무제한으로 확대될 수도 있다.

2. 문화사적 맥락에서 「평화」: 평화관(平和觀)의 문제

매스컴의 보도를 보면, 사흘이 멀다하고 빈번하게 총기난사 사건이 일어나도 총기규제가 되지 않는 아메리카합중국(USA)의 상황은 한국 사람인 나에게 이해하기 어렵지만, 우리 사회에 있어서도 좀 더 들어가서 보면 역시 그렇다. 남한도 평화를 위해서, 아메리카합중국산(産) 사드(THAAD, Terminal High Altitude Area Defense) 등과 같은 첨단무기로 군사력을 강화해야 한다거나, 스스로 핵폭탄을 개발해야 한다거나 또 핵무기무장한 외국군이 우리나라에 주둔해야 한다고는 주장하는 사람들이 있는가 하면, 그렇게 해서는 절대로 평화가 이루질 수 없다고 생각하는 사람들도 있을 것이다. 이것은 어쩌면 역사와 문화 그리고 개인적 체험에 따라 다른 평화관이 있기 때문에, 평화에 관한 사정범위(射程範圍)에 상당한 차이가 생기는 것이 아닌가 한다. 이렇듯 평화라는 개념은 사람의 평화관에 따라 아주 상이하다.

특히 어떠한 주체의 어떠한 상태나 상황을 「평화」라고 보는가는 동서양의 문화권에 따라 다르지만, 그렇게 보는 시각을 평화관이라고 한다면, 그러한 평화관의 징표가 무엇인가를 보면, 첫째, 정의(正義)에 무게를 두고 있는 평화관, 둘째, 질서에 중심을 두고 있는 평화관, 셋째, 개인의 심적 안녕을 평화라고 보는 평화관이 그것이다.[10] 첫 번째가 헤브라이 문명에 의해서 형성된 평화관인데, 유대교, 크리스트교 및 이슬람교의 전통에 뿌리를 두고 있는 헤브라이 문명의 공통적인 성질에는 신의에 기한 정의의 실현을 평화라고 보는 경향이 있다. 두 번째가 헬레니즘 문명의 평화관이고, 질서는 헬레니즘 문명에 있어서 평화관의 기본이고, 고대아네테에서 평화를 상징하는 평화의 여신 「에이렌(Εἰρήνη)」[11]는 상태로서의 질서 및 정리를 의미하고, 로마(라틴어)의 「팍스(Pax)」는 정복에 의한 질서를 함의하고 있다. 세 번째는 동양 문명의 역사와 문명과 대응하고 있다고 한다. 어떻든 평화가 헤브라이적 정의나 헬레니즘적 질서가 인간의 외적 환경을 두고 하는 말인 데 반해, 동양 문명권에서는 평화가 인간의 내적인 마음의 상태를 대상으로 하고 있다.[12] 이와 관련해서 아래에서 좀 더 세부적으로 나누어서 언급하기로 한다.

---

10 加藤朗, 『入門・リアリズム平和學』, 勁草書房, 2009, pp. 9-24.

11 에이렌(Εἰρήνη, Eirēnē)은 그리스 신화에서 제우스와 테미스 사이의 세 딸 중의 한 명으로서 평화를 관장하는 여신이다. 라틴어로는 Irene로 표기한다.

12 이러한 평화관에서 보면, 「평화(平和)」의 우리말 본래적 의미는 인도, 산스크리트어의 「산티(शान्तिः (śāntiḥ)」, 중국어의 「헤핑(hépíng, 和平)」 일본어의 「헤이와(へいわ, 平和)」와 함께 온(穩)하고 평(平)한 화(和)한 마음의 상태를 가리키는 경향이 있다고 하겠다.

1) 고대 중국에 있어서 「평화」: 음(陰)과 양(陽)의 조화

중국의 정신사는 BC 3000년기까지 거슬러 올라간다. 동양에서 가장 오래된 경전인 주역(周易)[13]은 오늘날의 시각에서 보면, 동양의 구조적으로 이원적인 자연철학(eine strukturell dualistische Naturphilosophie)이라고 말할 수 있는데, 이에 의하면, 여러분이 잘 알고 있듯이, "음(陰)"과 "양(陽)" 사이의 끊임없이 변화하는 관계에서 모든 현상을 이해하고 있다. 주역에 의하면, "평화"는 아래의 그림과 같이 음과 양의 배열로 상징적으로 표현된다.

음은 스스로 위에서 아래로 향해서 운동하는 수신자이고, 양은 아래에서 위를 지향하는 창조자다. 양과 음은 서로 만나고 조화를 이루며 그 기운으로 모든 존재는 꽃을 피우고 번영한다. 이 그림은 자연에서 하늘(天)이 땅(地) 위에 있는 때를 가리킨다. 하지만 하늘은 땅 밑에 서 있다. 그래서 양과 음은 친밀한 조화를 이루며 합쳐지는 것이다. 이것은 모든 생명체를 위한 평화와 축복이다.

---

13 공자가 극히 진중하게 여겨 받들었고, 주자가 '역경(易經)'이라 이름하여 숭상한 이래로 ≪주역≫은 오경 중 으뜸이 되었다고 한다.

2) 고대 그리스 · 로마적 평화: 「확약」으로서 평화

위에서 언급했듯이, 고대 그리스에서 "아이렌(eirene, εἰρήνη)"이라는 용어는 기원전 5세기까지 거슬러 올라가는데 그것은 질서, 안녕, 평온의 정적 상태(einen statischen Zustand von Ordnung, Wohlstand und Ruhe)를 나타낸다. 의인화된 평화로 아이레네 여신(Die Göttin Eirene)은 풍요(Reichtum)의 상징인 뿔(Füllhorn)로 묘사되었다. 그 전쟁은 그리스 도시국가(Polis) 간의 관계에서 정상적인 것으로 여겨졌다. 따라서 평화 시대는 보통 "휴전"의 의미를 지닌 "스폰다이(spondai, σπονδαι)", "신테카이(synthekai, συνθῆκαι)" 또는 "디아리시스 폴레몬(dialysis polemon, διάλυσις πολέμων)"과 같은 용어로 묘사되었다. 펠로폰네소스 전쟁이 끝날 무렵, "아이렌(eirene)"은 오늘날 "평화"라는 단어의 의미에 점점 더 많이 사용되었다. 그래서 평화조약(Friedensverträge)도 평화를 관장하는 여신의 이름인 "에이렌(eirene)"이라고 불렸던 것이다. 이들 두 가지는 모두 수십 년 간의 전쟁 후에 평화(der Friede)가 바람직한 정상 상태라는 인식이 우세했다는 것을 암시한다. 기원전 4세기 상반기에 그리스 국가들의 자치와 평등을 바탕으로 지속적인 평화 질서가 조약에 의해 근거되어야 한다는 일반적인 평화의 이념 카이오네 에이레네(koiné eiréne, κοινή εἰρήνη)가 나왔다. 그러나 궁극적으로 그러한 질서로서 평화는 강력한 패권(Hegemonialmacht)에 의해서만 보장될 수 있다는 것이 명백하다.

로마인들은 피지배자에 대한 지배자(또는 패권)의 확약에 의해서 비로소 성립된다는 의미에서 라틴어 "팍스(pax)"라는 용어를 사용했다. 이 경우에도 팍스는 가정과 가족의 평화, 제국의 평화, 그리고 신에 의한 종교 평화로 구분되는데, 이들 세 가지의 차원에 있어서 강력한 지배자의 질서 확약으로서 평화만이 균형 잡힌 삶을 보장할 수 있다는 것이다. 로마 제국 시대의 팍스 로마나(Pax Romana) 및 팍스 아우구스타(Pax Augusta der römischen Kaiserzeit)가 광범
위한 평화의 모델이 되었던 것이다. 이러한 의미에서 본다면, 고대 그리스·
로마에 있어서 평화는 정상 상태(Normalzustand) 또는 평상 상태가 아니다. 평
화는 강력한 힘에 기초한 '수직적인 확약'에 의해서「수립(樹立)」또는 설정(設
定)되는 상태인 것이다.

3. 헤브라이적 평화: 신의「절대적 지배」로서 평화

유대교, 크리스트교 및 이슬람교의 전통에 뿌리를 두고 있는 헤브라이 문
명에 공통적인 성질에는 신의에 기한 정의의 실현을 평화라고 보고 있었다.
헤브라이어에는「샬롬」이라는 말은 평화를 의미하고, 일상 인사로서도 사용
되고 있다.

1) 유대교(Judentum)의 경우

유대교 경전(Ta·nach)[14]에 "샬롬(Schalom)"이라는 히브리어가 나오는데, 샬
롬(Schalom)은 유대교의 가장 중심적 단어이다. 유대인과 오늘날 이스라엘 사
람 사이에서 가장 흔한 인사말이 "샬롬(Schalom)"이다. 이것은 "안전함", "안
전함", "행복함", "친절함", "평화"를 의미한다. 이러한 의미를 가지고 있는
"샬롬"이란 실은 신에 의해서 실현된 정의 상태, 즉 신적 정의(the divine justice;
die göttliche Gerechtigkeit)의 열매다. 그 단어는 아래에서 언급하는 아랍어 "살람
(Salam)"과 밀접한 관련이 있다.

---

14   유대교 경전이 타낙스(Ta·nach)인데, Law, Prophets, Hagiographa로 구성되어 있다.

2) 크리스트교의 경우

구약성서에는 히브리어 샬롬(schalom) 무엇보다 행복의 순간이 있는데, 이것은 평온이 주된 순간인 "평화"라는 그리스어 "에레네(eiränä)"로 번역되었다. 구약성서에서 약속된 평강의 왕(Prince of peace)[15]으로서 예수 그리스도가 나오는데,[16] 그가 죄와 죽음에 대한 벌을 받아 신과 사람 사이의 적대감을 종식시켰다.[17] 신의 정의(Gottes Gerechtigkeit)가 진정한 평화를 만들어낸다는 것이다. 이 평화는 인간이 스스로를 죄인으로 알고 예수 그리스도를 구세주로 받아들일 때 비로소 현실이 될 수 있다. 오직 하나님과의 평화만이 인간들 사이의 평화를 가능하게 한다. 그러므로 평화는 모든 인류에 대한 인간의 개입 없이는 오지 않는다. 평화는 인간에 의해 창조되어야 한다. 예수께서 돌아오시면, 그는 평화의 나라를 세우실 것이다.

신약성서에서 예수 그리스도는 그의 제자들을 맞이하기 위해 샬롬(Schalom)이라는 인사말을 사용하고,[18] 그들에게 여행에 대한 인사말을 보낸다.[19] 평화를 촉진할 수 있는 능력과 준비라는 의미에 있어서 "평화태세"의 미덕(Die Tugend der "Friedfertigkeit")을 수립하는 것은 산상수훈[20]에서 찾아볼 수 있다. 평화의 인사나 키스는 모든 고전적인 기독교 예배식의 구성요소다. 크리스트교인들에게 평화는 성경의 샬롬과 신체, 영혼, 정신의 안녕을 의미한다. 성

---

15 크리스트교 경전 《바이블》의 국역본(대한성서공회, 『성경전서』(개역한글판) 1956; 『한 · 영성경전서』 1987 등)을 보면, 잉글리시나 도이치어 번역본에서의 "peace"(잉), "Frieden"(도)를 "평화(平和)"가 아니라, "평강(平康)"으로 번역하고 있다.

16 《바이블》『구약』이사야 9장 6절.

17 《바이블》『신약』로마서 5장 1절.

18 《바이블》『신약』요한복음 20장 19절.

19 《바이블》『신약』마태복음 10장 12절.

20 《바이블》『신약』마태복음 5장 제1절~제12절.

경에 나오는 평화는 하나님으로부터 사람에게 내려오는 성령의 열매이다.

중세 초기의 크리스트교시대에 아우구스티누스(Aurelius Augustinus Hipponensis, 354~430)는 구원의 역사적 모델로서 나란히 평화롭게 공존하는 두 개의 왕국을 고안했는데, 하나는 신령한 "시비타스 데이(civitas Dei)"와 지구적인 국가인 "시비타스 테레나(civitas terrena)"이다. 하지만 그 당시의 현황을 위해서 그는 정의로운 전쟁이라는 고대그리스의 사유를 전수했다고 한다.

중세에는 법 집행의 수단으로서 결투(決鬪, Fehde)의 사상[21]이 신의 평화, 란트(Land)평화, 왕실의 평화 등 다양한 평화의 이상과 경합하고 있었다. 그래서 중세 후기의 정치철학자 마르실리우스(Marsilius von Padua, 1275?~1342?)는 그의 유명한 저서 『평화의 수호자(defensor pacis)』[22]에서 독자적인 정치가 수행해야 할 평화과제의 필요성을 주장했다. 이를 참조해서 신성로마제국의 황제 막시밀리안 1세(Maximilian I., 재위 1493~1519)가 1495년의 영원한 란트평화를 위해서 중세의 페데권의 폐지를 선언한다.

16세기 전쟁을 비판하고 평화를 강력하게 지지하는 휴머니스트(Humanist)들 중에서 로테르담의 에라스무스(Desiderius Erasmus, 1466?~1536)가 있었는데, 그는 1517년 『평화의 호소(Die Klage des Friedens)』를 써서 평화를 지지했다. 또 고대 속담을 모으고 그것에 대한 논평을 붙인 그의 저서 『격언집(Adagia 3001)』에서 전쟁의 광기(Kriegs-Wahnsinn)에 격렬하게 비난했다.

---

21 중세 게르만사회에서 "페데(Fehde)"란, 근대에 있어서 전쟁이 국가 상호 간 적대관계이듯이, 적대관계를 의미하는 점에서 그 본질이 동일하다. 다만 페데는 인적인 적대관계이다. 이에 관해서 山內進, 『掠奪の法觀念史: 中近世ヨーロッパの人・戰爭・法』, 東京大學出版會, 1993, pp. 236-262 참조.

22 황정욱 옮김, 『평화의 수호자』, 도서출판 길, 2021.

3) 이슬람교(Islam)의 경우

아랍어 "살람(Salām)"은 또한 인사말로서 구어체에도 사용되고 있다. 아랍어로는 '아스-살라무 알라이쿰(as-salāmu 'alaikum'), 한국어로는 "평안하시길 빕니다"라는 뜻이다. 셈어의 자매어링 히브리어에서와 같이, "살람(salām, سلام)"이 "평화"라는 뜻이다. "이슬람"이라는 말 자체가 이와 같이 평화를 의미하는 "살람(salām, سلام)"에서 유래한 것이다. 살람에는 "안전(Sicherheit)", "무결성(Unversehrtheit)", "완전성(Ganzheit)", "평화(Frieden)" 등 여러 가지 의미가 있다. "평화"란 신에 대한 완전한 항복, 복종, 동의인 것이다.

4) 게르만적 평화: 민회(Thing)평화

고대 게르만 사회에서는 이미 이교도 시대(die heidnische Zeit), 즉 크리스트교가 유럽의 게르만족에게 전파되기 이전부터 게르만 부족들 사이에 "민회평화(Thing(s)frieden)"[23]의 관습이 있었다. 민회평화는 모든 참석자에게 "신, 영혼, 조상들을 존중하기 위해" 민회가 개최되는 기간 동안에는 공개적인 논쟁을 벌이지 않고, 대신 민회의 결정을 요구하거나, 민회가 끝날 때까지 싸움을 중단하라고 명령했다.[24] 이러한 민회평화는 시장평화로 발전하였다. 대성당(Münster; 주교좌 있는 성당)의 광장에서 교구(敎區)재판이나 헌당식축제(Kirmes)가 개최되었는데, 이와 같이 교구재판소(Sendgericht)가 열리는 날을 계기로 해서 시장도 열렸는데, 시장에서는 분쟁이나 갈등을 중단하는 시장평화가 선언되었다.

---

23 "Thing"은 군사회와 재판집회를 겸한 고대 게르만족의 인민집회인데, 보통, 민회(民會)라고 하는 것 같다. Thingfrieden는 민회평화라고 번역할 수 있겠다.

24 http://liberpaganum.org./wirk2/index.php5?title=Thingfrieden 참조

게르만족들이 유럽 전체를 지배했던 중세 즉 기독교 시대(die christliche Zeit)에는 토지평화, 신의 평화, 왕의 평화라는 제도가 있었다. 오늘날 도이치 형법전에 규정된 소란죄(Landfriedensbruch)[25]의 보호법익에는 란트평화(Landfrieden)라는 개념이 그대로 살아남아 있다.

5) 근대유럽적 평화: 정치적「협정」으로서 평화

근세(Neuzeit)에 있어 평화에 대한 사상은 30년 전쟁을 종식시킨 1648년 웨스트팔렌 평화에 의해 크게 형성되었다. 휴고 그로티우스(Hugo Grotius, 1583~1645)는 유럽 내에서 국제법에 관한 사상을 형성했는데, 이는 다른 종파 간 폭력 사용을 배제하기 위한 것이었다. 그는 유명한 저서『전쟁과 평화의 법』[26]에서 법적, 도덕적 원칙은 각자의 신념과 관계없이 원칙적으로 그리고 일반적으로 존중되어야 한다고 주장했다.

잉글랜드의 토마스 홉스(Thomas Hobbes, 1588~1679)는 1651년 그의 유명한

---

25 "Landfrieden"은 중세유럽의 왕이나 영주가 내린 영내지역 평화유지명령을 말한다. 이 "Landfrieden"를 침해하는 행위가 "Landfriedensbruch"이다. 현재의 형법에 의하면 소란죄(騷亂罪) 또는 소요죄(騷擾罪)가 그것이다. 현행 도이치 형법 제125조는 "Landfriedensbruch"라는 표제 하에 제1항은 Wer sich an 1. Gewalttätigkeiten gegen Menschen oder Sachen oder 2. Bedrohungen von Menschen mit einer Gewalttätigkeit, die aus einer Menschenmenge in einer die öffentliche Sicherheit gefährdenden Weise mit vereinten Kräften begangen werden, als Täter oder Teilnehmer beteiligt oder wer auf die Menschenmenge einwirkt, um ihre Bereitschaft zu solchen Handlungen zu fördern, wird mit Freiheitsstrafe bis zu drei Jahren oder mit Geldstrafe bestraft.(1. 사람이나 물건에 대한 폭력, 2. 폭력으로 인한 위협으로 공공 안전을 위협하는 방식으로 집단에서 집단으로, 범죄자나 참여자로서, 또는 그러한 행동에 대한 그들의 의지를 증진시키기 위해 군중에게 영향을 미치는 자는 최대 3년의 징역이나 벌금형에 처한다)고 규정하고 있다.

26 Hugo Grotius, *De jure belli ac Pacis libri tres*, 1625. 이 책은 그로티우스가 프랑스에 망명하고 있는 동안 출간한 것인데, 그 주된 내용은 근대자연권 사상에 기초한 국가 간의 전쟁에 관한 법에 대한 것으로 세 권으로 구성되어 있다. 1권은 전쟁을 정당화하는 문제, 2권은 정의로운 전쟁의 기원, 그리고 3권은 전쟁의 수행에 있어 자연법에 기초한 법적 규제를 다루고 있다

저서 『레바이던(Leviathan)』에 의해서 모든 시민을 위한 동등한 권리를 요구했다. 국가는 권력자들의 특권(예: 귀족들)과 광신도들의 폭력으로부터 이 권리를 보호하기 위해 적절한 권한이 필요하다. 그렇지만 그는 개인의 행복, 자기보존을 위해 또한 국가권력의 자의적인 행사에서 독립하려는 인간의 욕구가 이러한 주장을 뒷받침하고 있다고 생각했다. 이런 식으로 홉스는 이념적으로 현대의 중앙집권적인 국가권력을 위한 기반을 마련했고, 국가권력의 남용에 의해 야기되는 위험은 그 후에 현실화되었던 파시즘정권과 공산주의 정권의 전체주의적 과잉에서 가장 명백하게 드러났다고 하겠다.

18세기에 임마누엘 칸트(Immanuel Kant, 1724~1804)는 "너가 보편적 법이 되기를 바라는 격률에 따라 행동하라(Handle nur nach derjenigen Maxime, durch die du zugleich wollen kannst, daß sie ein allgemeines Gesetz werde)"라는 범주적 명령을 기술했는데 이것은 그의 저서 『영구평화론(Zum ewigen Frieden)』(1795)의 기초가 되었고, 또 국제연맹(1919년)과 마침내 국제연합(1947년)의 기초를 형성했다.[27]

현대의 평화운동은 종교적 근원에만 기반을 둔 것이 아니라, 생태학적으로 그리고 철학적으로 동기가 부여되어서, 말하자면 무신론자들조차도 평화주의(Pazifismus)라는 기치 아래 그리고 이른바 "검(劍)을 쟁기날로!(Swords to ploughshare!; Schwerter zu Pflugscharen!)"라고 하는 평화프로젝트(the peace project) 아래로 모여들고 있다고 하겠다.

---

27 칸트야말로 전쟁의 도가니였던 유럽에서 구체적인 평화안을 제안했던 탁월한 평화사상가였다고 하겠다. 만년에 쓴 분량은 별로 많지 않지만, 유명한 저서 "Zum ewigen Frieden. Ein philosophiescher Entwurf"에서 영속적인 평화를 위해서는 상비군의 폐지와 공화제의 필요하다는 것을 역설하였는데, 그의 이러한 주장은 국제연맹과 국제연합의 역사적 예비작업의 역할을 했고, 20세기에 있어 국제정치의 유력한 식견인 「민주주의자들은 싸우지 않는다」라는 명제의 연원으로 되었다. 국제평화를 위한 칸트의 구상은 21세기 현재에도 여전히 통용될 수 있는, 아니 실현되어야 한다고 하겠다. Immanuel Kant, *Zum ewigen Frieden. Ein philosophischer Entwurf*, Königsberg: Friedrich Nicolovius, 1796(이한구 옮김, 『영구평화론』, 서광사, 1992).

3. 「평화」의 용어법(用語法)의 다차원

1) 생태계의 차원에서: 생태평화

자연에 대한 인간의 순응이라는 의미로 생태평화(Eco-Peace, Öko-Frieden)가 사용되고 있다. 근래에 들어와서 인간에 의한 무분별한 자연 착취로 생태계가 급속도로 파괴되어 가고 있고, 특히 과도한 자본주의적 산업화에 의한 지구온난화 및 각종 환경재해로 동식물이 멸종 위기에 처해가고 있다. 이러한 상황에서 생태평화(EcoPeace, Öko-Frieden)라는 말이 사용되고 있다.[28] 생태평화란 자연과 인간 사이에 있어서 생태적 균형을 회복하기 위한 것으로서 평화에 관한 논의를 범(凡)생태계로 확장하고자 하는 시도라고 하겠다. 이를 위해서 평화학과 생태학의 융합버전(infusion version)으로서 평화생태학(peace ecology)이 독자적인 학문으로서 발돋음을 하고 있다.[29] 평화생태학(peace ecology)이란 생태평화를 구현하기 위해서 기존의 평화학의 지평을 생태적 차원으로까지 확장하고자 하는 학제적 학문이라고 하겠다.

2) 국제(정치)적 차원에서: 국제평화

국가와 민족의 역사에서 보면, 전쟁이 정상 상태였고, 평화는 전쟁이 없었던 예외 상태라고 보는 것이 옳을 것이다. 이러한 맥락에서 보면 세계평화란 그야말로 유토피아라고 하겠다.

---

28 "EcoPeace"는 중동지역 특히 요르단, 팔레스타인, 이스라엘에서 환경보호와 평화를 위해 활발하게 활동하고 있는 시민단체의 이름이기도 하다.

29 "peace ecology는 평화를 알리고 유지하기 위한 환경의 고유한 능력에 대한 더 나은 이해를 제공하기 위한" 이론적 틀을 마련하기 위해서 아메리카합중국의 국제봉사학교(School of International Service)의 부교수인 크리스토스 키루(Christos Kyrou)가 사용하고 있는 것 같다.

20세기 전반은 전쟁의 시대였고, 그 이후부터 20세기 말까지가 냉전의 시대였다고 한다면, 세기 말은 늘 분쟁 시대였다. 21세기 초반에서 서서히 다시 신냉전의 시대로 진행되어가고 있다. 세계 각지에 빈발하는 분쟁은 민족분쟁과 종교분쟁이었고, 그 외 다양한 요인이 서로 얽힌 싸움이었다.

이들 싸움은 주권국가 상호 간 무력 행사라는 20세기 전반에 널리 볼 수 있었던 현상과는 다른 양상을 보이고 있다. 전쟁은 이미 국가와 국가 간에 조직적으로 이뤄지는 것에 끝나지 않고, 물론 국가라는 테두리와는 다른 차원에서 이뤄지는 무력 분쟁 말하자면 내전을 포함하는 것으로 되었다. 그러기는커녕, 21세기로 되면, 국가와 국제적 테러 조직과의 싸움이라는 대개 지금까지의 상식에는 이해하기 어려운 「전쟁」까지 등장하였다.

거기에는 국가가 흡수하지 못했던, 혹은 군이 흡수하지 않았던 가치와 가치관이 큰 힘을 가지고, 싸우는 사람들을 잡고 놓지 않는다. 유럽이 낳았던 근대국가를 기축으로 하는 시스템 하에서는 가치중립적 국가가 무력과 질서를 독점하고 국가에 속하지 않는 무력은 폭력으로서 또는 질서를 파괴하는 것으로 부정되어 왔다.

그 한편에서 국가는 독자적인 국가이성에 따라서 이해득실을 중심으로 한 정책과 행동을 취해 왔다. 최고의 폭력의 발동인 전쟁도 또한 국가이성의 관점에서 시행된다. 국가 그 자체는 광신과 무관하고, 이성적으로 계산된다. 그것은 부족적 이해와 혈연적·종교적 가치관 등과는 무관하다. 혹은 무관해야 한다. 피를 중시하는 파시즘은 이상한 예외다.

그러한 의미에서 전쟁이란 통상적인 것과는 다른 수단으로 하는 정책의 계속일 뿐이라고 하는 클라우제비츠(Carl von Clausewitz, 1780~1831)의 말[30]은 근

---

30 Carl von Clausewitz, *Vom Kriege*, 1832-1834(허문순 옮김, 『전쟁론』, 동서문화사, 2009, 제1편 제1장).

대적 국가사상의 적절하고 간결한 표현이라고 말할 수 있을 것이다.

그렇지만 친족집단과 신앙에 기한 유대(紐帶), 부족과 민족이라는 단체를 넘어 그것보다 더 높은 것에 지향 가치를 두고자 하는 개인이나 집단들이 오늘날에는 벌써 적지 않다. 물론, 이러한 사람들이 큰 힘을 발휘하고 있다. 그들의 용기는 이미 국가와 민족 언어를 초월해서 서로 연대해 가고 있다.

그렇지만 그와 같은 상황을, 유럽 근대의 관점에서 혹은 더 선진적이라고 하는 보편적인 「문명」이라고 하는 관점에서, 이해 불가능한 현상으로 간주하고, 고답적으로 비판하는 것으로는 오늘날 인류가 직면하고 있거나 멀지 않아 직면할 문제를 해결하지 못한다. 유럽근대적 주권국가와 그 국제시스템은 21세기에 급격히 진행되고 있는 이른바 글로벌리제이션(globalization)에 의해서 동요하고 있다. 아메리카합중국의 일극주의(一極主義)가 동요하는 것도 또한 이러한 현대국제시스템의 동요와 불가분적인 관계에 있다고 하겠다.

그렇지만 국가들이 더 이상 전쟁에 참여하지 않겠다고 중립국을 선언하는 국가들이 나타났다. 예컨대, 스웨덴과 스위스가 그렇다. 스웨덴은 1815년부터 지금까지 가장 오래 지속되고 있는 평화 국가인데. 노르웨이를 침공한 이후, 1814년의 킬조약(Treaty of Kiel, Kieler Vertrag)에 따른 동군합국(PU: Personal Union, Personalunion 둘 이상의 독립국이 한 군주를 모시는 명목상의 연합)의 관철을 위해서 평화를 유지할 수 있었다. 스위스는 1848년부터 오늘날까지 중립을 주장함으로써 오랫동안 지속된 평화를 유지할 수 있었다.

3) 국내(정치)적 차원에서: 국가의 폭력독점으로서 법적 평화

국내적 차원에서 평화라 함은 한 국가 내에 있어 폭동(Aufruhr), 사적 결투(Fehden), 자력구제(Selbstjustiz)의 부재를 의미한다. 한 국가 내에서 평화는 국가 내에서 평화로서 국가의 폭력독점(das Gewaltmonopol des Staates)에 의해 지배적인 법 원칙에 따라 유지되는 법적 평화라고 할 것이다. 그러므로 이에 따라 누구라도 폭력을 사용하고 또 그것에 의해서 위협하는 것은 국가형벌에 의해서 억제되어 평화가 확보되는 것이다. 그렇다고 예외적으로 누구라도 정당방위와 긴급피난의 경우에는 합법적으로 폭력을 행사할 수 있다.

이 경우에 국가에 의한 폭력독점과 그 행사는, 우선 국가의 권력이 분립되어 서로 견제하고 있고, 헌법의 내용에 부합하는 법률이 국민이 직접 또는 국민에 의해 선출된 대표에 의해 제정되며, 행정부와 사법부의 결정은 헌법과 법률에 의해 구속되는 경우에만 비로소 합법적으로 인정된다. 게다가, 국가 기관들은 국가의 법적 평화를 유지함으로써 자경 행위를 예방하는 데 관심이 있다. 그러나 실제로 민간인에 의해 저질러진 폭력행위를 안전하게 예방하는 것은 불가능하며, 심지어 법정과 비행기에서도 민간인에 의한 총기 사용이 있을 수 있다. 한 나라의 평화를 유지하기 위해, 대부분의 국가는 무기 소유, 소지, 사용을 규제하는 법을 제정했다. 그러나 우리가 잘 알고 있듯이, 아메리카합중국의 경우에는 이상하게도 오히려 나라의 평화를 위해서 개인에게 무기 소유, 소지, 사용을 합법화하고 있다.

국가 내부의 평화는 국가에 의한 폭력의 독점에 기초한 지배적인 법 원칙에 따라 보호되어야 한다. 그러므로 그것은 처벌과 처벌로 모든 사람이 위협과 폭력을 사용하는 것을 막을 권리가 있다. 정당방위와 긴급원조의 경우에만 모든 사람이 합법적으로 폭력을 행사할 수 있다.

국가의 폭력독점은 국가권력의 분리가 있고, 헌법에 따른 법이 국민이나 선출된 대표에 의해 결정되며, 행정부와 사법부가 법과 법에 의해 구속되는 경우에만 합법적으로 보인다. 게다가, 국가 기관들은 국가의 법적 평화를 유지함으로써 자경 행위를 예방하는 데 관심이 있다. 그러나 실제로 민간인에 의해 저질러진 폭력행위를 안전하게 예방하는 것은 불가능하며, 심지어 법정과 비행기에서도 민간인에 의한 총기 사용이 있을 수 있다.

4) 다양한 개별적 영역에서

(1) 공동체평화

공동체평화란 특정 정치단체나 집단 내에서 분쟁이나 갈등의 부재를 말한다. 예컨대 지방자치단체나 정당에서도 평화가 저해받을 수 있다. 이는 특히 직접 선출된 시장이 최대 8년의 임기를 가질 수 있는 경우에 해당하며, 많은 유권자들이 이를 받아들이지 않는 방식으로 행동한다. 예를 들어, 시에서 첫 번째 거주지가 없고, 다른 시에서 시장 선거에 출마하지 않았고, 지역적으로 너무 많이 참여했으며, 종종 협회, 기념일 등에 참석하지 않았으며, 당의 입장과 너무 강하게 동일시되었으며, 오직 그 입장과만 관련이 있다.

(2) 종교 영역에서: 종교평화, 교회평화, 종교 간의 평화

종교적 차원에서도 「종교평화(religion peace, Religionsfrieden)」, 「교회평화(church peace)」 및 「종교 간의 평화(peace between religions, Frieden zwischen den Religionen)」라는 말이 사용되고 있다.

유럽에 있어서 「종교평화」라는 용어는 일반적으로 세계종교 사이의 평화의 상태를 나타내지 않는다. 그것은 종교평화는 종교개혁 이후 1세기 동안 가톨릭과 개신교 진영 사이의 역사적 평화 정착을 기술하는 역사학의 전문용어이고, 「교회평화」라는 용어는 몇 가지 의미를 가지고 있다. 즉 교회와 예배 문제에 있어서 교회 구성원이나 교사의 단결을 의미하며, 예배의 장소, 요원 및 재산의 공공적 안전을 의미하기도 하고 또 기독교를 신봉하고 있는 기사(騎士)들이 언제 그리고 어떻게 싸울 수 있는지를 규정하는 교황의 규칙 (päpstliche Regel)을 의미하기도 했다. 그리고 「종교 간의 평화(Frieden zwischen den Religionen)」라는 말은 교황의 무능력을 비판한 것으로 유명한 스위스 출신의 비판적인 카톨릭 신학자이자, 신부였던 한스 큉(Hans Küng, 1928-2021)이 "종교 간의 평화 없이는 국가들 사이에 평화가 없다(Kein Frieden unter den Nationen ohne Frieden unter den Religionen)", "종교 간의 대화 없이는 종교 간의 평화가 없다(Kein Frieden unter den Religionen ohne Dialog zwischen den Religionen)", "지구적인 윤리적 기준이 없는 종교 간의 대화는 없다(Kein Dialog zwischen den Religionen ohne globale ethische Maßstäbe)", "세계차원의 윤리, 즉 세계윤리 없이는 우리 지구의 생존이 불가능하다(Kein Überleben unseres Globus ohne ein globales Ethos, ein Weltethos)"라는 네 개의 글을 발표하면서 본격적으로 사용되고 있다.

(3) 사회적 영역에서: 사회적 평화

사회적 평화(social peace; Sozialer Frieden)란 주로 계급 또는 계층 간의 집단적 갈등이나 분규가 없는 상태를 표현하는 말이다. 이 경우에 평화란 한 사회에 있어서 "하층계급의 반란"이 일어나지 않도록 방지하는 것이다. 이러한 기능을 주로 국가가 한다. 하층계급의 사람들이 불만을 토로하고 집단적 행동으로 나가는 것은 그 나라에서 분배되는 불공평의 정도를 견딜 수 없다고 생각하기 때문이다. 오늘날 사회적 평화를 유지하는 것은 국가 특히 현대적 복지국가의 주요 과제다. 이러한 측면에서 사회적 평화는 사회적 하층계급이 사회적, 정치적 행위자로서 사회과정에 참여할 수 있는 가능성으로서 사회적 통합, 민주주의에 대한 대중의 만족도로 이해할 수 있을 것이다. 그렇지만 언제까지 복지국가가 사회에서 추방된 사람을 부양하는 것이 사회평화에 기여할 수 있을지에 대해서 의심을 품고 있는 사람들도 있는 것 같다.

(4) 기업 영역에서: 기업평화=노동평화

사회적 파트너들(Sozialpartner), 특히 파업과 직장폐쇄라는 노동쟁의의 부재는 각각 기업평화라고 부른다. 기업평화는 특히 스위스에서 노동평화(Arbeitsfrieden)라고 하는 것 같다. "기업평화의 장애"로 간주되는 행동에는 직원이나 기업가의 정당정치 활동, 괴롭힘 및 기타 사회적으로 바람직하지 않은 행동 등이 포함된다. 근로자들이 기업평화를 파괴하는 경우, 그것이 정당화될 수 없을 때 행태상의 해고 사유로 해서 사용자는 기업평화의 파괴자들과 결별 즉 해고를 한다.

(5) 교육 영역에서: 학교평화

교육의 영역에서는 학교평화(school peace, Schulfrieden)라는 말이 사용되고 있다. 학교평화는 세 가지 다른 의미를 가지고 있다.

첫째, 그것은 특정 학교에서 폭력 계속되는 심각한 갈등의 부재를 나타낸다.

둘째로, 그것은 적절한 학교 구조와 적절한 학교 교육에 대한 오랜 교육정책 분쟁의 해결로 특징지어지는 특정 국가의 상황과 관련이 있다.

셋째로, 학교평화에 대해 이야기하자면, 학교 당국과 학교 및 교직원의 관계가 방해받지 않는다는 말이다.

(6) 사적 영역에서: 주거평화와 가족평화

주거평화는 인간권으로서 존중되어야 한다. 주거평화를 파괴하는 행위는 주거침입죄로 된다. 가족평화는 가정평화 또는 주거평화와 밀접한 관련이 있는데, 가정과 생활공동체에 있어서 부부와 생활동반자 및 친족 간 평화이다. 가족평화는 내부적으로 즉 당해 가족의 구성원들에 의해서 뿐만 아니라 외부자에 의해서 파괴될 수 있다. 특히, 가계에 속하지 않는 사람이나 국가에 의한 부양의무자의 지정은 피고와 그들의 대리인에 의해 종종 "가족평화방해"로 된다. 즉 여기서, 현재의 생활공동체의 재정적 파괴로 구체적으로 평가된다.

(7) 성적 평화: 성평등으로서 평화

성평등(gender equality)은 과거에는 주로 남성과 여성 간 차별 문제로 논의되었다. 그래서 여성에 대한 남성의 강간과 강탈이 여성평화침해행위로서 문제되었다. '여성의 평화침해'는 남성들이 그들이 가까운 관계를 맺고 있는 여성들에 대해 반복적으로 저질러진 범죄를 가리킨다. 유럽 대부분의 국가에서는 이러한 여성평화의 침해행위는 개별 행위 그 자체로 기소되지 않을 수 있는 경우도 있지만, 전체적으로 강한 처벌로 억제되었다.

이제 그것을 넘어서 성소수자에 대한 성다수자의 억압이 문제로 부각되고 있다. 우리나라에서 차별금지법의 입법문제가 논의되고 있다. 특히 성소수자에 대한 다수의 억압이 문제이다. 이러한 의미에서 성차별은 일종의 평화교란행위라고 할 것이다.

(8) 기타: 사이버 평화(Cyberpeace)

최근 사이버 평화(Cyberpeace)라는 가상현실 공간에서의 말도 등장하고 있다. 특히 사이버 평화(Cyberpeace)라는 말은 모든 형태의 사이버 전쟁의 부재를 말한다. 사이버 평화라는 용어는 물, 육지, 항공, 우주뿐만 아니라 사이버 공간에서도 전쟁을 일으킬 수 있는 비교적 새로운 가능성을 고려한다.

Ⅳ. 평화학에 있어「평화」:
요한 갈퉁의 적극적 평화와 "조영식" 평화 사상

1. 서설

현대평화학의 원류라고 할 수 있는 평화 사상은 그 뿌리가 깊다. 동양에서는 고대 중국의 노자(老子, ?)와 장자(莊子, BC369~BC289) 그리고 묵자(墨子, BC479~BC381) 등, 인도의 마하트마 간디(Mahatma Gandhi, 1869~1948), 서양에서는 에라스무스(Desiderius Erasmus, 1466?~1536), 그로티우스(Hugo Grotius, 1583~1645), 루소(Jean Jacques Rousseau, 1712~1778), 칸트(Immanuel Kant), 생시몽(Saint-Simon, Comte De Claude Henri De Rouvroy, 1760~1825), 톨스토이(Leo Tolstoy, 1828~1910) 등, 우리나라에서는 멀리는 신라의 고승 원효(元曉, 617~686)의 화쟁(和爭)사상[31]까지 올라갈 수 있을 것 같고, 근대에서는 수운 최제우(崔濟愚, 1824~1864) 선생의 인내천(人乃天)사상에서 그 단초를 찾을 수 있지 않을까 한다. 이들 선인들은 모두 다 분쟁과 갈등의 우둔함을 설파하고, 각자의 방법으로 평화의 길을 모색하고 있다고 하겠다.

이러한 선인들의 사상과 주장이 기초가 되고, 지금까지 아무런 이유 없이 서로 죽이고 파괴했던 수많은 크고 작은 전쟁을 통해서 깨달은 바를 집대성하고 실현하고자 하는「평화를 위한 학문」이 세계적인 차원에서 독자적인

---

31 원효(元曉, 617~686)는 불변(不變)과 수연(隨緣), 염(染)과 정(淨), 진(眞)과 속(俗), 공(空)과 유(有), 인(人)과 법(法) 등이 모두 일법(一法)·일심(一心)·일리(一理)의 양면일 뿐 원래부터 서로 대립되고 양단된 존재도 이원적 원리도 아니라고 하면서 실상법(實相法)에 입각해서 불교의 다양한 주장 간의 쟁론을 화합하려고 했는데, 이러한 화쟁사상이 온갖 모순과 피아(彼我)의 대립, 시비의 쟁론이 모두 끊어진 절대 조화의 세계가 무쟁이고, 피아(彼我)의 대립과 모순이 있는 현실에서 모든 대립과 모순 및 다툼을 조화, 극복하여 하나의 세계로 지향하려고 하였다는 점에서 우리나라 평화사상의 원류라고 생각한다.

「평화학」으로서 자리매김되고 있다고 하겠다.[32] 평화학!, 평화를 갈구하는 사람에게 가슴이 두근거리게 하는 학문인가? 오늘날, 오프-라인(Off-line)과 온라인(On-line)에서 본격적으로 세계화(globalization)되면서 현재의 인간적 관계는 과거와는 다른 양상을 보이고 있다. 그래서 세계평화가 요청되고 있다. 그것을 실현하기 위한 노력으로서 평화학이 요청되고 있다. 그러나 현실은 너무나 다르다. 개별 국민국가의 차원에서 보면, 국가권력이 폭력을 독점해서 어느 정도 평화가 이뤄지고 있는 듯하지만, 국제사회를 보면, 그 기본단위인 국가가 핵무기 등 막대한 군사력으로 서로 웅크리고 대결하고 있다. 특히 현재와 같이 세계화된 상황에서 국가들이 오히려 악성(惡性)의 평화교란자로서 등장하고 있다. 아메리카합중국 정치학자 새뮤얼 헌팅턴(Samual P. Huntington, 1927~2008)이 말했던 이른바 '문명의 충돌(The Clash of Civilizations)'[33]이 세계 곳곳에서 일어나고 또 잠재하고 있다고 해도 좋을 것이다.

모든 충돌은 바로 폭력이라는 현상으로 비화한다. 사실 폭력은 어떤 사회, 어떤 문명에도 널리 볼 수 있고, 항상 잠재해 있는 아주 일반적인 현상이다. 그것은 또 역사에서 어느 시대에 위치하는가에 의해 같은 사회, 같은 문명에도 그 평가와 실행의 정도, 존재 방식이 크게 다를 뿐이다. 그래서 국제관계, 국가 내 공동체, 집단 개인의 차원에 있어서 평화의 문제와 관련해서 평화학

---

32 여기에서 평화학(peace science, Friedenswissenschaft, Eirenologie)이냐, 평화론(theory of peace, Friedenstheorie, paxitics, Paxitik)이냐 하는 의문이 제기된다. 이 문제는 마치 정의론(theory of justice, Gerechtigkeitstheorie)이 아니라, 정의학(正義學, science of justice, Gerechtigkeitswissenschaft)이 가능한가라는 문제와 유사하다. 이것은 평화학이 학으로서 성립할 수 있는가라는 것과 연관되어 있다. 이러한 의미에서 평화학이란 항상 본질에만 집착하는 인간이 가지고 있는 모순의 극치인지도 모른다. 평화학에서는 「가치」 또는 「이념」으로서 평화보다는 구체적인 「수단」으로서 평화에 비중을 두어야 하지 않을까 생각한다.

33 「문명의 충돌」은 헌팅턴의 저서 제목이다. Samual P. Huntington, *The Clash of Civilizations and the remaking of world order*, 1996(이희재 옮김, 『문명의 충돌』, 김영사, 1997.

의 학문성과 관련해서 우리가 주목해야 할 것이 바로 그 기초적인 작업개념으로서 「폭력(暴力; violence; Gewalt; …)」[34]과 「평화(平和; peace; Frieden; …)」[35]를 어떻게 규정해야 하는가인데, 이 문제와 관련해서 노르웨이 오슬로의 계평화연구소(PRIO, Peace Research Institute Oslo)의 창립자이자 현대 평화연구의 창시자로 불리는 요한 갈퉁(Johan Galtung, 1930-)의 기여가 크다고 하겠다.[36]

2. 요한 갈퉁의 평화 개념: 「구조적 폭력」, 「문화적 폭력」과 「적극적 평화」

1) 폭력⇔평화

요한 갈퉁(Johan Galtung)이 1969년에 제기했던 폭력에 대한 새로운 사고

---

34 여기에서 폭력의 개념에 대해서는 우선, 단행본으로서 장욱(엮음), 『폭력』, 분도출판사, 1987; 맹용길 『폭력과 비폭력』, 쿰란출판사, 1994; 한나 아렌트(김정한 옮김), 『폭력의 세기』, 이후(시울), 1999; 진중권, 『폭력과 상스러움』, 푸른숲, 2002; 삐에르 끌라스트르(변지현/이종영 옮김) 『폭력의 고고학』, 울력, 2002; 류성민, 『성스러움과 폭력』, 살림, 2003; 모리스 메를로-퐁티, 『휴머니즘과 폭력』, 문학과지성사, 2004; 브루스 링컨(김윤성 옮김), 『거룩한 테러』, 돌베개, 2005; 에릭 홉스봄(이원기 옮김), 『폭력의 시대』, 민음사, 2007; 존 쉘비 스퐁(김준년 외 옮김), 『성경과 폭력』, 한국기독교연구소, 2007; 호남신학대학교 해석학연구소, 『죽음의 사회적 폭력성과 해석학』, 한들출판사, 2007; 레프 니콜라예비치 톨스토이(조윤정 옮김), 『국가는 폭력이다』, 달팽이, 2008; 사카이 다카시(김은주 옮김), 『폭력의 철학』, 산눈, 2008 등 참조. 그 외 강희원, 「법과 폭력: 법의 존재론적 탐구」 『경희법학』, 44권, 1호(2009) pp. 287~327도 참조.

35 평화의 개념의 다양성에 대해서는 국내 서적으로 서보혁/강혁민 엮음, 『평화개념연구』 모시는 사람들 2022 참조.

36 제2차 세계대전에 있어서 핵폭탄 등 첨단무기에 의한 대량의 살상과 파괴를 계기로 평화의 현실적인 실현을 위해서 현대적 평화학이 발원하기 시작했고, 이제 하나의 독자적인 학(學)으로 성립해 가고 있다고 하겠다. 평화학이 독자적인 전문학문(discipline)으로 성립될 수 있기 위해서는 독자적인 작업개념과 방법론이 있어야 하는데, 이러한 차원에서 노르웨이의 평화학자 요한 갈퉁의 기여가 크다고 생각한다. 그는 평화의 개념을 분명하게 하는 데에 혁혁한 공헌을 했다고 하겠다. 필립 퀸시 라이트(Philip Quincy Wright)가 사용했던 「소극적 평화」와 「적극적 평화」의 개념을 구체화해서 평화학이 독자적인 학문으로 자리매김할 수 있도록 했다.

방식은 평화가 의미하는 지평을 크게 열었다.[37] 그는 「평화란 전쟁의 부재」가 아니라, 「평화란 폭력의 부재」라고 한다. 「평화」의 반대는 「전쟁」이 아니라 「폭력」이라는 것이다. 확실히 전쟁은 폭력의 최고 형태이기 때문에 특히 이 말로 바꾸는 것에 모순은 생기지 않는다. 갈퉁은 「폭력」을 평화와 관련하여 「직접적 폭력(direct violence; direkte Gewalt)」, 「구조적 폭력(structural violence; Strukturele Gewalt)」, 「문화적 폭력(cultural violence; kulturelle Gewalt)」으로 3분하고, 평화를 이 세 가지의 폭력이 모두 사라진 상태 즉 이것의 포괄적인 부재에 대해 「평화」의 표현을 맞추고 있다.[38] 즉 「직접적 폭력」의 부재가 「소극적 평화(negative peace; negativer Frieden)」와 「구조적 폭력」의 부재가 「구조적 평화(structural peace; Struktureler Frieden)」와 문화적 폭력의 부재가 「문화적 평화(cultural peace; kultureller Frieden)」라고 한다.[39] 「~의 부재」로서의 개념을 「소극적」이라고 하는 것에 대해 「~의 존재」로서의 개념을 「적극적」이라고 표현한다. 즉 폭력을 일어나지 않게 하거나 일어나 났던 폭력에 대처해서 수습하는 과정에 있어서 「대응능력의 존재」를 「적극적」이라고 칭해서 직접적 · 구조적 · 문화적 폭력에 포괄적으로 대등할 수 있는 능동성의 출현을 「적극적 평화」라고 한다. 여기에는 구체적으로 협력, 형평, 평등, 평화의 문화와 대화 등의 존재가 상정되고 있다.

---

37 Johan Galtung, "Violence, Peace, and Peace Research", *Journal of Peace Research*, vol. 6, no. 3, 1969, pp. 167-191.

38 娛本京子, 『平和ワークにおける藝術アプローチの可能性』法律文化社 2012, p. 25.

39 Johan Galtung, *Peace by Peaceful Means: Peace and Conflict, Development and Civilization*, SAGE Publications Ltd., 1996(강종일 외 4인 옮김, 『평화적 수단에 의한 평화』, 도서출판 들녘 2000), 제1부, 2. 평화연구의 몇 가지 기본적 페러다임들(69면 이하), 특히 p. 88 〈표 2-2〉 참조.

2) 직접적 폭력⇔소극적 평화

「직접적 폭력」은 특정한 인간이나 세력이 다른 사람의 현실을 저해하는 폭력이다. 갈퉁은 평화를 직접적인 폭력이 없는 상태인 소극적 평화와 갈등을 비폭력적 방식으로 해결하는 적극적 평화로 구분한다. 그 개념에 의한다면, 그중에서 폭력을 「가능성과 현실 사이의, 즉 실현가능이었던 것과 현실에서 생긴 결과와의 간극(gap)을 생기게 하였던 원인」이라고 정의하였다.[40] 즉 어떤 사람의 현상이 그 사람이 가지고 있는 잠재적인 본래의 능력 이하로 억눌리고 있다면 거기에 폭력이 내재하고 있다고 파악하는 것이다.

예컨대, 甲이 본래는 83세까지 살 수 있었는데, 현실에는 50세에 사망하였다고 한다. 그 사인이 구타(毆打)였다면, 기대수명과 현실수명에 「간극(gap)」이 생기게 된 것은 「때린다」고 하는 행위가 원인이고, 때린다는 행위는 폭력으로 정의된다. 「때린다」거나 「발로 찬다」고 하는 행위는 일반사람이 가지고 있는 폭력의 이미지 그 자체이기 때문에, 이러한 정의에 위화감은 생기지 않는다. 그러면 이 사람이 결핵으로 죽었다고 하면 어떨까? 현재의 의료수준에서 보면, 결핵이라는 질병은 적절한 치료를 받으면 생명을 감축하는 병은 아니다. 그런데, 이 사람이 예컨대, 끼니를 해결할 수 없어서 영양실조로 체력이 쇠약하거나, 경제적으로 궁핍해서 병원에 가지 못했다면, 또는 사회적 차별로 인하여 진료를 받는 것이 거절된다고 하면, 결핵으로 병사할 수도 있다. 이 경우, 누구도 이 사람을 때리거나 발로 차는 등의 폭력을 행사하지 않았지만, 83세까지 살 수 있었는데, 50세에 죽었다고 하는 수명의 간극은 마찬가지이기 때문에 거기에 폭력이 개입되었던 것으로 된다. 즉 이 경우, 기아와

---

40 Johan Galtung, *Transend and Transformation: An Introduction to Conflict Work*, Pluto Press 2004.

빈곤, 차별 등이 폭력에 해당한다고 말할 수 있을 것이다.[41]

이와 같이 폭력의 개념은, 때리는 것, 차는 것이라는 물리력의 가시적인 행사에 그치지 않고, 그 대상을 대폭으로 확대될 수 있다. 폭력에는 단순히 전쟁이 없을 뿐만 아니라, 기아, 빈곤, 차별 등과 같은 다른 요소도 포함되고, 이러한 확대된 의미에 있어서 폭력이 없는 상태를 진정한 의미에 있어서 평화를 뜻한다고 하는 이해로 연계된다. 그렇지만, 이러한 폭력의 개념에 있어서도 현실과 본래적 가능성 간의 간극에 대해서 엄밀한 차감 계산은 할 수는 없다.

이를테면 甲이 본래 83세까지 살 수 있는 능력을 가지고 있었는가는 아무도 알 수 없기 때문이다. 그렇지만 인간을 개인이 아니라 집단으로서 파악하는 경우, 평균수명이라는 형태로 객관적으로 집단 간의 수치의 차이를 알 수 있다. 예컨대, 통계청 자료에 따르면 2020년 기준 우리나라 기대수명은 83.5세다.[42] 아프리카에는 50세 전후의 나라도 적지 않다. 같은 인간이라는 종인데, 거기에 존재하는 간극을 볼 때, 그 원인으로서 남북격차, 빈곤의 문제를 폭력으로 보는 발상은 의연히 유효성이 있다고 말할 수 있다.

때리고 발로 차는 등의 행위는 「직접적 폭력」이다. 직접적 폭력의 경우에는 그 주체는 명백하고, 그 폭력은 대상에게 직접적으로 행사되는 것이기 때문에 알기 쉽다. 다른 한편, 빈곤과 차별 등과 같이 행사의 주체가 애매하고, 영향은 간접적으로 미치기 때문에 알기가 어렵다. 이러한 폭력을 「간접적 폭력」이라고 불렀다. 「간접적 폭력」은 사회의 구조에 편입되어서 잠행해서 작용하기 때문에, 이러한 간접적 폭력을 요한 갈통은 「구조적 폭력」이라고 표

---

41 Johan Galtung, "Violence, Peace, and Peace Research", *Journal of Peace Research*, vol. 6, no. 3, 1969, p. 168.

42 2020년 생명표, 통계청, 2021 참조.

현한다. 그 실태로서는 우리가 통상 사회적 부정의라는 것이 바로 구조적 폭력에 해당한다고 하겠다. 그리고 갈퉁은 직접적 폭력이 없는 상태를 「소극적 평화」라고 하고, 구조적 폭력이 없는 상태를 「적극적 평화」라고 하면서 이들 양자를 제거해야 비로소 진정한 의미에 있어서 평화가 실현된다는 것이다.

소극적 평화(negative peace)는 폭행, 범죄, 테러, 전쟁 등을 포함한 직접적 또는 물리적 폭력이 사라진 상태를 가리키며, 적극적 평화(positive peace)는 직접적 폭력뿐만 아니라 구조적 폭력과 문화적 폭력 등을 포함한 간접적 폭력까지 사라진 상태를 가리킨다. 갈퉁은 소극적 평화만으로는 진정한 평화를 이루기 어려우며 적극적 평화를 이루어야 모든 사람이 인간다운 삶을 누릴 수 있음을 강조하였다.

3) 구조적 폭력과 문화적 폭력 ↔적극적 평화

요한 갈퉁은 그 후, 직접적 폭력과 간접적 폭력(구조적 폭력)을 만들어내는 전제로 되는 상황에 착안하여 직접이든 간접이든 폭력을 정당화 합법화하는 어떤 종류의 종교, 예술, 과학 등의 측면을 「문화적 폭력」이라고 한다.[43] 문화적 폭력이란 물리적 폭력이나 구조적 폭력을 정당화하는 데 문화적 영역이 이용되는 형태의 폭력이다. 즉 종교와 사상, 언어와 예술, 과학과 학문, 대중매체와 교육 등의 문화적 영역을 통해 직접적 폭력이나 구조적 폭력이 잘못된 것이 아니라고 간주하도록 하여 폭력을 합법화하거나 용인되도록 두는 것이다. 문화적 폭력은 언어나 이미지와 같은 상징적인 모습으로 존재하기 때문에 잘 드러나지 않으며, 이러한 특성상 전문가 혹은 지식인에 의해 주도되는 특징이 있다. 결국 폭력은 일반적으로 문화적 폭력으로부터 시작하여

---

43 Johan Galtung, "Cultural Violence", *Journal of Peace Research*, vol. 27, no.3. 1990.

구조적 폭력을 거쳐 직접적 폭력으로 번지게 되며 인간은 그 과정에서 다양한 폭력을 경험하게 되는 것이다.

갈퉁에 의하면, 평화란, 단순히 언어적 폭력이나 신체적 폭력과 같은 「직접적 폭력」이 없는 상태뿐만 아니라 구조적·문화적 폭력을 포함한 모든 종류의 「간접적인 폭력」까지 사라진 상태라는 것이다. 그래서 갈퉁은 평화를 크게 소극적 평화와 적극적 평화로 구분하였는데, 소극적 평화(negative peace)는 폭행, 범죄, 테러, 전쟁 등을 포함한 직접적 또는 물리적 폭력이 사라진 상태를 가리키며, 적극적 평화(positive peace)는 직접적 폭력뿐만 아니라 구조적 폭력과 문화적 폭력 등을 포함한 간접적 폭력까지 사라진 상태를 가리킨다. 갈퉁은 소극적 평화만으로는 진정한 평화를 이루기 어려우며 적극적 평화를 이루어야 모든 사람이 인간다운 삶을 누릴 수 있음을 강조하였다. 이를테면, 아동을 살해하는 것은 직접적 폭력이고, 아동이 빈곤으로 죽음에 이르는 것은 구조적 폭력, 아동의 죽음에 대해서 우리를 무감각하게 하거나 아동의 죽음을 정당화하는 것이 문화적 폭력으로 된다.

갈퉁이 말하는 평화에는 직접적 폭력이라고 부르는 폭력의 부존재(das Fehlen) 외에도 구조적 폭력과 문화적 폭력의 부존재(das Fehlen)도 포함한다. 평화에 대한 이러한 정의에 따르면, 평화는 또한 억압적이거나 착취적인 구조의 부재와 함께 폭력에 기반을 둔 문화가 없어지는 것을 의미한다. 이러한 구조적 평화(struktureller Frieden)는 지위의 투쟁과 그것을 위한 상호 마찰의 손실 없이 모두가 조화롭게 함께 사는 구체적인 이상향(die konkrete Utopie)일 것이다.

3. "조영식"의 평화 사상과 평화교육:
「사상」으로 평화와 「운동」으로서 평화

1) 적극적 평화운동의 원조로서 조영식

동물은 자기보존과 종족보존을 위해서 같은 동물 또는 다른 동물들과 경쟁하고 투쟁한다. 그러므로 동물의 공격성(攻擊性) 즉 다른 생물을 「치고 때린다」고 하는 힘과 의지는 생존의 필수조건이다. 생존을 위한 인간의 공격성은 동물로서 생래적으로 가지고 있는 자질(資質)이다. 물론 엄밀한 의미에서 보면, 그러한 공격도 폭력에 해당할 수 있지만, 그것이 생물로서 목숨을 유지하기 위한 범위에 있어서 생존경쟁의 일환에 그치는 한에서는 그러한 「자연법적인 힘」을 폭력(暴力)이라고 불러서는 아니 될 것이다. 동물의 공격성 그 자체는, 개체 및 종족의 생존을 위해 불가결한 요소라는 것을 확인해두어야 한다. 이러한 공격력은 「자연력(自然力)」 또는 「생명력(生命力)」이라고 하겠다.[44] 그렇지만 인간의 경우에는 이러한 생명력과 폭력 사이의 경계는 자주 불분명하고, 그러한 생명력으로서 공격이 그대로 폭력으로 되는 경우도 많을 것이다. 전쟁과 결투, 정치적 억압과 항쟁 등에서 생기는 생존을 위한 공격이 대개 폭력행위로 되기 때문이다. 그래서 폭력론을 여기에서 시작하는 것은 편의적이고 또 유의미하다고 하겠다. 그것에 무엇보다도 인류가 행해온 동포의 대량살륙, 특히 전쟁의 진인이 인간의 공격성에 있다고 본다면, 폭력도

---

44 이와 관련해서 '자연상태에 있어서 인간의 공격성'과 '사회상태에 있어서 인간의 공격성'을 구분해서 생각할 필요가 있는데, 공격성에 대해 에리히 프롬(Erich Fromm)은 「양성의 공격(benign aggression)과 「악성의 공격(malignant aggression)」으로 구분하고 있다. 「양성의 공격」이란 동물들이 자신의 목숨을 유지하기 위한 필요불급한 공격이다. 「악성의 공격(malignant aggression)」은 이러한 「양성의 공격」 그 이상의 공격을 말한다. 사회상태에 있어서 인간의 공격성이란 대부분 이러한 「악성의 공격」에 해당한다고 하겠다. 이와 관련해서는 Erich Fromm, *The Anatomy of Human Destructiveness*, 1973(유기성 옮김, 『파괴란 무엇인가』, 기린원, 1989) 참조.

이러한 "인간성"에서 생긴다고 하는 것이 완전히 잘못된 것은 아닐 것이다. 식물과 같이 자급자족을 할 수 없는 동물은 생존을 타존재에 의존할 수밖에 없다. 그러므로 이러한 자연법칙에 기하여 타존재를 자기생존의 수단으로 이용하는 힘으로서 수탈성 즉 폭력성은 동물이 가지고 있는 본성이라고 하겠다. 이러한 수탈성을 근본적으로 부정하는 것은 동물에 있어서 죽음이다. 인류도 동물의 일종으로서 이러한 수탈성 없이는 오늘날과 같이 지구상에서 번영할 수 없었을 것이다. 실제로 동물행동학자나 인간학자들은 거의 모두 이러한 공격성에 대해서는 「종을 보존하는 중요한 작용」이라는 것을 인정하고 있는 것 같다.[45] 모든 동물은 자기보전과 섭생을 위해서 이종과 동종의 생물과의 사이에 발생하는 격한 경쟁과 투쟁에 대처해야 한다. 대적할 수 없는 경우에 도주 본능과 함께, 싸우는 능력으로서 공격성은 살아남기 위해서 유용한 필수의 속성이다. 인간이 가지고 있는 공격성과 투쟁력은 틀림없이 다른 생물 특히 동물이 가지고 있는 생명을 가진 존재의 공통된 "본성"이라고 말할 수 있고, 이 점에서 폭력은 생명체의 연속성을 위해서 필수조건으로서 인정하지 않을 수 없다. 생명 유지에 필요한 자연적 생활인 한에서, 그러한 폭력성에 대해서는 「악(惡)」성의 표지를 붙일 수 없을 것이다.[46]

이와 같이, 인간의 공격성도 일면에서 동물적인 기반에 근거하고 있다고 생각할 수 있는데, 다른 면에서는, 인간의 공격성은 다른 동물에는 볼 수 없

---

45 이 문제에 대해서는 Alexander Mitscherlich, *Die Idee des Friedens und die Menschliche Aggresivität*, Frankfurt a.M 1969; Irenäus Eibl-Eibesfeldt, *Liebe und Haß: Zur Naturgeschichte elementarer Verhaltensweisen*, München 1970; Katharina Ernst-Wilken, *Liebe und Hass: Eine philosophische Analyse im Anschluss an Max Scheler und Aurel Kolnai*, 2019 등 참조.

46 이러한 맥락에서 보면 원시시대에 있어서 "원시인들 간에 있어서 식(食)과 성(性)" 그리고 이것을 위한 세력권 확보를 위한 동족 간 "작은 싸움"은, 말하자면 동물로서 생존경쟁의 단면의 하나이고, 전쟁과 같은 폭력 현상이라고 말하기보다도 오히려 자연생태계의 한 구성원으로서 "자연=생물사(生物史)와의 연속 면에서 파악하는 것이 타당할 것이다.

는 잔학하고 파괴적인 폭력행위로 되어 나타난다. 현대사에서 우리가 볼 수 있듯이, 인류는 너무나 잔혹하게 되었고, 또 어처구니가 없을 만큼 이상한 폭력적 생물이기도 하다. 전쟁 등과 같은 거대한 동족살육 현상 하나만 보아도, 다른 동물들에게는 볼 수 없는 인간의 폭력성이 역력하다. 동물행동학들이 말하고 있듯이,[47] 약간의 예외를 제외하면, 자기 자신의 종속의 구성원을 살해하는 습성을 가진 척추동물은 그 외에는 없다. 같은 종속의 동료에게 잔학 행위를 하고 적극적인 희열을 느끼는 동물은 인간뿐이 아닌가 생각한다. 이 것은 우울한 사실이지만, 우리는 과거 지상을 보행하는 것들 중에서 가장 잔 혹하고 너무나 무자비한 종속인 것은 틀림없다. 우리는 자주 인간의 잔인한 행위에 대해서 "이리나 하이에나와 같은"이라고 하는 형용사구로 말하는데, 이리나 하이에나도 혹은 사자 등도 잡은 동물의 고기는 생존을 위해서 먹지 만, 인류가 행해왔던 것과 같은 동포의 대량살륙과 암살, 고문, 흥행 등의 악학(惡虐)한 살상은 결코 하지 않는다. 나는 사실, TV에서는 인간들이 노는 모습보다는 대형동물이 노는 모습을 담은 〈동물의 왕국〉이라는 프로그램을 자주 시청하는 편인데, 사자 등 대형동물에게도 동족살해가 있다고 해도, 그것은 주로 성과 생식에 관련된 것이고, 인간의 동포살륙과는 동일시될 수 없다고 하겠다. 실제로 핵확산을 추진해왔던 현대의 인류는 스스로 부지중 에 비참한 자기 괴멸을 초래할 공포에 위협을 받고 있는 상태가 아닌가? 이 대로 간다면, 인간의 공격성은 단순한 악성이라고 해야 할 뿐만 아니라, 존 엄성을 강조하면서 만물의 영장이라고 스스로 추켜세우고 있는 인간이 최대 의 자기모순에 당면할 수밖에 없다고 하겠다. 어떻게 해서 이와 같은 처지로 되었는가?

---

47 예컨대 Aonthony Storr, *Human Aggression*, Atheneum, 1968.

인류의 역사는 「서로 잔인하게 죽이는 장(場)의 연속이다」라고 말해도 과언이 아닐 것이다. 오스트리아의 동물행동학자 이레네우스 아이블=아이베스펠트(Irenäus Eibl-Eibesfeldt, 1928~2018)가 말하고 있듯이,[48] 지구를 폭파하고 전인류를 몰살할 수 있는 핵무기 등 거대한 파괴 병기를 가지고 있는 우리 인류는, 만약 자신의 공격성을 잘 통제할 수 없다면, 자기 자신에게 최대의 적으로 될 비극적인 딜레마에 처해 있다. 이러한 폭력성을 억제는 수단으로서 이념, 제도 그리고 운동으로서 평화가 성공해야 한다.

한국의 현대사에서 평화운동에 관한 논의에서 미원 조영식(1921~2012) 박사를 빼놓고서는 생각할 수 없을 것이다. 그는 현대 한국에 있어서 적극적 평화사상과 적극적 평화운동의 원조라고 말할 수 있을 것 같다. 아래에서 이러한 인간의 폭력성을 교육을 통해 자각 내지 자제할 수 있는 평화로운 인간성을 함양해서 진정한 의미에서의 평화를 실현하고자 했던 조영식 평화 사상과 운동에 대해서 간단히 생각해 보려고 한다.[49]

2) 교육에 의한 인간의 폭력성의 억제

조영식은 평생 교육사업에 매진했다. 그는 요한 갈퉁이 말하는 적극적 평화를 주장하였고, 인간교육, 정서교육, 과학교육 및 민주교육을 통해 적극적 평화를 실현하고자 했고 이를 통해서 서서히 세계평화에 다가가고자 했

---

48 Irenäus Eibl-Eibesfeldt, *Liebe und Haß: Zur Naturgeschichte elementarer Verhaltensweisen*, München 1970 참조.

49 조영식의 평화사상과 그 실천운동에 관해서는 하영애 교수님이 정리해서 발표하신 글들 참조해서 약간의 필자 나름의 상상을 보태어서 간단히 생각해 보았다. 그 내용을 왜곡한 것이 아닌지 약간 염려도 된다. 왜곡되었다면, 그것은 전적으로 필자의 오해에서 비롯된 것이다. 하영애(편저), 『조영식과 이케다 다이사쿠의 평화사상과 계승』 (조영식 이케다 사이사쿠 연구회 총서 1), ㈜한국학술정보 2018 참조.

다. 이것은 그가 교육의 목적을 인류의 평화에 두고, 인간의 교육을 통해서만 평화를 실현할 수 있다고 보았기 때문일 것이다. 이 점에 있어서 필자는 교육을 통해서 인간의 잠재적 폭력성을 억제하기 위한 평화교육을 강조했던 조영식평화사상에 적극 동의하는 바다. 교육이 인간의 잠재적 폭력성을 제거할 수는 없을 것이다. 그러나 교육에 의해서 인간을 평화지향적으로 만들 수는 있을 것이라고 생각한다. 이것은 인간교육을 통해서 평화에의 능력(die Fähigkeit zum Frieden)을 기른다는 발상이다. 평화에의 능력(die Fähigkeit zum Frieden)이란 분쟁, 갈등 등 부(負)의 인간적 사회적 국가적 관계를 비폭력(Gewaltlosigkeit), 창의성(Kreativität) 또는 유희적으로(spielerisch) 해소하고 해결할 수 있는 공감 능력, 즉 다른 사람의 자기와 태도와 사고방식을 기꺼이 수용하는 능력이라고 정의할 수 있을 것이다. 이러한 능력을 향상시키고 그것에 기하여 평화를 실제로 구현하기 위해서는 의사소통적 평화작업(Friedensarbeit) 외에도 "법적 의사소통(Rechtskommunikation)"의 중요성을 인식하고, "권력적 의사소통(Machtkommunikation)"을 통해서 분쟁의 점증(Streiteskalationen)을 유발하고 촉진하는 논란이 되는 행동의 원인에 대한 보다 집중적인 융합적 연구가 필요하다고 할 것이다.

3) 수단으로서 평화교육: 수단으로서 평화와 목적으로서 평화

평화가 평화적 수단에 의해서 실현될 때, 그것이 진정한 평화라고 말할 수 있다. 평화란 「결과로서 평화」가 아니라 「원인으로서 평화」여야 한다는 것이다. 무자비한 폭력적 수단으로 평화가 실현된다면, 그것은 평화가 아니라 억압일 뿐이다. 평화란 「목적으로서 평화」일 뿐 아니라 동시에 「수단으로서 평화」여야 한다. 조영식은 수단으로서 평화는 바로 교육에서 시작한다고 보고 있다. 인간은 교육에 의해 선(善)과 악(惡) 그리고 미(美)와 추(醜) 중 어느 것으로도 지향할 수 있는 가소적인 생물이다. 칸트가 그의 『교육론(Über Pädagogik)』(1803)에서 말했듯이, "인간은 교육에 의해서만 인간으로 될 수 있는(Der Mensch kann nur Mensch werden durch Erziehung)" 존재다. 특별히 선천적 또는 후천적인 중한 정신질환이 없는 한, 누구라도 좋은 교육과 학습에 의해서 앞에서 언급했던 과제들을 수행할 수 있는 주체로 될 수 있다는 것이다. 좋은 교육·학습이란 지(知)·정(正)·의(義) 그리고 이들 가치를 지지하고 실행할 수 있는 체(體) 전반에 걸쳐서 풍부하고 균형 있는 육성과 자기훈련에 의해 적극적으로 문제 해결로 향할 수 있는 힘을 기를 능동적인 정신작업이다. 그것에 의해서 인간은 부당한 폭력에 굴복하지 않고 그것에 대항할 수 있는 자주적인 주체로 그리고 평화를 지향할 수 있을 것이다. 조영식에 의하면, 평화의 교육이라고 하더라도 그것은 주입식이 아니라 민주적인 교육이어야 한다는 것이다. 그래서 그는 민주사회시민교육의 중요성을 역설했던 것 같다. 이러한 민주시민사회를 위한 교육장으로서 경희학원을 그 '수단으로서 평화교육'의 본산으로 만들려고 했던 것이 아니었는가 생각한다.[50]

4) 범시민운동으로서 평화운동

조영식은 평화교육에는 학교교육만으로 부족하다고 생각하는 것 같다.

---

50 이러한 맥락에서 경희학원의 역사를 돌아보면, 아쉬운 점이 있을 것 같기도 하다. 물론 지금까지 군사정권에 의한 국가중심적 경제발전을 위한 과도한 경쟁적 교육정책 때문에, 조영식의 평화교육은 어쩔 수 없이 교육과정에서 상당히 왜곡되지 않았나 생각한다. 경희학원에는 물론 광릉의 평화복지대학원이 있긴 하지만, 학부과정에는 졸업 후 취업 등 학생들의 장래 진로 때문에 평화학부가 현실적으로 마련되지 못했던 것이 아닌가 생각한다. 경희학원을 대한민국의 평화학 그리고 평화운동의 메카로 만들기 위해 향후에 경희학원 운영자는 평화교육의 산실로서 평화학부의 개설을 고려해야 하지 않을까 생각한다.

그는 평화교육은 인간의 자각에 의한 폭력성의 자제를 촉진하지만, 그것으로는 부족하고, 폭력성에 대한 자각은 범인류시민적 차원에서 운동으로 될 때, 진정으로 평화가 실현될 수 있다고 본 것이다. 조영식은 평화운동의 주체로서 다양한 시민단체를 설립했다. 학교의 울타리를 넘어서 활발히 전개되었던 G.C.S.(Good will, Cooperation, Service)운동이 그 대표적인 사례라고 하겠다.

Ⅴ. 결론: 이상주의와 현실주의 사이에서 삶의 평화가 어떻게 가능할 수 있을까?

동물의 본성으로서 폭력성과 수탈성은 동물이 자급자족을 할 수 없기 때문에 생존을 위해서 가질 수밖에 없는 근본적인 속성임을 부정할 수 없지만, 지금 인간들이 보여 주고 있는 폭력성과 수탈성은 이와 같은 동물의 기본적인 속성과는 그 차원을 달리하고 있다. 이러한 맥락에서 인간의 폭력성은 자연과의 불연속면에서 나타나는 사회문화적 현상의 일종으로 규정해야 할 것이다. 그것은 인간이 사회에 살기 때문에 나타나는 인간 특유의 행동양식에 해당하는 사회현상이라고 해야 한다는 것이다. 인간의 폭력성과 수탈성은 「자연」을 초월한 문명사회에서 발현하는 점에서 그것은 바로 특수인간적 현상이라고 규정해야 할 것이다. 그중에서도 전쟁은 인간이 스스로 만드는 가장 큰 조직적인 폭력 사태다. 이것은 최악의 현상이다. 어쩌면 전쟁이 너무나 큰 폭력이자 대악(大惡)이기 때문에 어쩔 수 없이 방치할 수밖에 없었는지도 모른다. "태초에 말씀이 있었다(In the beginnig was *The Logos*; Es gab *Den Logos* am Uranfang)"가 아니라, "태초에 큰 폭력이 있었다(In the beginnig was *The Violence*; Es gab *Den Logos* am Uranfang)"고 하는 것이 옳을 것이다. 설령 태초에 하나님의 말씀이 있었다고 하여도, 바이블 창세기에서 기록하고 있듯이, 그 말씀에 따르지 않는 것이 인간이고, 큰 폭력에 의해 작은 폭력을 억제하는 것이 평화가 아니었는가 한다. 결국 평화를 위한 전쟁도 가능하다는 주장이 나오게 되는 것이다. 또 그 전쟁에서 자기 편에서 전쟁을 수행했던 자들을 「평화의 사도 (Friedensapostel)」라고 추켜세우고 있는 것이 현실이다.[51] 핵무기의 개발도 평화라는 이름으로 인정되고 있다. 평화를 위한 핵무기는 용인해야 하는가? 우리나라에도 평화를 위해서 핵무기로 개발해야 한다고 주장하는 사람들이 다수 있는 것 같다.

여기에서 우리가 "당신은 「평화」 속에 살고 있는가?"라고 질문을 받는다면, 어떻게 대답할 것인지를 고민하게 된다. 「그렇다」와 「그렇지 않다」 중 어느 쪽을 선택해도, 그 이유를 답해야 할 텐데, 어떻게 답할 것인가? 전쟁의 부재가 평화라고 생각한다면 "그렇다"고 답할 것이고, 평화란 「전쟁과 평화」라는 전통적인 이분법에 의해 파악해서는 안 된다고 본다면, 그렇지 않다고 답할 것이다. 한국은, 외국, 특히 북한과의 전쟁이 1953년 7월에 휴전협정으로 정지된 후, 지금까지 큰 전쟁은 없이 지내고 있다. 그렇다면, 평화가 아닌가? 현재 한국 사회는 풍요롭고, 치안이 양호하기 때문에 평화롭다고 생각하는 사람도 있을 것이고, 부동산문제, 실업문제, 범죄문제가 점점 더 심각해지고 있고, 중국과 자웅을 경합하는 아메리카합중국과 함께 현 정부가 취하고 있는 군사적 대(對)북강경책으로 북한이 핵무기개발에 박차를 가하고 있는 등 점점 전쟁의 공포가 커지기 때문에 평화롭지 않다고 생각하는 사람도 많

---

51 어떠한 전쟁에서든 이쪽에서 보면 참전자는 '평화의 사도'이고, 그 반대쪽에서 보면 '전쟁의 사도'일 것이다. 그래서 양쪽의 '평화의 사도'가 평화를 위해서 전쟁을 하고 있는 것이다. 얼마나 모순적인 상황인가? 대한민국 정부는 지난 6.24. 오전에 6.25전쟁 72주년을 기념해서 필리핀 참전용사 그레고리오 비세날 로하스에게 '평화의 사도' 메달을 수여했다.

을 것이다. 그렇다면 평화와 전쟁은 이음동의어(異音同意語)로 전락하게 될 것이다.

도이치어에는 「평화」를 의미하는 "Fried"와 「뜰」, 「마당」, 「정원」을 의미하는 "Hof"를 합성해서 만들어진 "Friedhof"라는 단어가 있다. 이 단어의 어의를 그대로 번역하면, 「평화뜰」, 「평화마당」, 「평화정원」이라고 할 수 있다. "Friedhof"는, 잘 알고 계시듯이, 실은 "묘지", 성당이나 교회 내에 있는 "공동묘지"를 뜻한다. 오늘 「평화」에 관해서 생각하면서 도이치어 "Friedhof"라는 말이 새삼 다르게 다가온다. 숲속에서 수렵생활을 하면서 다른 부족들과 치열하게 싸우면서 삶을 이끌어왔던 게르만인들이 살아 있는 동안에는 가질 수 없는 평화에 대한 갈망이랄까 또는 살아 있는 동안 실현될 수 없는 평화 등 그들이 가지고 있는 평화관 또는 그 말에 내포하고 있는 또 다른 진정한 의미를 내 나름으로 상상해 보게 된다. 인간에 있어서 「절대적 평화」란 어쩌면 "묘지(Friedhof)"에서나 가능할 수 있지 않을까라는 생각이 든다.

평화의 개념과 관련해서 인도의 평화연구자 수가타 다스구프타(Sugata Dasgupta, 1926~1984)는 "전쟁의 상황이 아니지만, 평화가 없는 비참한 상태"를 「비(非)평화(peacelessness)」라고 정의하였다.[52] 그의 개념을 빌리면, 한국의 상황은 「전쟁이 없다고 하는 의미에서의 평화」 즉 소극적 평화는 있지만, 적극적 평화는 없다고 말할 수 있지 않을까 한다. 적극적 평화 개념의 내실은 경제적·정치적 안정, 기본적 인권의 존중, 공정한 법의 집행, 정치적 자유와 정치과정에 대한 참가, 쾌적하고 안정적인 환경, 사회적인 조화와 질서, 민주적인 인간관계, 복지의 충실, 삶의 보람 등인데, 이와 같은 평화의 지표는 탄

52　Sugata Dasgupta, "Peacelessness and Maldevelopment," *IPRA Studies in Peace Rearch, Proceedings of the International Peace Reaserch Association Seccond Conference, Vol Ⅱ , Poverty, Developement and Peace*, 1968.

력적이다. 지금까지 우리는 고정적 정적 평화 개념에 사로잡혀 소극적 평화를 평화로 착각해왔다. 평화란 발전적이고 동적이다. 그러나 「전쟁이 없다」는 것 자체가 「적극적 가치」인 것에는 변화가 없고, 전쟁의 폐절은 여전히 인류사회의 이념으로 계속 남아 있을 것이다. 물론 평화교육과 평화학이 실현가능하다고 지목하고 있는 것은 전쟁의 규모를 극소화하고, 발생 빈도를 영(zero)에 가깝게 하는 것이기 때문에, 단순한 몽상을 추구하고 있는 것은 아닐 것이다.

우리가 어떠한 평화관(平和觀)을 가지고 있는가에 따라 평화를 다르게 볼 것이다. 평화관이 정의(正義), 질서(秩序), 심적 안녕(心的 安寧) 중 어디에 방점을 두든, 현실적으로는 일장일단이 있고, 각각의 단점은 현실에 있어서 타인 및 자연과의 관계에 있어서 평화의 실현을 방해하는 요인으로 될 수 있다. 정의에 기한 평화관은 그것이 신의 의사이든, 보편적인 원리이든, 부정의가 있으면 그것을 제거하거나 끊어내는 것이 바로 평화의 실현행위이기 때문에, 질서와 안정을 희생하더라도 나아가서는 무력에 호소해서라도 정의를 추구하게 되는 것이 십상이다. 반대로 질서를 중시하는 평화관에는 혼란을 피하기 위해 부정을 굳이 간과하고, 특히 불공정한 통지나 사회의 모순이 잠재하기 쉽게 된다. 심적 안녕을 추구하는 입장에서는 결국 정의든 질서든, 외적인 상황에 관련되면, 의분과 공포, 회한 등 다양하게 마음이 혼란스러워지기 때문에 결국 사회나 정치에 등을 돌리게 하는 태도에 빠질 것이다. 잠재적 분쟁당사자들이 서로의 평화를 어지럽히지 않기로 결정한다면, 그러한 경우에 평화는 자발적으로 이루어질 수 있다. 그렇지만 국제법이나 국가법에 규정된 제재에 의해 혼란을 야기시킬 수 있는 사람들을 억압하는 경우에는 결과는 평화일 수도 있지만, 「수단으로서 평화」는 아닐 수도 있다.

「평화」란 평화에 이르는 길 즉 과정이 평화여야 진정한 평화일 것이다. 여기에서 우리는 바로 「수단으로서 평화」를 생각한다. 즉 평화는 그 수단의 성격이 평화일 때 비로소 진정한 평화가 될 수 있다. 우리가 서로 다른 곳에 서서 「이상(理想)으로서 평화」를 원하고 추구하고 있더라도 그러한 현실 자체를 인정하고, 〈서로-다른-서로(different-each-other; Anderseinander)〉를 인정하는 것이 평화의 시작이고, 이것이 〈수단으로서 평화〉의 시작이다. 인간의 문명이란, 아주 극단적으로 말한다면, 그 본질상 타존재, 즉 다른 인간과 자연에 대해 수탈적이고, 폭력적이라고 할 수 있다. 그렇기 때문에 평화 즉 평화란, 인간이 이상주의와 현실주의 사이에서 교육과 자각에 기한 제도와 운동을 통해서 자연과 타인에 대한 인간 자신이 가질 수밖에 없는 〈수탈성과 폭력성〉을 타협적으로 완화해가는, 〈평화라는 이상(理想)〉의 북극성을 바라보고 항해해가는 정치 · 경제 · 사회 · 문화 · 교육 등의 융합적인 과정(Prozeß)이 아닐까 한다.

○

제2장

미원 조영식과 이케다 다이사쿠의
평화론의 사상적 기초

인간(중심)주의를 중심으로[*]

오영달[**]

I. 서론

　미원 조영식과 이케다 다이사쿠는 모두 한평생을 통하여 인류사회의 평화를 궁구하고 그 실현을 위해 진력하였다. 미원 조영식은 한편으로 대학을 운영하며 국제밝은사회운동 등을 전개하였고 이케다 다이사쿠는 창가학회에서 시작된 종교운동으로서 국제창가학회를 이끌어왔으며 교육분야와 예술분야를 아우르는 활동을 지도하여 왔다. 조영식은 세계평화운동의 전개에 있어서 세계대학총장회를 발판으로 하여 유엔을 통해 세계평화의 날, 세계평화의 해 등 지정에 중요한 역할을 수행하였다. 다른 한편, 이케다 다이사쿠는 해마다 국제창가학회 창립일인 1월 26일 즈음하여 유엔에 '평화를 위한

[*] 이 논문은 2019년 대한민국 교육부와 한국연구재단의 지원을 받아 수행되었으며 (NRF-2019S1A5C2A02081304), 『OUGHTOPIA』, 제37권 제1호 (2022)에 게재되었음.
[**] 충남대학교 정치외교학과 교수

제언'을 발표함으로써 인류사회가 관심을 기울여야 할 주요 의제들을 제시해오고 있다.

세계평화는 인류사회 전체의 평화를 의미하는 것으로서 분석 수준에서 보면 다양한 형태의 공동체 중 가장 높고 넓다고 할 수 있다. '인류사회의 평화'라는 표현에 있어서 '평화'라는 용어가 '싸움 없이 평화롭게 어울려 살아가는 것'을 의미하는 것으로 이해할 때 평화는 생명을 가진 모든 생물체, 그 중에서도 인류의 공통적 소망이라고 할 수 있으며 조영식과 이케다 다이사쿠의 평화론도 그러한 의미의 평화 범주에 속한다고 할 수 있다. 그렇다고 해서, 이러한 생명체 중 만물의 영장이라고 하는 인간의 평화론이 모두 일치하는 이론적 기초와 근거를 가지는 것은 아니다. 인류의 오랜 역사를 통하여 평화에 대한 다양한 견해가 존재하는데 어떤 이론적 입장은 인간의 생존을 위한 노력과 투쟁 속에서 이기는 자만이 세상을 차지할 수 있는 것으로 보기도 하기 때문이다. 본 논문은 오늘날 세계평화에 대한 대표적인 사상가들이라고 할 수 있는 조영식과 이케다 다이사쿠가 어떤 이론적 기초 위에서 세계평화론을 개진하고 그 실현을 위해 노력했는지 살펴보고자 한다. 이 두 사람의 평화론을 지탱하는 이론적 요소 중에는 여러 가지가 있겠지만 이 논문은 인간중심주의를 중심으로 살펴보고자 한다. 왜냐하면, 두 사람의 평화론은 공통적으로 인간중심주의가 그 이론적 토대가 된다고 보기 때문이다.

일찍이 조영식이 지적했듯이 모든 사물은 분체(分體)로서 독립된 각각의 고유 성질과 통일체(統一體)로서 일반적 원리에 따른 공통의 성질을 가진다(조영식, 1996, 64). 그 가운데 세상 일을 논함에 있어서 인간을 중심에 놓고 접근하는 것은 흔한 시도 중 하나라고 할 수 있다. 정연교가 지적하듯이, 인류의 과거와 현재 그리고 미래에 대하여 포괄적이며 입체적인 조망은 우주의 생성과 구조, 세계 속 인간의 위상, 인간의 잘못에 대한 진단, 그리고 그 잘못을 바로잡기 위한 처방 등을 포함하는 특정의 인간관을 전제로 하기 때문이다 (정연교 2004, 1-2). 사회과학 분야의 방법론 일반에서도 크게 방법론적 개체주 의와 방법론적 집체주의가 존재하는데 전자는 바로 개인의 특성을 잘 관찰하여 그 집합체로서 세계를 이해하려는 접근법이라고 할 수 있다. 반면에 개인보다는 다양한 사회 공동체를 하나의 상위적 구조로 이해하고 그 구조가 개인의 사고방식 등에 영향을 미치는 측면에 관심을 갖는 접근법이 방법론적 집체주의라고 할 수 있다. 조영식과 이케다 다이사쿠의 세계평화론이 그 이론적 기초로서 인간(중심)주의의 특징을 가지고 있다는 것은 개별적 인간의 변화를 통해 인류 전체의 변화를 추구할 수 있다는 점에서 이론적 강점이 있다고 할 수 있다. 왜냐하면, 인류세계에 대한 변화는 그것이 보통의 인간이 되었던 다양한 수준의 공동체들의 지도자가 되었든지 간에 개별적 사람들의 변화를 통해서 접근할 때 실현성이 높다고 보기 때문이다.

조영식과 이케다 다이사쿠 두 사상가의 인간중심주의적 평화사상은 평화문제를 접근함에 있어서 인간에 대하여 인격성(人格性) 또는 선(善) 측면을 증장시킬 필요성을 강조한다. 이러한 견해는 궁극적으로 인간들의 공동체인 국제사회에 있어서 인간 생명의 존중을 통한 평화의 성취를 지향하고 있다고 할 수 있다. 이러한 의미에서 조영식과 이케다 다이사쿠는 핵무기의 위험성에 대한 경고와 그 제거 운동을 포함하여 인류사회의 평화를 위한 다양한 운동을 전개해왔는데 현재 러시아의 우크라이나에 대한 전쟁, 그리고 가까이 한반도에 있어서 점고되는 핵위협에 대해서도 중요한 시사점을 제공한다.

II. 세계에 대한 인간(중심)주의적 접근

1. 조영식의 인간중심주의

조영식은 이 세계의 문제를 고찰하고 그 해결과 변화에 있어서 가장 중요한 것은 인간의 주도적인 의지라고 믿었다(밝은사회운동30년사 편찬위원회, 2007, 79). 이러한 견해는 그의 주리생성론(主理生成論)에 기초하고 있는 것으로 이에 따르면 인간의 정신(감성과 이성) 작용이 주체 또는 주축이 되어 객체인 실(實)과 상(相)과 함께 삼자가 통일적 유기체의 관계를 이루며 우주 만물은 형성되고 소멸되며 운동하는 것이다(조영식, 1996, 66-67). 여기서 생성은 존재적이고 당위적인 측면에서 단순한 상관상제(相關相制)가 아니라 이(理) 또는 주의(主意)인 의식적(지각ㆍ감성ㆍ이성) 지도성에 의하여 일어난다고 하였다(조영식, 1996, 73).[1] 이때 인간에게 있어서 중심적인 힘은 인간의 자유의지(정신)가 행사하는 것, 즉 의식적 지도성(意識的 指導性)에 의한 생성관계로 본다. 자연만물은 이치를 중심으로 보고 인간의 일은 그 의지를 중심으로 하여 유기적이며 입체적으로 통정(統整)하여 본다. 여기서 의식적 지도는 주의(主意) 즉 고차원적 정신에 의하여 수행되는 것으로 본다. 인간에게는 보다 보편 타당한 차원 높은 영적 정신생활을 할 수 있는 본질적(本質的) 또는 보편의지적인 인격이 존재하기 때문에 거기에 가치를 부여하고 권위와 존엄을 인정한다는 것이다(조영식, 1996, 68-72). 조영식이 말하는 인간은 단지 정신과 육체를 구비했

---

1 조영식은 그의 주리생성론과 관련하여 유심론과 유물론의 입장에 대하여 부분적으로 인정하면서도 각각에 동의하지 않는다. 즉, "주체인 실(實)과 객체인 상(相)을 동시에 이원적으로 인정하며 또 그 교호작용인 생성을 인정한다"는 것이다(조영식, 1996, 67). 그러나 그는 그 생성이 "존재론적으로도 당위적으로도 단순한 상관상제가 아니라 이(理) 또는 주의(主意)인 의식적(지각(知覺), 감성(感性), 이성(理性)) 지도성에 의하여 만사 만물이 생멸되고 변화하여 전생(轉生)한다"(조영식, 1996, 73)고 본다.

기 때문에 인정되는 어떤 존재라기보다는 자기가 해야 할 일과 해서는 아니 될 일, 그리고 자기가 바랄 수 있는 일과 바라서는 아니 될 일을 분간하는 인격을 소유하고 있는가 여부에 따라 결정된다고 하였다.

조영식은 그의 주리생성론(主理生成論)에서 인간을 자유의지를 가진 인격적 존재로 파악하기 때문에 인간세계를 논할 때 중인(重人-인간존중) 사상에 입각한 인간중심주의(人間中心主義, human-centrism)의 관점을 갖는다. 그가 말하는 인간중심주의는 "서로 인격을 존중하여 목적적으로 대하자는 것이며 선·의(善·義-goodness·righteousness)의 생활로 서로 협동(協同-cooperation)하여 건전하고 평화로운 행복한 사회를 이루자는 것이고 또 자기 책무를 다하는 것뿐만 아니라 자비로운 마음으로 서로 도우며 봉사(奉仕-service)하고 사회발전과 문화창조에 기여하자"(조영식, 1996, 74-75)는 의미이다. 그는 이러한 인간중심주의에 대한 정당성과 관련하여 예수, 공자 그리고 칸트의 언설을 인용하고 있다. 즉, '사람이 온 천하를 얻고도 만일 제 목숨을 잃으면 무엇이 유익하리요'라고 말한 마태복음을 인용하기도 하고 자기가 원치 않는 일을 남에게 해서는 안 된다는 공자의 말을 인용하기도 했으며 또한 칸트가 누구의 생명도 인격적 주체자로서 즉, 목적으로 대하여 결코 수단시하는 일이 있어서는 아니 된다는 말을 인용하기도 하였다(조영식, 1996, 74).

이러한 인간중심주의에 기초하여 인류의 역사에서 나타나는 원나라의 중국 본토 점령, 몽골 징기스칸의 정복 전쟁, 그리고 2차세계대전 직전 독일의 유태인 대학살 등의 경우처럼 전쟁과 국가 지도자들의 폭력에 의한 인명 살상과 파괴를 인류사의 악몽으로 평가하였다. 조영식은 인간중심주의가 이러한 국가폭력에 의한 생명 경시와 유린을 막자는 것만을 의미하는 것이 아니라는 점을 강조한다. 더 나아가 오늘날 물질주의가 인간경시 풍조를 몰고 오는 일이나 과학기술주의가 인간을 비인간화하는 현상들을 막아내어 인간을 존중하는 인간중심의 사회를 만들 것을 주창하였다. 그리하여 인간이 우리 사회의 주인이 되고 또 사회의 모든 제도와 시책, 그리고 규범이 인간을 존중하며 인간을 위하여 존재하는 사회가 되도록 만드는 것이라 하였다(조영식, 1996, 76).

조영식은 그의 인간중심주의가 기존의 인본주의(人本主義, anthropocentrism)나 그와 유사한 다른 주장들과는 다름을 강조하였다. 즉, 그는 천도교의 인내천(人乃天) 사상이나 힌두교의 범아일여(梵我一如) 사상과 같은 인본주의 범주를 엄격한 의미에서 신과 동등한 대위관념(對位觀念)의 신인동격론(神人同格論)으로 해석하였다. 또한 불성유심(佛性有心)이니 천자사상(天子思想) 또는 성현이 죽어 신위(神位)에 오른다고 보는 불도나 유가 그리고 도가 사상도 이와 별로 다를 바 없는 것으로 보았다(조영식, 1996, 76). 반면에, 그가 말하는 인간중심주의의 인간은 어디까지나 인간의 특성과 속성을 떠날 수 없는 것으로 보았다. 인간이 아무리 수도를 한다고 해도 신이 될 수 없는 속성을 시인치 않으면 안 된다는 것이다. 그렇다고 해서 인간의 속성만을 시인하여 인간의 특성을 인정하지 않는다면 그것도 문제로 보았는데 그 이유는 인간의 독립된 인격과 주체성을 잃게 되어 다른 동물과 같은 본능적이고 감각적인 우매한 존재로 전락시키는 결과가 될 것이기 때문이었다. 그러므로 조영식의 인간중심주의는 인간을 신의 아들이 아닌 정신적인 실재자로서 보고 동물이 아닌 한 인간으로서 주체성과 독립성을 지닌 인격적 존재로서 인간존중사상을 특히 강조하고 있는 것이다(조영식, 1996, 77).

조영식은 그러한 의미에서 인간이 감히 신국(神國)을 건설할 수 없으며 인간은 인간의 세계를 건설하는 것으로 족하다고 하였다. 인간을 정신적인 존재로만 보고 육신을 무시하고 이 세상에 신의 세계를 건설하려던 중세인들의 잘못을 재연하지 말고 또 근세, 현대와 같이 인간을 물질적이며 동물적 존재로 오인하여 정신을 도외시한 물질적 욕망 성취와 육체적 향락을 인간

생활의 궁극목표로 착각하는 과오도 범해서는 안 됨을 강조한다. 결국 그의 인간중심주의는 정신과 육체가 의정불이(依正不二)요, 심신일여(心身一如)라는 바른 생각을 마음에 닦아 넣어 인격적 인간이 되도록 힘써야 한다는 주리생성론에 기초하고 있다. 그리하여, 참된 인간이 되기 위해서는 정신과 육체와 인격(人格)이 하나로 완전히 통정될 필요가 있다고 하였는데 여기서 인격이라는 것은 거듭난 마음, 즉 중생(重生)과 정각(正覺)을 의미한다(조영식, 1996, 77).

조영식은 인류의 역사를 통시적으로 바라보면서 고대의 혼돈사회, 중세의 정신 사회, 근세-현대의 물질사회, 그리고 1970년대 말의 시점에서 바라본 다가올 미래 사회는 과학기술의 시대가 될 것이라고 하였다. 그는 이 시대를 맞이하여 과학기술이 인간을 지배해서는 결코 아니 되며 어디까지나 인간이 주인이 되는 인격적인 인간사회가 되어야 함을 강조하였다. 그리하여 정신과 육체 그리고 인격이 종합적으로 통정된 전인(全人)의 관점에서 그 중심을 인격에 두고 만민평등 사상에 입각한 인간의 사회를 만드는 것이 인간의 꿈이고 당위라고 하였다. 여기에서 조영식은 그가 평생을 통하여 외쳤던 당위적 요청사회, 즉 오토피아의 의미를 인간이라는 존재와 관련하여 다음과 같이 제시한다.

> 우리 인간은 마땅히 이 땅의 주인으로서, 역사문명의 창조자로서, 독립된 소우주로서 인격적 의지가 지배하는 인간세계, 즉 천리(天理)에 입각한 인간 중심의 문화 (humancentric civilization)를 이루어 현세에 인간낙토 (Oughtopia)를 건설하는 것이 우리 인류공동의 목표요, 숙원이요, 이상이라는 것을 나는 여기에 몇 번이고 힘주어 말하고 싶다(조영식, 1996, 78).

조영식은 그의 청년 시절부터 직접적으로 경험했던 일본의 제국주의적 통치와 전쟁, 이데올로기 차이에 의한 한반도 분단, 그리고 곧이은 한국전쟁의 소용돌이 속에서 인류사회 속 악습과 국가 간 전쟁의 원인이 우승열패나 적자생존의 냉혹한 힘의 논리를 추종하는 자연사관에 있다고 강조하였다. 그는 그 대안으로서 인류가 문화사관에 입각한 문화규범을 창조해나갈 것을 제안하였다. 즉, 자연사관에 입각한 인류역사의 전개를 비판하고 인간을 진정으로 행복하게 만드는 문명과 문화의 중요성을 강조하며 문화규범의 필요성을 역설하였다(밝은사회운동 30년사 편찬위원회, 2007, 78-9). 조영식의 인간중심주의는 오늘날 세계에 있어서 다시 그가 부르짖은 제2의 르네상스 또는 네오르네상스 운동의 제창으로 연결된다. 그는 근대·현대에서 중세시대 우리의 전통적 절대 가치관이었던 신(信)·망(望)·애(愛)와 인(仁)·의(義)·예(禮)·지(智) 등이 거부되고 새로운 상대적 가치관으로서 이(利)·효(效)·용(用)·쾌(快)의 실리적 가치기준이 등장하였음을 지적하면서 그와 같은 가치관과 물질주의 세계관이 그 한계점을 드러내 현대사회의 병인(病因)이 되고 있다고 지적하였다. 따라서 오늘날에 있어서 정신과 물질이 융합되고 그것이 인간적 또는 인격적으로 승화통정된 하나의 입체적인 결실의 새 시대, 즉 제2의 르네상스 돌입기라고 하였다. 현대 인류에게 다가오는 미래사회도 인간과 물질적 욕망에서 오는 타락과 향락, 인간 상호 간 불신, 인간과 물질의 대결, 기계와의 대결 속에서 나타날 문제들을 지적하였다. 바꿔 말하면, 인간이 물질주의를 벗어나고 과학기술의 자기증식을 통제하여 인간정신이 과학기술을 지배하고 보다 건전하고 바람직한 방향에서 참다운 인간사회를 꾸며 나가는 것이 새 사회의 과제가 될 것이라고 전망하였다.

결국, 조영식의 인간중심주의는 과학중심주의와 물질만능주의에서 야기되는 인간경시풍조를 지양하여 인간으로 하여금 독립된 주체로서의 역할을 할 수 있게 함으로써 궁극적으로 정신적으로 아름답고 물질적으로 풍요로우며 인간적으로 보람 있는 당위적 요청사회를 지향하는 사상이라고 할 수 있다(조만제, 1987, 66). 인간중심주의는 인간의 생명, 인간의 가치, 인간의 창조력을 무엇보다도 중요하게 여겨서 인간 삶을 한층 더 풍부한 내용으로 높이기 위해 인간적인 것에 봉사하는 것을 인간의 의무로 보았다(조만제, 1996, 62).

2. 이케다 다이사쿠의 인간주의

이케다 다이사쿠는 국제창가학회의 존경받는 지도자로서 불교의 법화경에 기초한 가르침의 전파와 세계평화운동에 한평생 매진해온 인물이다. 이케다 다이사쿠가 세계평화와 관련된 많은 저술을 하고 강연을 해 온 것은 위에서 논의한 평화지도자로서 조영식의 삶과 유사한 궤적을 보여준다는 점에서 주목할 만하다. 이케다 다이사쿠의 세계평화를 위한 줄기찬 노력의 사상적 기초와 관련하여 그의 인간주의에 관심을 기울일 필요가 있다. 어떤 면에서 이케다 다이사쿠 그 자신이 평범한 인간으로 태어나 어려운 유년 시절을 보내며 성장하여 세계적인 평화지도자로 우뚝 선 그 자체가 희망적인 인간주의의 본보기라고 할 수 있다. 흥미로운 것은 그 자신이 창가학회에 대하여 소개받아 처음 좌담회에 참석하였을 때 이에 대하여 선뜻 받아들이지 못하고 망설였다는 사실이다. 청년 이케다와 그의 스승인 도다 조세이와의 첫 만남은 강렬한 것이었음에도 불구하고 그것이 곧 종교의 길에 들어서는 것을 의미하지는 않았었다. 왜냐하면, 종교로서 불교라는 것을 이해하여 납득한 것은 아니었으며, 오히려 '하겠다'고 대답을 해 놓고도 '젊은 내가 제목(題目)[2] 같은 것을 불러야 하다니'라는 생각에 사흘 동안 잠을 이루지 못했다고 술회

---

2 법화경의 제호(題號)인 '남묘호렌게쿄(南無妙法蓮華經)'를 봉창하는 것을 의미함.

할 정도였기 때문이다(마에히라 마사유키 지음, 박인용 옮김, 2007, 53-55). 창가학회에 입회한 지 1년이 지나고 도다 조세이로부터 그가 경영하는 출판사인 일본정학관에서 일해 달라는 제의를 받고 난 후에야 이케다는 평생 불법의 탐구와 선양에 그 자신을 바치기로 결심을 굳혔다고 하였다. 그는 도다 조세이의 출판사업에 조력하면서 그로부터 개인적인 교육을 통해 인문 · 사회 · 자연 · 과학 · 경제 등 다양한 분야의 식견을 갖출 수 있었다. 이케다 다이사쿠는 원래 일반적인 대학에서 공부할 기회를 얻지 못했었지만 8년간 지속된 도다의 일대일 수업을 통한 지도에 대하여 사람들은 '도다대학'이라고 부를 정도로 중요한 의미를 지녔다(마에히라 마사유키 지음, 박인용 옮김, 2007, 67).

제2차 세계대전 직후 모든 가치관이 붕괴되고 전도된 황야에서 그의 스승인 도다 조세이 창가학회 2대 회장이 호소했던 '생명'이라는 원점에 돌아가 그 자신의 '인간혁명'에서부터 출발하자는 호소에 따라(이케다 다이사쿠, 2012, 177) 한평생 삶의 길을 갔다고 할 수 있다. 즉, 인류사회의 문제는 인간에게서 비롯되는 것임과 동시에 그 해결책도 인간에게서 찾아질 수 있다는 믿음 위에 서 있었다. 이케다 다이사쿠는 개인이나 집단, 국가 등 모든 수준에 대하여 인간이라는 관점에서 접근하였다. 그렇게 함으로써 개인이든 국가거나 간에 그의 기본 발상에는 변함이 없어서 그늘에 가려 있는 존재에 빛이 비치도록 하고 고통을 겪어온 사람들에게 다가가 힘이 되어주고자 하였다(마에히라 마사유키 지음, 박인용 옮김, 2007, 182). 이케다 다이사쿠는 아직 냉전 시기였던 1974년에 소련을 방문한 일이 있었고 이에 대하여 그는 "왜 종교를 부정하고 있는 소련 등으로 가는가?"라는 비판을 받았다. 이러한 비판에 대한 그의 답은 "거기에 인간이 있기 때문"이라고 간단히 답할 정도로(마에히라 마사유키 지음, 박인용 옮김, 2007, 185) 인간이라는 존재 속에서 모든 문제 해결의 실마리를 찾고자 하였던 것이다.

이케다 다이사쿠의 이러한 인간주의의 배경은 창가학회가 하나의 종교단체로서 소의경전으로 삼고 있는 법화경의 가르침에서 찾을 수 있다(박상필, 2018, 187). 창가학회가 마키구치 쓰네사브로 1대 회장으로부터 시작되어 2대 회장 도다 조세이 시기에 니치렌 대성인의 법화경에 기초한 가르침을 추종해 왔었던 것이다. 석가모니가 교조인 불교에는 다양한 교법체계가 존재하지만, 그중에서도 중요한 것은 모든 인간에게 깨달음의 바탕, 즉 불성이 깃들어있다는 가르침이다. 석가모니가 29세에 가비라 왕궁을 떠나 출가하여 약 6년 동안 수행한 후 그와 함께 수행했던 다섯 명의 비구들에게 첫 번째로 설했던 가르침이 바로 생명체 모두에게 갖춰져 있는 불성, 즉, 깨달음의 바탕이라는 것이다. 이 가르침은 후에 법화경의 '상불경보살품(常不輕菩薩品)'의 핵심주제가 되고 있다. 무비 스님은 상불경보살이 만나는 사람마다 외쳤던 '당신은 부처님'이라는 말은 석가세존이 그의 생애를 통하여 마지막 육신의 숨을 거두면서까지 전 인류에게 들려주고 싶었던 단 한마디였다고 강조한다(무비, 2012, 13). 상불경보살은 그 이름 자체가 의미하는 것처럼 '항상 남을 가볍게 여기지 않는 보살'로서 사람 누구든 모두 부처의 성품을 지니고 있어서 이미 깨달은 부처님과 같다고 할 수 있기 때문에 그들을 늘 실제 깨달음을 얻은 부처님과 같이 대하겠다는 서원을 가진 불교의 보살이다. 불교가 어떤 신보다도 인간을 중시한다는 것은 불교학자 간에도 널리 인정되는 점이다. 석가모니 본인이 그의 깨달음에 대하여 어떤 외적인 존재로부터의 영감이나 계시가 아니라 그의 인간적 노력의 결과라고 하였다. 사람, 특히 오직 사람만이 부처, 즉 깨달은 자가 될 수 있는데 이것은 모든 사람에게 깨달음의 잠재력이 있어서 그가 그렇게 되고자 하고 또 노력해가면 된다는 것이다. 따라서 월폴라 라후라(Walpola Rahula)는 석가모니, 즉, 고타마 싯달타를 한 명의 인간으로 보았고 다만 탁월한 인간으로 보았던 것이다. 싯달타가 그의 인간 됨에서 매우 완벽하여 나중에 대중 종교에서 그를 초인으로 간주하게 되었을 뿐이라는 것이다. 고타마 싯달타는 사람들이 그 자신의 귀의처이며 그 자신 외에 다른 귀의처를 구하지 말라고 가르쳤다(Rahula, 1978, 1). 여기에서 불교적 인간주의를 확인할 수 있는데 이러한 인간주의는 신의 경지에 대한 믿음을 가짐과 동시에 신과 인간을 별개의 존재로 보지 않는다(Matsuoka, 2010). 같은 맥락에서 이케다 다이사쿠 또한 창가학회가 종교단체이기는 하지만 결국 '종교를 위한 인간'이 아니라 '인간을 위한 종교'라는 관점도 분명히 했다(마에히라 마사유키 지음, 박인용 옮김, 2007, 208).

이처럼 이케다 다이사쿠의 인간중심주의는 그가 행복한 개인의 삶 그리고 궁극적으로 세계평화와 관련하여 인간이라는 존재에 초점을 두고 있는데 이는 기본적으로 불교의 인간관에 기초하고 있는 것으로 이해할 수 있다. 즉, 그는 한 인간의 내적인 변혁은 그 자신으로 하여금 일상생활의 역경 속에서 창조적이고 건설적으로 대처할 수 있게 할 뿐만 아니라 그 또는 그녀에게 다른 사람을 위한 봉사의 삶을 영위할 수 있게 한다고 믿었다.[3] 이케다 다이사쿠는 그가 심혈을 기울였던 교육분야에서도 이 인간주의를 중심에 두었는데 2001년 8월 24일 미국 소카대학의 오렌지 카운티 캠퍼스에서 개최된 제1회 입학식에서 '참된 인간주의'를 위해 새로운 교육에 도전하겠다는 결의를 밝히기도 하였다(이케다 다이사쿠, 조문부, 2004, 94). 다른 한편으로 이케다 다이사쿠의 인간주의 또는 인간중심주의는 단순히 인류가 생존해가기 위한 '인간중심의 가치관'만을 의미하는 것은 아니라는 점에 유의할 필요가 있다. 즉, 그는 우주 비행사 알렉산드르 세레브로프와의 대화에서 '인간의 올바른 진보

---

3 이케다 다이사쿠 공식 홈페이지, https://www.daisakuikeda.org/sub/books/author/the-author.html (검색일: 2019년 6월 19일).

는 만물과의 공존·공생 속에서만 성취될 수 있음'을 강조하였다(이케다 다이사쿠, 알렉산드르 세레르로프, 2010, 212-213).

그럼에도 불구하고, 이케다 다이사쿠가 인간이라는 존재에 대하여 항상 이상적으로만 보는 것은 아니다. 이러한 사실은 법화경에 있어서 제바달다 품에 대한 그의 해석에서 잘 나타난다. 이케다 다이사쿠는 법화경이 만인을 성불로 이끄는 경전이며 석가모니 부처는 극선(極善)이라고 할 수 있지만 그렇다고 부처의 생명에 악이 없다는 말은 아님을 강조했다. 하지만 최고의 선을 지향하여 악과 끝까지 맞서 싸우고 있기 때문에 부처는 선이라고 하였다(이케다 다이사쿠, 2016, 26). 석가모니의 사촌동생으로 알려진 제바달다는 처음에는 교단 내에서 주목받는 존재였지만 만년에 석가모니에게 교단의 통솔권을 자기에게 물려달라고 요구하면서 물의를 일으켰었다. 석존의 꾸지람을 받은 제바달다는 반역의 마음을 품고 교단을 떠난 후 당시의 아사세왕을 부추겨 석가모니에게 자객을 보내 그를 해치려고도 하였다. 하지만, 모두 실패하였다. 또한 석가모니의 교단을 분열시키기 위해 자신의 독자적인 교단도 만들었다. 제바달다의 이러한 악행들은 석가모니를 향한 그의 질투심에서 비롯되었는데 그는 석가모니가 모두에게 존경받는 모습만을 보았을 뿐 그것이 석가모니의 '내면 투쟁'의 결과라는 점은 보려고 하지 않았기 때문이라는 것이다. 즉, 제바달다는 그 자신과의 싸움을 그만둠으로써 내면의 악을 자각하고 그 악을 극복하기 위한 노력을 하지 않아 악에 순식간에 물들게 되었다는 것이다. 그러한 의미에서 이케다 다이사쿠는 악과 맞서 싸우는 사람을 선인(善人)이라고 하였으며 외부의 악과 맞서 싸움으로써 자기 내면의 악을 정화하는 사람들은 바로 '인간혁명'의 궤도에 있다고 하였다.[4] 이처럼 선과 악

4　이케다 다이사쿠는 인간혁명이라는 제목의 소설형식의 저술에서 인간혁명에 대하여 다음과 같이 말

이 모두 갖춰져 있는 인간의 모습 속에서 법화경의 일념삼천(一念三千)(이병욱, 2017, 218)⁵과 십계호구(十界互具)⁶의 사상이 타당성을 갖게 된다는 것이다. 예를 들면, 전쟁은 인간의 마음속에 존재하는 십계의 생명 상태 중 투쟁의 성향이 있는 수라계의 생명에서 비롯되는 것으로 이의 해결방법은 인간혁명을 통해 자기 중심에서 타인에게 공헌하는 보살계의 삶을 추구해야 한다는 것이다(유재영, 2018, 249).

이처럼, 이케다 다이사쿠는 생명의 전체적 모습에 대해 탐구하였는데 아널드 토인비(Arnold J. Toynbee)와의 대화에서 이와 관련하여 심층심리에 대한 이해의 중요성을 강조하였다. 즉, 고대 인도 그리고 중국에서 탐구되었던 유식학(唯識學)을 소개하며 기본적인 육식 외에 제7식인 말나식(末那識), 제8식인 아뢰야식(阿賴耶識) 그리고 나아가 제9식인 아마라식(阿摩羅識)에 대해 논의하였다. 특히, 제9식인 아마라식은 근본정식(根本淨識)으로 이것이 개개인 생명의 본원적인 실체면서 우주생명과 하나인 것으로 설해진 것을 소개하였다(토인비, 다이사쿠, 2015, 39-46).⁷ 이케다 다이사쿠에 의하면, 십계호구의 법리는

함으로써 그의 인간중심주의의 핵심을 표현하였다: "단 한 사람에게 있어서의 위대한 혁명은 한 사회의 변화를 가져오는 데 도움이 되며 나아가 인류의 운명에 있어서 변화를 가능하게 할 것이다." https://www.daisakuikeda.org/sub/books/author/the-author.html (검색일: 2019년 6월 19일).

5 사람의 한 마음에 삼천 가지의 가능성이 간직되어 있다는 교설로 현실의 사람은 가능성으로는 부처도 될 수 있고 지옥에도 떨어질 수도 있지만 현실에는 인간 세계에 머물고 있다는 것이다(이병욱, 2017, 218).

6 대승불교에서 설하는 인간의 생명 상태 10가지를 말한다. 인간의 찰나의 생명 속에는 열 가지 생명 상태가 모두 갖춰져 있다는 것인데 이 열 가지는 지옥, 아귀, 축생, 수라, 인간, 천상, 성문, 연각, 보살, 부처의 세계로 구성된다. 妙法之界 https://blog.naver.com/ichinen/220921894311 (검색일: 2019년 6월 18일).

7 불교학은 크게 중관학파(中觀學派)와 유식학파(唯識學派)로 분류되는데 유식학파에서는 만물을 오직 식(識)의 측면에서 바라보고자 한다. 특히 제8 아뢰야식을 중심으로 마음에 나타나는 모든 현상에 대한 분석을 통해 잡염(雜染)과 청정(淸淨)의 두 갈래로 나눔을 설명한다. 이러한 관점에서는 전식득지(轉識得智)의 보살도 수행을 통해 대원경지(大圓鏡智)와 법계체성지(法界體性智) 등 부처의 5가지 지

'부처 속에도 악이 있고, 악인 속에도 불성이 있다'는 것으로서 그 점을 단적으로 밝힌 것이 '제바달다의 성불'이라고 하였다. 그럼에도 불구하고, 이케다 다이사쿠는 악과 맞서 싸우고 이겨야만 선악불이(善惡不二)의 논리가 성립한다는 점을 강조한다. 즉, 악(惡)은 가능성으로서 부처의 생명에도 갖춰져 있지만 최고의 선(善)을 지향하여 악과 끝까지 싸우고 있기 때문에 부처는 선이라는 것이다. 이러한 측면에서 이케다 다이사쿠는 불법(佛法)이 승부와 끝없는 투쟁의 측면이 있다는 점을 강조한다. 석가모니가 제바달다에게 이겼기 때문에 제바달다의 악이 석가모니의 선으로 증명될 수 있었다는 것이다(이케다 다이사쿠, 2012, 26-27). 국제창가학회에서 많이 사용되는 '승리(勝利)라는 용어도 이러한 맥락에서 이해할 수 있다. 또한 이케다 다이사쿠는 청소년기를 거쳐 오늘에 이르기까지 그가 처했던 시대적 상황 그리고 신체적으로 병약했던 삶 속에서 많은 어려움을 극복하면서 괄목할 만한 업적을 이룰 수 있었다. 예를 들면, 언론출판 방해사건(1970년), 일련정종과의 대립(1979년), 일련정종으로부터의 파문(1991년) 등의 사태 속에서 투쟁하면서 '고통을 당한 자, 괴롭힘을 당한 자가 반드시 마지막에는 승리한다. 승리하지 않으면 안 된다'는 신념을 현실로 증명하였다는 평가도 받는다(마에히라, 2007, 144).

이와 같이, 조영식과 이케다 다이사쿠는 인간을 사물 관찰의 중심에 놓고 세계를 이해하는 평화지도자들이었다. 그리하여 우리 인간들의 삶의 의미와 가치를 깨닫고 그것을 인간공동체 생활 속에서 실천하고자 하였다. 따라서 조영식과 이케다 다이사쿠는 개인에 대한 고찰에서 시작하여 전 세계 인간공동체에 이르는 평화의 문제를 논의하고 그것을 실현하기 위한 삶의 궤적

혜, 즉 5지(伍智)를 성취하게 되고 이러한 지혜를 성취한 지용보살(地涌菩薩)들이 오늘날 인류세계에 발고여락(拔苦與樂)을 위한 광선유포(廣宣流布) 활동에 매진할 수 있다는 것이다.

을 보여 주었다. 이러한 궤적은 그들이 열정적으로 수행한 사회운동에서 찾아볼 수 있다.

III. 인류평화를 위한 사회운동

조영식과 이케다 다이사쿠는 공통적으로 인간에 대한 성찰을 통해 얻은 자각과 의지를 바탕으로 세계평화에 대해 평생 동안 성찰하고 행동했거나 삶을 살아온 인물들이다. 인간을 그 중심에 놓고 세계를 바라보면서 그곳에서 관찰되는 문제들을 해결하기 위한 노력을 열정적으로 기울였다고 할 수 있다. 두 사람은 먼저 독서, 학습 등을 통해 인간세계를 이해, 성찰하였고 그 결과를 저술하였는데 조영식은 자신의 견해를 직접 집필한 반면에 이케다 다이사쿠는 주로 세계적인 학자나 지도자들과 대담한 것을 후에 책으로 출판하였다.[8] 다른 한편으로 두 사람은 인류사회의 주요 문제에 주의를 기울이고 그 해결을 위한 노력을 기울였다.

1. 조영식의 사회운동

조영식은 그의 생애 초반에 있어서 먼저 교육사업에 투신하였다. 그는 인

---

8 조영식의 주요 저술에는 『민주주의 자유론』(1948), 『문화세계의 창조』(1951), 『인간과 창조』(1960), 『우리도 잘 살 수 있다』(1963), 『교육을 통한 세계평화의 구현』(1971), 『새 한국 국민상의 모색』(1972), 『밝은 내일을 향하여』(1974), 『인류사회의 재건』(1975), 『창조의 의지』(1976), 『오토피아』(1979) 등이 있다. 이케다 다이사쿠의 저술 및 대화집들에는 『인간혁명』(1972-1999, 영어본), 『신 인간혁명』(1995-), 『21세기를 여는 대화(Choose Life)』(2권)(2015), 『법화경의 지혜』(3권)(2016), 『평화를 위한 선택』(1997), 『인간과 문화의 무지개다리』(2017), 20세기 정신의 교훈(2권)(2003), 『희망의 세기를 위한 도전』(2004) 등 100여 권에 이른다.

간에 대한 탐구를 통해서 인간성에 내재하는 선과 악 양면을 파악하고 인간을 선한 방향으로 인도하기 위한 교육의 중요성을 인식하였기 때문이다. 그는 해방 후 시기의 혼탁한 정치문화를 경험하면서 좋은 정치를 위해서는 인재 양성이 중요하다는 점을 절감하여 그의 나이 30세에 신흥초급대학을 인수하여 오늘날의 경희학원으로 성장시켰다. 경희학원은 경희대학교를 포함하여 유치원부터 중·고등학교까지를 포함하는 일관된 전인교육을 추구하면서 국가 공동체는 물론 인류사회의 발전에 기여하는 데 교육목표를 두었다. 이제 대학교육 체계를 갖춘 경희대학교를 바탕으로 조영식은 점차 심각해져 가는 물질문명의 병폐, 그리고 동서 이데올로기 경쟁에서 위협받고 있던 세계평화에 대하여 세계지성인들의 역할을 고민한 결과 1965년 6월 세계대학총장회(International Association of University Presidents, IAUP)를 창립을 주도하였다. 세계대학총장회는 세계지성을 대표하는 교육의 지도자들이 한자리에 모여 인류사회의 미래를 바른 방향으로 이끌어나갈 지혜를 모으는 구심점 역할을 위해 창립되었다. 이 세계대학총장회는 후에 밝은사회운동 전개의 토대를 마련하였는데 조영식은 이 운동을 정열적으로 추진하여 세계적인 조직으로 성장시켰다(밝은사회운동 30년사 편찬위원회, 2007, 84-86).

같은 맥락에서 조영식은 빈곤 속에 허덕이고 있던 한국 사회의 경제적 수준을 향상시키기 위해 1965년 10월 잘살기운동을 전개하였다. 이 잘살기운동의 이론적 기초는 그가 이미 세계의 86개에 달하는 선, 후진국을 여행하면서 얻은 교훈을 바탕으로 집필한『우리도 잘 살 수 있다』에 서술되어 있었다. 이 잘살기운동은 1970년대 초반까지 꾸준히 전개되어 한민족의 의지와 저력을 일깨우는 의식혁명을 가져와 국민생활 향상에 크게 기여하였다. 이 운동은 1971년에 시작된 당시 박정희 정부 주도의 새마을가꾸기운동과 1972년에 시작된 전국적인 새마을운동의 기초가 되었다. 그런데 한국에서도 경제적인 발전을 성취하면서 다른 한편으로는 개발지상주의와 과학기술만능주의로 인한 사회적 병리현상이 나타나자 조영식은 밝은사회운동을 전개하기 시작하였다. 그리하여 물질문명의 한계에 도달한 인류사회는 이제 정신과 물질의 창조적 조화라는 새로운 시대적 요청을 반영하여 재정립되어야 한다고 주장했다. 이러한 새 시대에 있어서 가치기준과 윤리규범으로서 선의, 협동, 봉사-기여의 정신을 바탕으로 지구공동사회를 구현해야 한다고 주장했다. 이 밝은사회운동은 좀 더 구체적으로 건전사회운동, 잘살기운동, 자연애호운동, 인간복권운동 및 세계평화운동으로 전개되어 인류사회를 재건을 추구하였다. 밝은사회운동은 조영식의 우주의 실재와 현상변화 원리에 관한 전승화(全乘和) 이론에 기초하여 당위적 요청사회 즉, 오토피아를 지향하는 것이다. 그리고 이 전승화이론에서 작용하는 네 가지 기체(基體) 중 하나인 실체(實體)는 인간의 성향과 본성에 관한 것으로 사회적 현상은 인간의지에 기초한 노력에 의해 변화가 가능하다는 점에 주목하는 것이다. 여기에서 조영식은 오늘날 우리가 살고 있는 시대에 정신과 물질이 통정되어 나와 우리, 행복과 가치, 오늘과 내일을 함께 바라보는 전인적, 인격적 인간을 완성시키는 혁명운동으로서 제2의 르네상스운동, 즉 네오르네상스운동을 호소하기도 하였다.

이 밝은사회운동은 한국 내에서뿐만 아니라 국제사회 전체를 통하여 수많은 단위클럽을 조직하여 전개되었다. 이러한 밝은사회운동은 제4차 세계대학총장회(IAUP)가 개최된 미국 보스턴에서 그 선언문을 통해 국제사회의 지지를 이끌어낼 수 있었다. 밝은사회운동이 한국 내에서 전국적인 사회운동으로 성장하면서 1978년 6월 15일 서울에서 밝은사회국제클럽 한국본부를 결성하였다. 이로부터 열흘 후인 1978년 6월 25일 테헤란에서 개최된 제5차 세계대학총장회는 그 선언문을 통해 국제 밝은사회운동의 전개를 지지하였고 1979년 10월 서울에서 밝은사회국제본부(GCS International)를 설치하기로 결정하였다. 이후 1980년 인도를 시작으로 여러 국가에 밝은사회운동 국가본부가 결성되면서 범세계적인 연계망이 형성되었다. 이제 범세계적인 시민사회단체의 지도자가 된 조영식은 1999년 유엔 사무국의 경제사회국과 함께 서울NGO세계대회를 개최하였으며 이는 2000년 5월 뉴욕 유엔본부에서 개최된 밀레니엄NGO포럼에도 영향을 미쳤는데 이 대회에서 채택된 '밀레니엄선언문'의 내용은 서울NGO대회에서 제시된 '지구공동사회헌장'의 주요 내용인 인간중심주의, 문화규범사회, 보편민주주의, 지구공동사회라는 비전이 대폭적으로 반영한 것이다. 이후 밝은사회국제본부는 제2의 인간해방과 인간성 회복을 통한 지구공동사회를 구현하려는 네오르네상스 운동을 지속적으로 전개하였다(밝은사회운동 30년사 편찬위원회, 2007, 98-102).

조영식은 이러한 밝은사회운동의 일환으로서 세계평화운동도 전개하였다. 세계는 경제, 사회, 문화적으로 상호의존되어 있는 지구촌 공동체가 되었음에도 불구하고 1970년대 말에 강대국 간의 핵대결 분위기 속에서 핵무기에 의한 인류의 대참사를 우려하는 상황에 처하게 되었다. 조영식은 앞에서 이야기한 것처럼 먼저 고등교육 기관 간의 협력을 통한 세계평화를 위해 세계대학총장회를 창설하였고 이와 관련하여 『평화는 개선보다 귀하다』저술, 『세계평화대백과사전』 편찬, 유엔 강화론 등을 제시하였다. 뿐만 아니라, 1981년 코스타리카의 산호세에서 개최된 제6차 세계대학총장회를 통하여 유엔으로 하여금 세계평화의 날, 세계평화의 해 제정을 제안하였는데 제36차 유엔 총회는 1981년 11월 30일 이를 당시 157개 회원국 만장일치로 결의를 채택, 매년 9월의 유엔총회 개회일을 세계평화의 날로 그리고 1986년을 세계평화의 해로 지정하였다. 조영식은 1986년 9월 16일 뉴욕의 유엔 본부 본관 앞 광장에서 개최된 평화의 해 기념식에 유엔 지정 세계평화의 해

제안자로서 특별초청되어 '팍스 유엔을 통한 세계평화의 구현'이라는 제목으로 연설하였다. 이후 조영식은 경희대학교에서 해마다 세계평화의 날을 기념하는 국제학술회의를 개최하여 세계평화의 실현방안에 대한 논의의 장을 마련하였다. 조영식이 주도하여 세계평화의 날과 해가 제정된 사실이 세계평화에 대해 발휘한 기여 중 하나는 세계평화의 해인 1986년 벽두에 당시 미국의 레이건 대통령과 소련의 고르바초프 서기장이 각각 상대방 국민들에게 역사상 처음으로 평화 메시지를 상호교환하고 후속 조치로 군축회담을 개최하여 지구상에서 핵위협을 크게 감소시킨 것이다(밝은사회운동 30년사 편찬위원회, 2007, 105-107).

2. 이케다 다이사쿠의 사회운동

이케다 다이사쿠는 인간에 대한 그의 관점을 바탕으로 하여 평생 동안 다양한 사회운동을 전개하였는데 크게 종교 · 교육 · 정치 · 예술 · 세계평화 분야로 나누어 살펴볼 수 있다. 이케다 다이사쿠는 니치렌의 가르침에 기초를 둔 이 평신도 불교단체를 오늘날 일본을 비롯하여 한국 등 전 세계에 걸쳐 1000만 명의 회원을 둔 조직, 즉, 국제창가학회(Soka Gakkai International, SGI)로 성장시켰다. SGI는 원래 교육학자였던 마키구치 쓰네사브로가 창가교육학회로 시작하여 재가불교단체로 변천하였고 그의 제자인 도다 조세이에 의하여 창가학회로 명칭 변경되어 본격적으로 재가불교단체로 전환하였다. 이케다 다이사쿠는 도다 조세이의 제자로서 그의 스승이 1958년 사망하고 도다 회장이 서거한 지 3주년이 되는 해였던 1960년 5월 제3대 창가학회 회장이 되었다. 그는 도다 조세이의 생전 부촉에 따라 국제적인 포교에 전력을 기울였고 급기야 1975년 51개국의 회원 대표가 참석한 가운데 미국령 괌에서 국제창가학회를 설립하고 그 회장에 취임하였다. SGI는 오늘날 전 세계 192개국에 회원 조직을 갖는 국제적인 종교단체로 성장하였는데 이것은 이케다 다이사쿠의 종교적인 지도력이 많은 사람의 인정을 받은 결과라고 할 수 있다. 이러한 그의 종교적 지도력도 결국 법화경에 기초한 그의 인간에 대한 관점에 기초하고 있으며 인간의 행복을 위한 그의 염원을 나타낸다고 할 수 있다. 이케다 다이사쿠는 미국 하버드대학교 등 많은 곳에서 강연을 하거나 유엔에 대한 장문의 평화제언을 함에 있어서 법화경이나 니치렌『어서(御書)』등에서 인용하는 것을 보면 그의 관점이나 행동궤석은 기본적으로 불교의 대표적인 대승경전으로서 법화경에 기초하고 있는 것으로 볼 수 있다.

교육분야에 대한 그의 열정과 활약은 그의 스승들인 마키구치 쓰네사브로와 도다 조세이가 시작했던 처음의 창가교육학회와 그 후신인 창가학회가 원래 교육학 분야의 단체로 시작되었다는 점에서 잘 이해될 수 있다. 이케다 다이사쿠는 창가학회에 있어서 종교적 활동의 중요한 방식의 하나로서 '좌담회'라는 비형식적 교육의 기회를 활용해왔다. 특히 유재영은 이케다 다이사쿠가 니치렌의 생명철학을 바탕으로 세계평화는 인간의 마음 속에 평화의 요새를 건설하는 것으로 이해하였는데 SGI 회원들 간의 좌담회는 종교활동 그 자체로서뿐만 아니라 세계시민교육의 장으로서 매우 중시된다고 지적한다(유재영, 2018, 229-240). 이와 동시에, 이케다 다이사쿠는 공식적 교육기관의 설립을 통해 엘리트 교육에 주력하였다. 이케다 다이사쿠는 교육을 그의 인생의 마지막 사업이라고 생각할 만큼(이케다 다이사쿠, 조문부, 2017, 116) 교육에 대한 강한 정열을 가지고 임했다. 그는 창가학회의 산하교육기관으로서 유치원에서부터 대학까지 설립하였는데 이것은 일본 내에서 시작하여 미국 등 해외까지 이르고 있다. 미국의 창가대학은 2005년도부터 졸업생을 배출하고 있다. 그가 교육의 목표로서 말하는 엘리트 양성에서 엘리트란 항상 약자

편이 되어 정치, 사회적 횡포와 싸우는 사람을 가리킨다. 이케다 다이사쿠는 그 자신이 직접 창가대학과 창가학원의 행사 등에서 강연하기도 하였다. 그는 이러한 기회에 학생들뿐만 아니라 마키구치나 도다가 목적으로 했던 창가 교육의 본질을 교원들에게도 전하기 위해 노력했다(마에히라, 2007, 202-204).

이케다 다이사쿠는 그의 인간주의를 실현하기 위해 정치에도 적극적으로 참여하여 1961년 11월 27일 공명정치연맹(公明政治連盟)을 결성했고 이 조직은 1964년 11월 17일 공명당(公明黨)으로 재편되었다. 이후 분당과 재합류 등을 통해 1998년 11월 7일 신공명당(新公明黨)으로 활동하고 있는데 이 과정에서 중의원(衆議院)과 참의원(參議院) 그리고 도도부현(都道府縣) 수준에서 다수 의원을 배출하였고 연립정권의 참여를 통해 입각하기도 하였다. 이케다 다이사쿠는 공명당을 결성한 의미에 대하여 받은 질문에 답하기를 1960년대 초 일본 정치는 소위 '55년체제'로서 재계와 대기업의 이익을 대변하는 '보수'파와 거대한 노동조합의 지원을 받는 '혁신'파가 서로 대립하는 가운데 그 사이에서 정치적 혜택을 받지 못하는 다수의 서민이 있었고 공명당은 이러한 서민들의 소리를 대변한다는 것이었다(마에히라, 2007, 209). 따라서 일본 공명당은 '생명 · 생활 · 생존을 최대한 존중하는 인간주의 정치를 통해 인간 · 인류의 행복추구'라는 목표 아래 활동하고 있다. 그리하여 일본 국내 정치에서 재일동포를 포함하는 영주외국인에게 지방참정권 보장을 추구하고 있으며 외교적으로는 국제원조체제 구축과 핵폐지를 위한 동북아안전보장회의 설치 제안, 공적개발원조체제의 강화, 북한과의 국교정상화 추진, 유엔 기능의 강화, 미일동맹에 기초한 일본의 전수방위 집중, 집단자위권 반대, 유엔평화유지활동 중심 참여, 군비축소 등을 지향하고 있다. 비록 이케다 다이사쿠의 창가학회와 공명당은 공식적으로 직접적인 조직적 연계를 단절하려는 시도가 있지만 이러한 정책 방향들은 이케다 다이사쿠의 평화사상에

닿아 있음을 알 수 있다.

이케다 다이사쿠는 개인적으로 시(詩)도 쓰고 또 여행 중에 만나는 아름다운 자연과 인간의 삶의 현장을 사진에 담아 사진집을 출간하기도 하는 등 서정적인 삶의 태도의 일면을 보여준다(Ikeda, 2017). 그는 미술, 음악 등 예술분야에도 깊은 관심을 가졌는데 그것은 예술이야말로 민족, 국가, 종교, 관습을 초월하여 사람들 사이에 정신적 유대를 형성함으로써 세계평화에 기여하기 때문이다. 제석천의 그물이라는 불교 경전의 비유처럼 평화문화의 네트워크 형성은 국가들 각자의 문화적 독창성을 바탕으로 궁극적으로 더욱 장엄하게 빛나는 '지구문명'을 창출한다는 것이다(손희정, 2018, 259). 그는 1983년 도쿄 서부 교외 대학가 지역인 하치오지에 도쿄후지미술관을 건립하였는데 그 건립 목적을 다음과 같이 표현하였다: "문화를 사랑하는 시민들과 미래를 짊어지고 나갈 젊은이들에게 미술작품을 직접 볼 수 있는 기회를 제공함으로써 이러한 정신적 자산들이 갖는 심오한 깊이를 체험할 수 있기를 바랍니다. 그리하여 사람들이 단지 인간 생명뿐만 아니라 지구상 모든 생명의 본래적인 신성함에 대한 공통의 인식을 공유할 수 있기 바랍니다. 이와 동시에 이 미술관이 사람들로 하여금 평화를 낳는 지혜를 갈고 닦는 데 도움이 되기를 바랍니다." 이 도쿄후지미술관은 전 세계 28개 국가의 미술관들과 교환전시회 등을 개최함으로써 우호의 교량 역할을 수행해 오고 있다(토쿄후지미술관, 2014, 3). 이케다 다이사쿠는 또한 음악 영역이 인간 삶에 대하여 가지는 의미에도 주목하였다. 이와 관련하여 그는 1963년 10월 민주음악협회(民主音樂協會)를 설립하였는데 이후 오늘에 이르기까지 많은 국가 사이에 음악과 공연예술 교류의 선구자 역할을 하고 있다. 그는 창가학회 3대 회장으로 취임한 다음 해인 1961년 2월 인도와 동남아 지역을 방문하였다. 그는 특히 그의 맏형이 제2차 세계대전에 참전, 사망한 전쟁터였던 미얀마로부터 태국,

캄보디아 지역을 둘러보면서 인류가 전쟁의 비극에서 벗어나 지속적인 평화를 구축할 수 있는 방법이 없을까 궁구하였다. 그는 서로 다른 국민 간에 상호이해를 증진하는 것이 필요하고 이를 위해 음악과 공연예술의 교류가 매우 중요한 결론에 도달하였다. 이 협회는 오늘날 독립적이고 비종교적인 재단법인으로서 국제사회에서 음악 및 공연예술 교류분야에서 커다란 기여를 하고 있다.[9]

이케다 다이사쿠의 인간주의에 기초한 인생관 및 세계관 그리고 그의 모든 활동은 결국 인간 사회에 있어서 사람들의 행복한 삶 또는 평화로운 삶에 지향되어 있다는 점은 지금까지의 고찰을 통해 분명해진다. 그럼에도 불구하고 그가 세계평화를 위해서 심혈을 기울였던 국제정치 차원의 활동도 살펴볼 필요가 있다. 왜냐하면, 세계평화는 국가 정치지도자들의 역할 그리고 오늘날 높은 수준으로 개발된 대량살상무기들은 인류사회 전체를 순식간에 절멸시킬 수 있는 위험이 있기 때문이다. 이케다 다이사쿠의 세계평화와 세계시민주의는 일찍이 창가학회 초대회장이었던 마키구치 쓰네브로의 세계의 인도적 조화론과 창가학회 2대 회장이며 이케다 다이사쿠의 은사였던 도다 조세이의 지구민족주의에 뿌리를 둔다(유재영, 2018, 234-235). 특히 마키구치 쓰네브로는 일본의 군국주의에 협조하지 않아 옥중에서 세상을 떠났는데 그는 무기경쟁이 아니라 인도주의의 경쟁을 제안했었다. 또한 마키구치 쓰네브로와 함께 옥중생활을 했다가 풀려난 도다 조세이 역시 세계평화에 대한 신념이 투철하였고 일본 군국주의가 무너지고 출옥한 후 세계평화에 지대한 관심을 가지게 되었다. 특히, 도다 조세이는 1957년 미국과 소련 사이

---

9 MIN-ON CONCERT ASSOCIATION (民主音樂協會), https://www.min-on.org/founder (검색일: 2019년 6월 23일).

에 핵무기와 장거리탄도미사일 개발 경쟁이 진행되고 있는 것을 보면서 그해 9월 8일 창가학회 청년부 5만 명 앞에서 원수폭금지선언을 발표하였는데 이것은 생명의 존엄에 대한 그의 신념에 기초한 것이었다. 이러한 은사의 평화노력을 이어받아 이케다 다이사쿠는 핵무기문제에 대하여 꾸준한 노력을 전개하여 왔는데 1968년 핵무기 제조, 실험, 사용 금지 및 핵무기 절멸 및 유엔의 역할 강화 등 다양한 제언을 발표해 왔다(박상필, 2018, 188). 또한 SGI는 그 산하 조직 등을 통해 핵무기의 위험성을 알리는 사진 전시회 등을 꾸준히 전개하여 왔는데 이는 SGI가 회원 단체로서 함께 한 핵무기철폐국제운동(International Campaign for Abolishing Nuclear Weapons, ICAN)이 2017년에 노벨평화상을 수상하는 결과로 나타났다. 이케다 다이사쿠의 세계평화를 위한 노력 중 하나는 유엔의 역할에 기초한 것이었다. 유엔은 그 회원국들이 중심적 무대인 것이 사실이지만 또한 시민사회 즉, 비정부기구들(NGOs)의 역할도 점점 증가하고 있는 추세이기 때문에 이케다 다이사쿠의 SGI는 유엔을 통해서 그 평화 대의를 접근하는 것은 매우 큰 의미가 있다. SGI는 1983년 이래 유엔의 경제사회이사회에서 '협의지위'를 확보하고 있어서 다양한 국제문제에 대하여 유엔 회의에 참석하여 입장을 제시할 수 있다. 박상필이 이케다 다이사쿠의 평화실현 방법과 관련하여 그의 언급을 중심으로 4개 지표에 대하여 분석한 결과 유엔과 시민사회 부분이 가장 많은 것으로 결론지은 것은(박상필, 2018, 204) 이러한 맥락에서 매우 주목할 만하다. 무엇보다도, 이케다 다이사쿠는 1983년 이래 매년 SGI창립 기념일인 1월 26일에 유엔에 세계평화를 위한 제언을 발표해오고 있는데 올해는 37회에 이르고 있다. 이러한 제언은 현안으로 있는 세계평화문제에 대하여 유엔을 비롯하여 세계의 각국 정부, NGO, 개인 등에게 철학적 구심점과 해결방향을 제시하여 왔다. 지난 2019년에는 "평화와 군축의 새로운 세기를"(이케다 2019)이라는 주제로 제언이 있었다. 이러한 평화제언은 해마다 유엔 사무총장이 그 임무의 하나로서 유엔 총회에 대하여 유엔의 활동을 정리하고 현안에 대하여 보고하는 것을 비정부기구의 대표로서 하는 것으로 이해할 수 있다. 이케다 다이사쿠의 국제평화를 위한 노력 중 또 다른 것에는 세계 각계의 지도자들과 가졌던 대담들도 주목할 만하다. 특히 냉전 시기에 동서 이데올로기 대립 속에서 국제평화와 관련하여 중요한 한 축을 담당했던 중국이나 소련의 지도자들과 만나 민감한 안보문제 또는 외교문제들을 논의함으로써 돌파구를 마련하기도 했던 것이다. 그리고 많은 경우 이러한 대담은 역사학자 토인비나 구 소련의 지도자 고르바초프 등의 경우처럼 책으로 출판되어 이케다 다이사쿠와 함께 세계평화의 비전을 공유하는 많은 지도자의 생각이 널리 전파되는 계기를 제공하였다.

Ⅳ. 결론

조영식과 이케다 다이사쿠는 20세기에 생존했거나 생존 인물 중에서 그 누구보다도 열정적으로 세계평화라는 대의를 위해 일생을 보냈다는 점을 인정하지 않을 수 없다. 그러한 의미에 있어서 이 논문은 조영식과 이케다 다이사쿠 평화론의 기저가 무엇인가를 천착하는 가운데 그것을 그들의 인간주의 또는 인간중심주의를 중심으로 살펴보았다. 이 두 사람은 기본적으로 먼저 개인이라는 부분에 대하여 철저하게 궁구, 파악한 후 그것을 바탕으로 사회, 즉 다양한 수준의 인간공동체 문제에 접근하여 행복하고 평화로운 삶의 방향을 제시하고 그것을 실현하기 위해 전력했다. 조영식은 인간에 대한 탐구에 있어서 기존 철학자들의 견해를 검토, 비판한 후 자신의 주리생성론을 제시했고 이케다 다이사쿠는 법화경의 전식득지(轉識得智)의 이론에 따라 인간의 변화 가능성을 바라보고 있다는 점에서 그 출발점은 서로 다른 점이 있다. 하지만, 그들이 궁극적으로 추구하는 평화세계라는 점에 있어서는 뚜렷이 수렴하는 경향을 보여 준다. 조영식은 인간의 문제를 논함에 있어서 다양한 철학자들의 사상들을 검토하여 그 자신의 체계적인 인생관, 세계관 등에서 인간중심주의를 제시하였다. 조영식은 인간은 육체와 정신 그리고 인격이라는 요소를 중심으로 파악하고 있으며 인간은 신도 아니며 그렇다고 다른 동물과도 다른 것은 바로 인격이라는 측면에 의해서 인간의 행동들이 통정될 수 있기 때문임을 강조하였다. 인간은 세계에 있어서 생성의 주체 역할을 할 수 있는데 이것은 이(理) 또는 주의(主意)인 의식적(지각·감성·이성) 지도성에 의하여 일어난다고 하였다. 여기서 의식적 지도는 주의(主意) 즉 고차원적 정신에 의하여 수행되는 것으로 본다. 인간에게는 보다 보편타당한 차원 높은 영적 정신생활을 할 수 있는 본질적(本質的) 또는 보편의지인 인격이 존재하기 때문에 거기에 가치를 부여하고 인간의 본래적인 권위와 존엄을 인정할 수 있다고 하였다. 이케다 다이사쿠는 인간에 대한 기본적 이해를 법화경에 기초하고 있는데 법화경은 바로 모든 생물체, 특히 사람들에게 진리를 깨달을 수 있는 바탕, 또는 성품이 갖춰져 있다는 것을 강조하는 경전이다. 다만, 인간의 성품은 법화경의 일념삼천과 10계호구의 이론적 관점에서 항상 선한 모습만 있는 것이 아니라 악한 모습도 있기에 끊임없는 노력을 통하여 선한 측면은 더욱 증장시키고 악한 모습은 더욱 씻어내야 한다는 것이다. 이렇게 사람들이 노력해가면 그러한 사람들로 구성된 세계는 평화로워질 것이라고 보는 것이다.

조영식과 이케다 다이사쿠는 인간의 이러한 모습을 사람들에게 전해주기 위해 모두 교육분야에 투신하게 되었다. 조영식과 이케다 다이사쿠 모두 유치원에서부터 대학교에 이르기까지 다양한 수준의 교육기관을 설립, 운영해오고 있다. 조영식은 경희학원을 세계 유수의 교육기관으로 성장시켰고 이케다 다이사쿠도 소카학원을 일본과 미국에서 운영하고 있다. 뿐만 아니라, 조영식은 한국에서 밝은사회클럽들을 조직, 활동하기 시작하여 오늘날 국제밝은사회운동(GCS International)의 범세계적인 시민사회조직으로 성장시켰으며 이케다 다이사쿠는 국제창가학회, 즉 SGI를 범세계적인 종교단체로 성장시켰다. 이러한 조직들은 서로 성격을 달리하는 점이 있음에도 불구하고 모두 일반인들에 대한 폭넓은 접근을 통해서 공통적으로 친사회적인 모습을 보여 주고 있다. 나아가, 조영식과 이케다 다이사쿠 두 지도자들은 인류사회의 국제정치 측면에서 핵무기 등 강대국 또는 국가 지도자들 차원에서 다루어지는 문제들에 대해서도 적극적인 입장을 표명하고 해결책을 개진함으로써 그 해결에도 참여해왔다. 이처럼 두 인물은 그들이 스스로 인정했던 것처럼 세계평화라는 주제를 놓고 서로 천년지기(千年知己)의 모습을 보여 주었다고 할 수 있다. 그리하여 조영식은 소카대학에 초청되어 방문, 교류하기도 했으며 이케다 다이사쿠는 조영식이 설립한 오토피아평화재단으로부터 오토피아평화대상을 수상하기도 하였다.

조영식도 이케다 다이사쿠의 비전 속에서 인간중심의 접근을 인정하였는데 그는 이케다 다이사쿠의 연설문 선집인 『인간혁명의 세기로』추천사에서 이 선집의 2부에서 이케다 다이사쿠 회장의 인간중심의 사상과 신념을 충분히 접할 수 있었다고 평하였다(이케다 다이사쿠, 1999, 8). 이케다 다이사쿠가 수많은 세계의 지도자들을 만난 후 그 지도자들에 대하여 면면을 소개한 저술 『세계지도자를 말한다』에서 그 첫 번째 인물로 조영식이 소개된 것을 볼 수 있다. 특히 그 첫째 쪽에 나오는 사진은 1997년 11월 1일 도쿄 마키구치기념관에서 이케다 다이사쿠 SGI회장이 조영식 박사를 맞는 모습이다. 무엇보다 인상적인 것은 그 사진을 소개하는 사진 밑 소개 글에 '인간 중심의 원점에서 만난 두 거인'이라고 되어 있는 점이다(이케다, 2001, 9). 이처럼 두 사람은 국적이나 종교적 배경은 다르지만 인간을 보는 관점 그리고 그 인간공동체의 갈등과 평화에 대한 접근법에 있어서 공통적으로 인간주의 또는 인간중심주의에 기초하고 있다고 할 수 있다. 이렇게 볼 때, 이 대표적인 평화사상가 그리고 평화실천가들이 공통적으로 견지했던 인간중심주의에 기초한 관점 그리고 세계평화의 비전이 미래 인류에 대해서도 오랫동안 평화를 위한 지혜의 원천이 될 것임을 시사하는 것이다.

조영식은 사람들이 부정적 감정의 지배로부터 벗어나 인격적 존재로 거듭날 수 있으며 진리를 바르게 깨달을 수 있다는 점을 강조했으며 이케다 다이사쿠는 인간의 성품에 있어서 선한 모습을 증장시키고 악한 측면은 제거할 것을 강조하였다. 안타깝게도 오늘날 현재진행형인 핵무장 국가 러시아의 우크라이나에 대한 전쟁과 그를 둘러싼 국제사회의 대립, 그리고 한반도에서 북한이 보여 주는 핵무기 등 대량살상무기 개발에 대하여 조영식과 이케다 다이사쿠의 선한 성품의 증장과 인간생명 존중에 기초한 인류평화공동체 지향은 강력하면서도 간절한 호소력을 갖는다고 할 수 있다. 조영식과 이케다 다이사쿠가 그토록 간절하게 외쳤던 핵무기의 위험성에 대한 경고는 러시아-우크라이나 전쟁 그리고 한반도의 긴장 상황과 관련하여 인류 모두에게 여전히 중요한 의미가 있기 때문이다. 무엇보다도, 조영식과 이케다 다이사쿠는 그들이 주장한 인간중심주의의 관점에서 러시아와 북한의 지도자들이 국가나 정권의 이익이 아니라 인간생명의 존엄성을 우선적으로 고려하는 지혜를 발휘하여 전쟁의 즉시 중단과 핵무기 사용의 고려 그 자체를 포기하도록 요구할 것이다.

〈참고문헌〉

공익재단법인 도쿄후지미술관, 『東京富士美術館 名品選集』, 도쿄: 토판인쇄사, 2009.

공익재단법인 도쿄후지미술관, 『도쿄후지미술관30년사』, 도쿄: 토판인쇄사, 2014.

마에히라 마사유키 지음, 박인용 옮김, 『이케다 다이사쿠: 행동과 궤적』, 서울: 중앙일보사 시사미디어, 2007.

무비, 『당신은 부처님: 유정불(有情佛)』, 서울: 불광출판사.

박상필, "이케다 다이사쿠의 평화사상의 배경과 평화실현 방법", 하영애 편저, 『조영식과 이케다 다이사쿠의 평화사상과 계승』, 경기 파주: 한국학술정보, 2018.

밝은사회운동 30년사 편찬위원회, 『밝은사회운동 30년사』, 서울: 한다문화사, 2007.

손희정, "이케다 다이사쿠와 도쿄후지미술관", 하영애 편저, 『조영식과 이케다 다이사쿠의 평화사상과 계승』, 경기 파주: 한국학술정보, 2018.

아널드 J. 토인비, 아케다 다이사쿠, 『21세기를 여는 대화(Choose Life) I』, 서울: 화광신문사(초판 3쇄), 2015.

유재영, "이케다 다이사쿠 평화교육에 대한 고찰", 하영애 편저, 『조영식과 이케다 다이사쿠의 평화사상과 계승』, 경기 파주: 한국학술정보, 2018.

이병욱, "불교사상에 포함된 다문화주의적 요소", 이정은, 이병욱, 정창호 공저, 『다문화사회와 철학: 한국사회의 다문화시대를 위한 철학적 성찰』, 서울: 도서출판 자유문고, 2017.

이케다 다이사쿠, 알렉산드르 세레브로프, 『우주와 지구와 인간』, 서울: 조선뉴스프레스, 2010.

이케다 다이사쿠, 『21세기 문명과 대승불교: 해외 대학 강연집』, 서울: 화광신문사, 2012.

이케다 다이사쿠, 『법화경의 지혜: 21세기 종교를 말한다, 중』, 서울: 화광신문사, 2016.

이케다 다이사쿠, 『세계지도자를 말한다: 석학 이케다 다이사쿠의 끝없는 추구』, 대구: 경북 매일, 2001.

이케다 다이사쿠, 『인간혁명의 세기로—이케다다이사쿠 선집』, 서울: 중앙일보사, 1999.

이케다 다이사쿠,『평화와 군축의 세기를』-제44회 'SGI의 날' 기념 제언, 한국SGI 문화 홍보국 대외협력부(5월 3일), 2019.

이케다 다이사쿠, 조문부,『인간과 문화의 무지개다리: 한·일 영원한 우호를 위하여』, 서울: 연합뉴스 동북아센터, 2017.

이케다 다이사쿠, 조문부,『희망의 세기를 향한 도전: 만대에 걸친 한·일 우호를 위하여』, 서울: 연합뉴스동북아센터, 2004.

정연교, "오토피아 인간론 서설(序說): 주리(의)생성론, 통정적 인식론, 그리고 인간중심주의를 중심으로", *OUGHTOPIA*, Vol. 19, No. 1 (Winter), 2004.

조만제, "현대사회와 인간중심주의",『밝은사회연구』, Vol. 10-11, No. 1, 1987.

조영식,『오토피아』, 서울: 경희대학교 출판국, 1996.

Ikeda, Daisaku, *Ode to Gladness: Rendezvous with Nature*, Tokyo: Sokka Gakkai, 2017.

Matsuoka, Mikio, "The Human Rights Philosophy of Daisaku Ikeda."『創價教育』第3号 (3月), 2010.

Rahula, Walpola, *What the Buddha taught*, London: Gordon Fraser, 1978.

妙法之界 https://blog.naver.com/ichinen/220921894311 (검색일: 2019년 6월 18일).

MIN-ON CONCERT ASSOCIATION (民主音樂協會)(https://www.min-on.org/founder (검색일: 2019년 6월 23일).

○

제3장

조영식과 평화운동

박명광*

Ⅰ. 서론

존경하는 하영애 회장님, 구형모 국장님, 김대환 교수님, 강희원 교수님, 그리고 오늘 이 자리에 참석하신 발표자, 토론자, 여러분! 만나 뵈서 반갑고 영광스럽습니다.

저는 경희대 출신으로 고 미원 조영식 박사님의 따뜻한 배려로 외국에 교환학생으로 유학 가서 석사, 박사학위를 받고 모교 경제학과로 돌아와서 교수, 학생처장, 정경대 학장, NGO대학원장, 부총장 등을 역임하고 17대 국회의원을 지낸 박명광입니다. 제 인생에서 조영식 학원장님은 존경하는 스승일 뿐만 아니라 부모 같은 따뜻한 분이셨습니다. 사실 「조영식·이케다 다이사쿠 평화포럼 2022」에 참석하여 기조연설을 해달라는 하영애 회장님의 요청을 받고 선뜻 응하지 못했던 이유는 제가 그럴 자격이 없다고 판단이 되었

---

* 국회미래연구원 이사장

기 때문이었습니다.

아시다시피 저는 경제학을 전공했고 또 한때는 본의 아니게 학교를 떠나 정치에 발을 담갔던 전력이 있어서 감히 학술포럼에서 기조연설을 할 자신이 없었습니다. 그러나 제가 부모같이 존경하는 조영식 학원장님의 탄생 100주년을 기념하는 모임이고 학술적인 논문발표가 아니라 그분의 생애와 관련하여 제가 기억할 수 있는 사례 중심으로 강연을 해달라는 요청이기에 용기를 내어 응할 수 있었습니다.

II. 섬세한 휴머니스트

제가 미원 조영식 학원장님을 처음 뵙게 된 것은 1965년 경희대학교 신입생 때였습니다. 그저 먼발치에서 우러러 뵐 수밖에 없는 총장과 대학 신입생의 관계였고 그때 당시는 총장님이 저를 알아보실 리도 없었습니다. 그런데 조 총장님과의 첫 만남에서 저는 이분이 타고난 Humanist라는 판단이 들었습니다.

Humanist는 인간을 사랑하고 배려하는 데서 모든 사고와 행동이 시작됩니다. 1965년 4월 어느 날 경희대학교 본관 앞 분수대 광장에 전교생이 다 모였고 매월 1회씩 열리는 '민주시민 특강'이 시작되었습니다. 당연히 연사는 총장 조영식 박사셨습니다. 총장님은 그날도 폭넓은 지식과 사상에 기초하여 우리가 듣기에는 대단히 '철학적이고도 난해'한 강의를 하고 계셨습니다. 그런데 강의 도중 돌발 상황이 발생했습니다. 강의를 듣던 한 학생이 제 뒤쪽에서 웅성거리며 이상한 행동을 했던 것입니다. 당연히 수강 분위기도 어수선해졌고 이를 눈치채신 총장님께서 강의를 중단하시더니 그 학생을 앞으로 불러냈습니다. 전교생이 모인 자리에서 앞으로 나오게 된 학생 얼굴이 사색이 됐습니다. 총장님께서 무슨 학과 누구냐고 물으시니 그 학생이 모기 목소리만큼 가느다랗게 대답했습니다. 이를 지켜보던 모든 학생이 속된 말로 "쟤는 죽었구나"라고 지켜보고 있을 때 갑자기 총장님께서 그 학생을 돌려세워 학생들을 바라보라고 했습니다. 그리고 하시는 말씀이 "사랑하는 경희인 여러분! 이 학생을 한번 가만히 보세요. 얼마나 늠름하고 잘생겼습니까? 대표적인 경희인으로서 앞으로 훌륭한 사람이 될 것으로 나는 굳게 믿습니다. 학생은 자리로 돌아가세요"라고 하시는 것이었습니다. 모든 학생이 일제히 박수를 쳤습니다. 대단한 반전이었습니다. 그 상황을 지켜본 대다수 학생이 아마도 조영식 총장님의 제자 사랑, 깊은 인간에 대한 배려를 실감했으리라 생각됩니다. 지적되어 끌려 나온 그 학생의 난처한 입장을 이해하시고 오히려 격려하고 칭찬해 줌으로써 그 학생의 자존심을 세워 주시는 모습에서 우리는 진정한 스승, 섬세한 Humanist의 모습을 확인할 수 있었습니다.

III. 이산가족의 아픔: 치유에 앞장서시다

학원장님이 진정한 Humanist인 두 번째 이유는 이분이 준정부기관인 '일천만 이산가족 재회 추진위원회' 위원장을 맡으셔서 최선을 다하셨다는 점입니다. 우리 인간은 기본적으로 자신을 사랑하지만 그다음에는 가장 가까운 부모, 형제와 배우자, 친척을 사랑하는 습성을 지니고 있습니다. 그것이 인간의 본성입니다. 그런데 우리 민족은 1950년 발발한 6.25 사변으로 인하여 부모·형제가 강제로 헤어져서 다시 만나지 못하는 슬픔을 안고 살게 되었고 이 문제는 70년이 넘도록 아직 해결되지 못한 채 민족의 숙제로 남아 있습니다. 부모가, 부부가, 형제자매가 손을 놓은 채 갈라져서 서로 그리워하는 현상이야말로 가장 비인도적인 일입니다. 이를 최대한 해결해 보자는 것이 바로 일천만 이산가족 재회 추진 운동이었습니다. 1982년에 정부가 그 첫 임무를 조영식 학원장님께 부탁하셨고 본인 스스로가 이산가족이셨던 학원장님께서 그 직을 기꺼이 수락하시고 움직이는 위원회를 만들고 활동하셨습니다. 우선 이산가족의 현황을 파악하기 위해 적십자사를 통해 등록사업을 펼치셨고 UN과 우방국들의 협조를 호소하셨습니다. 또한 세계 각국의 정치지도자, 교육자, 시민운동가들은 물론 일반 시민을 상대로 한국의 이산가족이 인도주의적 차원에서 재회할 수 있도록 뜻을 모으고 함께 행동하자는 서명운동을 펼치셨습니다. 그 결과 1993년에 전 세계 193개 국가가 이 운동에 동참하는 서명을 하였고 2천 1백여만 명이 서명에 참여, 기네스북 기록을 경신하였습니다. 이산의 아픔을 치유하는 운동에 헌신하는 모습에서 우리는 진정한 Humanist, 조영식 박사를 다시 확인할 수 있었습니다.

Ⅳ. 타고난 평화운동가

또한 조영식 박사님은 그 누구보다도 인류의 공영과 세계평화를 위해 일생을 바치신 진정한 평화운동가셨습니다. 제가 유학을 마치고 귀국한 해인 1979년 10월 경희대학교 인류사회재건 연구원과 세계적 석학 단체인 로마클럽이 공동주최하는 국제포럼이 준비되어 있었습니다. 로마클럽은 역대 노벨상 수상자들과 세계적인 석학들이 인류의 미래에 대해 연구하는 저명한 연구단체로 1972년 『성장의 한계(The Limits to Growth)』라는 보고서를 발표하여 세계적 이목을 끈 단체였습니다. 이 보고서가 유명한 것은 세계 최초로

컴퓨터 시뮬레이션을 통해 세계의 에너지소비 추세로 인한 기후변화, 에너지 고갈, 환경오염 등을 예측했다는 점이었습니다. 선진국을 비롯한 세계의 모든 국가가 경제성장에 혈안이 되어 무분별한 성장정책을 계속 추진한다면 지구는 결국 10년 안에 성장의 한계에 도달하게 된다는 소위 파멸적 결과 (Doom's Day Consequence)를 예측하였던 것입니다.

같은 이유들로 지구의 미래를 걱정하던 조영식 학원장님은 로마클럽의 회장 아우렐리오 펫체이(AureLlio Petchi) 박사와 접촉하여 인류사회의 재건을 위한 범세계적 석학회의를 서울에서 개최하자고 제안, 합의하게 된 것이었습니다. 1979년 각국에서 학자들이 대거 입국하고 있을 때인 10월 26일 예상치 못한 돌발 상황이 벌어졌습니다. 그것이 바로 박정희 대통령의 시해 사건인 10.26 사태였습니다. 국상(國喪) 중에 대규모 국제행사는 불허한다는 정부 방침에 주최 측인 경희대학교는 난처한 입장에 빠졌습니다. 그러나 이 때도 용기를 내어 상황을 풀어내신 분은 학원장님이셨습니다. 정부 지도자들과 계엄당국자들과 직접 담판하여 성공적인 대회를 이끌어내셨기 때문입니다. 지구사회의 암울한 미래를 예측하고 그 대안을 모색한 세계적 석학들의 활동에 국내는 물론 외신들까지 이 사실을 대대적으로 보도하여 경희대학교의 위상이 한껏 치솟았으며 미래학자로서의 학원장님의 명성이 더 널리 퍼지게 된 것입니다. 이 대회의 마지막 날 모든 참석자 명의로 채택된 결의문에는 인간의 무한한 물질적 탐욕은 결국 인간과 지구문명의 종말을 고할 것이므로 무엇보다도 탐욕을 억제 시킬 수 있는 세계적인 인성교육이 절대 필요하다는 점을 강조한 것이었습니다.

평화운동가로서의 조영식 학원장님은 평화운동이 진정 뿌리내리고 장기적으로 활성화하려면 무엇보다 인재 육성이 가장 필요하다고 생각하셨습니다. 그래서 1979년부터 평화연구소를 설립하셨고 몸소 그 총재가 되셨습니다.

　당시에는 이원설 대학원장, 김찬규 법대학장 등이 앞장서서 이 운동을 시작하셨는데 1979년 2학기에 동시에 해외유학을 마치고 귀국한 조정원, 신정현, 박명광, 김병묵 교수 등 모교 출신 교수들이 실무 일을 맡았습니다. 우선 평화연구소에서 내린 결론이 평화연구를 조직적으로 실현하고 그 운동을 구체적으로 펼칠 요람, 국제 평화대학원을 설립하기로 한 것이었습니다.

V. UN의 역할을 강조하시다

　학원장님께서는 평화운동은 국내에서만 추진해서는 부족하며 범세계적으로 벌여야 한다고 생각하셨습니다. 그리고 그 무대를 UN으로 설정하신 것입니다. 일찍이 세계대학총장회의(IAUP: The International Association of University Presidents)를 설립하고 종신 명예회장으로 추대되신 학원장님께서는 1981년 코스타리카 IAUP 총회에 이 주제를 들고 나가셨습니다.

　당시 UN 회원국이 아니었던 대한민국 이름으로는 UN에 어떤 의제도 제안할 자격이 없었습니다. 따라서 UN의 정식회원국이었던 코스타리카에서 열린 IAUP 총회에서 세계평화를 진작시키기 위해 세계평화의 날, 세계평화의 해를 제정하자고 제안하시고 코스타리카 정부가 이를 UN총회에 정식으로 상정해 달라고 요청한 것입니다. 당시 코스타리카의 카라조(Rodrigo Carazo Odio) 대통령이 이 제의에 선뜻 응해 줬고 그 해에 UN 총회에서 만장일치로 결의하여 세계의 평화의 날, 세계평화의 해가 탄생하게 된 것입니다. 이 때도 조영식 학원장님은 UN이 있는 뉴욕에 머물면서 각국 대표, 대사, 외무장관들을 차례로 만나시며 세계평화의 중요성과 그 의지의 표현으로서의 세계평화의 날과 평화의 해의 제정 필요성을 강조하셨습니다. 그 결과 1981년 11월 제36차 UN 총회에서 만장일치로 1986년을 세계평화의 해로 결정하였습니다. 그리고 1985년 제40차 총회에서는 UN이 처음으로 회의를 개최했던 9월의 셋째 화요일을 영구히 기념하기 위해 '세계평화의 날'로 정하였습니다. UN은 이와 함께 "회원국과 UN 조직의 각 기구, 기관, 각국 정부의 각 지방자치단체, 민간기구, 모든 국민에게 가능한 교육적 방법으로 세계평화의 날을 기념하고, 이를 기념하는 행사에 유엔과 함께할 것을 권고한다"라는 결의문을 채택하였습니다.

UN 총회 현장에서 결의안 채택의 순간을 맞이하셨던 조영식 학원장님은 훗날 "뛸 듯이 기뻐서 눈물이 나왔다"라고 회고하셨습니다.

학원장님께서 그렇게 노력을 기울여 세계평화의 날과 해를 제정하신 데는 그만한 이유가 있었습니다. 1980년대는 미·소 양 대국이 양 진영으로 나뉘어 극한대립이 최고조에 달했고 특히 양대 강국은 자기 진영의 승리와 상대 진영의 패망을 위해서는 핵무기 사용도 불사하겠다는 입장을 견지한 냉전 분위기가 임계치에 근접한 시기로써 3차 대전의 가능성이 어느 때보다도 고조되던 때였습니다. 학원장님께서는 이러한 위기를 타개하기 위해 레이건 미국 대통령과 브레즈네프 소련 공산당 서기장에게 세계대학 총장들과 연대하여 전쟁 발발을 우려하는 서한을 발송하고 평화의 중요성을 호소하셨습니다.

UN에서 세계평화의 날이 제정된 후에 경희대학교는 한 번도 빠짐없이 매해 9월 셋째 화요일(현재는, 당시의 셋째 화요일을 고정하여 매년 9월 21일로 시행함)에 UN 관계자들을 초청하여 '세계평화의 날' 행사를 개최하고 관련 학술행사를 주관하고 있습니다.

VI. 노벨평화상 후보자로 추천

이렇게 수십 년간 세계평화의 중요성을 강조하시며 각종 평화운동을 끊임없이 전개하고 평화 관련 학술대회 개최와 저술 활동 등이 이어지자 미원 조영식 박사야말로 진정한 평화애호가요 평화운동가라는 여론이 국제사회에 형성되었습니다. 특히 오슬로의 노벨평화상 위원회에서도 그 같은 여론이 형성되면서 '조영식 노벨평화상 추대' 분위기가 각국에서 일어나게 된 것입니다.

1986년 필리핀여자대학교(Philippine Women's University)의 Benitez 총장 제의로 조영식 학원장님이 명예박사학위를 받게 되었을 때의 일화 하나를 소개합니다.

학원장님은 필리핀의 저명인사들과도 교분이 두터우셨습니다. 필리핀 일정을 모두 마치게 된 마지막 날 저녁 만찬을 고 마카파칼 필리핀 대통령이 주최하셨습니다. Puyat 전 필리핀 상원의장 등 약 50명의 마닐라 저명한 정치지도자, 사회 명망가, 대학총장들이 모인 자리에서 마카파칼 필리핀 대통령은 이런 제안을 하셨습니다. "나는 조영식 박사만큼 세계평화를 위해 노력하고 실천하는 인물을 만난 적이 없다. 따라서 나를 비롯한 여기 모인 우리 모두가 필리핀 사회를 대표해서 조영식 박사를 차기 노벨평화상 후보자로 공식 추천하자" 이에 참석자 전원이 찬성하고 추천서에 서명하는 감격적인 상황이 연출되었습니다. '조영식 노벨평화상 추천'은 이런 식으로 각국에서 자발적으로 일어났는데, 그 일이 학원장님 생전에 이루어지지 못한 것이 못내 아쉬울 뿐입니다.

Ⅶ. 1999 서울 NGO 세계대회
(The 1999 Seoul International Conference of NGOs)

조영식 학원장님은 모든 국제관계의 핵심 역할은 UN이 해야 하고 따라서 인간성 회복, 전쟁 방지, 에너지, 기후 위기와 그 대응, 평화운동도 UN이 중심이 되어야 한다고 생각하셨습니다. 학원장님께서 전개하신 평화운동과 국제행사 중 가장 주목받는 행사는 1999년 서울에서 열렸던 '1999 서울 NGO 세계대회'였을 것입니다. 이제는 복잡한 국제문제를 국가 간의 문제로 파악하여 해결하는 것이 불가능한 사례가 너무 많아졌습니다. 환경오염, 인권, 기후 위기 같은 것이 대표적인 예일 것입니다. 대기오염 책임 문제를 놓고 중국이나 몽골 정부와 한국 정부가 나서서 협의해 봐야 해결책이 나오지 않는 것이 오늘의 현실입니다. 따라서 국가이익보다는 시민의 이익을 중심으로 협의할 수 있는 대체기구는 오직 NGO뿐일 것입니다. 따라서 오늘날은 국내뿐만 아니라 국제문제에 있어서도 NGO의 역할이 중요시 되고 있는 시대입니다. 일찍이 이런 문제의식을 가지고 계셨던 학원장님께서는 경희대학교에 세계 최초로 NGO 대학원을 만드셨고 NGO의 국제연대강화를 위해서 세계 NGO 대회를 우리나라에서 개최하시겠다는 꿈을 갖고 계셨는데 그것도 UN과 공동개최를 계획하셨던 겁니다. 오랜 시간 UN과의 협의를 거쳐 1999년 10월 드디어 세계 NGO 대회가 10월 10일부터 16일까지 서울 잠실 올림픽공원에서 열리게 된 것입니다. 이 대회는 총재에 조영식 학원장님, 공동 조직위원장에 아파프 마프즈(Afaf Mahfouz) CONGO 의장, 일레인 발도브(Elaine Valdov) UN 공보처 NGO 집행위원장, 경희대학교 조정원 총장, 한국 시민사회 대표 강문규 회장 등을 주축으로 조직되었으며 영부인이신 이희호 여사가 명예 대회장을 맡았습니다. 이 대회에는 'The Role of NGO's in the 21st Century'라는 주제 하에 전 세계 107개국 522개 단체와 국내 351개 NGO에서 약 13,000명이 참가하여 187의 분과토의와 약 240개 개별 세션에서 다양한 토의가 진행되었습니다.

전체 회의에서는 21세기 회고와 전망에 이어 NGO와 오늘의 세계, NGO의 도전과 선택, NGO와 UN, 연대와 동맹 등 소주제가 세계 NGO 운동가들의 참여하에 열띤 토론을 벌였고 이는 15일까지 진행되었으며 16일 마지막 폐회식에서 그 유명한 '서울 선언'이 채택되었습니다.

이때 참석한 외빈으로는 로빈슨 진 아일랜드 내통령, 프레윗 UN 사무차장, 에스트라다 필리핀 대통령 영부인, 세계보건기구 사무총장 등 어마어마한 인사들을 들 수 있었고 그 내용과 규모 면에서 국내에서 개최한 국제행사 중 손에 꼽을 만한 대규모 행사였습니다 (2000년 1월에 『1999 서울 NGO 세계대회 백서』출간).

본인도 당시 경희대학교 부총장으로서 행사의 조직위 사무총장을 맡아 힘껏 일했습니다. 그러나 이 거대한 행사의 선두에는 언제나 조영식 학원장님이 자리하셨고 모든 행사의 세밀한 부분까지 꼼꼼히 챙기시고 진두지휘하셨습니다. 그런데 언제나 그래 왔지만 조영식 학원장님의 뒤에는 숨은 조력자 오정명 사모님이 계셨습니다. 단편적인 예를 하나 들어보고 싶습니다. 세계 NGO 대회를 준비하던 중 가장 큰 어려움 중 하나는 대회개최 비용 문제였습니다. 경희대학교 교비를 절대로 쓰지 않는다는 전제하에 모든 경비를 모금에 의존하다 보니 애로가 많을 수밖에 없어 실무자들이 걱정하고 있던 어느 날 사모님께서 총장단을 불러서 저녁을 사주시면서 핸드백에서 봉투 하나를 꺼내서 저에게 전해주셨습니다. "우리 목련회 회원들이 창립 이래 수십 년간 모은 곗돈 전액"이라고 말씀하셨습니다. 목련회는 경희대학교 설립 이래 주로 보직교수 부인들이 사모님을 중심으로 봉사활동을 해온 친목단체였습니다.

사모님 친구분들이 기꺼이 봉사회의 회비 전액을 학원장님 행사에 쾌척한 것이었습니다. 마침 1999년이 경희대학교의 개교 50주년이었기에 발전기금 모금운동에 NGO 대회 기금 모금도 병행하여 전개했기에 경비문제를 쉽게 할 수 있었지만 사모님의 이런 격려야말로 일하는 모든 사람에게 큰 힘이 되었음은 물론입니다.

Ⅷ. 큰 별이 떨어지다

그 후에도 조영식 학원장님은 경희대 발전과 세계평화운동을 위해 열정적으로 활동하셨고 건강에도 전혀 이상이 없어 보이셨습니다. 2003년 저는 운동권 제자들의 권유에 빠져서 정치에 발을 들여놓고 소위 신당 창당 운동에 몰입했었습니다. 그리고 2004년 4월 19일 드디어 국회의원에 당선되었습니다. 그런데 그 바로 전날인 4월 18일 그렇게 건강하시던 학원장님이 삼봉리에서 뇌졸중으로 쓰러지신 것입니다. 나는 국회의원 당선 신고를 하려고 총장공관에서 요양 중이시던 학원장님을 찾아뵈었습니다. 그때까지만 해도 환한 웃음으로 나를 보시면서 "자! 우리 하이 파이브 한번 해야지?"하시면서 두 손을 번쩍 들어 주셨습니다. 그리고 나서 10개월 뒤 또 한 번 쓰러지시고 그 후로는 영원히 의식을 못 찾으시다가 2012년 2월 18일 경희의료원에서 조용히 눈을 감으셨습니다. 이렇게 허무하게 한국 아니 세계의 큰 별이지고 만 것입니다. 우리 모두의 돌이킬 수 없는 상실이 현실이 된 것입니다.

우리는 그저 고인의 영면을 위해 기도드릴 수밖에 없음이 못내 죄스러울 뿐이며 그분의 위대한 유지를 이어가기 위해 다시 한번 옷깃을 여며야 할 것 같습니다.

제2부

—

평화와 환경의 상호의존과 위기 극복: 생태문명을 향해

○

제4장

이케다 다이사쿠의 지속가능한 평화

김용환*

Ⅰ. 서론

오늘 우리는 국제 창가학회 이케다 다이사쿠(池田大作, 1928~) 회장이 인류사에 남긴 미래공창(未來共創)의 발자취를 조명하기 위해 세 가지 관점에서 살펴보고자 한다. 첫째, '지구민족주의'에 따른 세계시민성 함양, 둘째, 제47회 'SGI의 날' 이케다 회장의 기념제언에서 밝힌 '지속가능한 평화', 셋째, 1000년 지기로서 미원 조영식 총장과 함께하는 이케다 회장의 '미래공창대화'에 관해 고찰한다.

먼저 '지구민족주의'는 이케다 회장의 스승, 도다 조세이(戸田城聖, 1900~1958) 회장의 지구인식에 관한 신개념에 근거한다. 이는 곧 지구촌 사람들은 사는 곳이 서로 다르더라도 한민족, 한 생명으로 살아가야 한다는 당위성을 내포한다. 최근 러시아 푸틴이 우크라이나를 침공한 것도 '지구민족

---

* 충북대 윤리교육학과 명예교수, 조지메이슨 대학 연구교수

주의' 의식 결여에서 비롯한 세계재앙 수준의 침공이다. 코로나 대재앙으로 힘든 세계시민에 대해 엄청난 위해를 가했다고 할 것이다. 이에 따라 지구촌 사람은 국가, 인종, 피부색에 관계없이 같은 동포요 한겨레라는 인식이 실천적으로 요청된다. 지구촌 형제자매라는 의식을 함양하기 위한 구체적인 방법이 이케다 회장이 지속적으로 강조하는 '세계시민성 의식함양'이다. 사제불이 정신을 오늘에 살려 도다 스승이 제창한 '지구민족주의'를 이케다 회장은 '세계시민성 의식함양' 지혜로 승화 발전시켰다.

또한 2022년 1월 26일, 제47회 'SGI의 날' 기념 제언은 '인류사의 전환을 위한 평화와 존엄의 대광'이었다. 여기서 다룬 핵심 주제는 '핵무기금지조약의 보편화에 따른 지속가능한 지구사회의 초석'이다. 이를 집약하면 '지속가능한 평화'이다. 한국처럼 남북한이 오랜 대치상태를 유지하는 경우를 포함하여 핵무기금지조약은 군축조약영역에 국한된 문제가 아니라 괴멸적인 인류참상을 저지하는 '인도주의'와 세계시민 보루를 지켜가는 '인권유지' 규범에 관한 것이다. 아울러 미래세대의 생존 기반이 되는 지구 생태계 보존의 초석이 된다고 할 것이다.

핵보유 이해당사국 회의를 계기를 마련함으로 서로 다른 견해의 차이를 뛰어넘으면서 거듭되는 대화로 풀어가는 가운데 국가연대의식을 강화시켜 '핵시대의 종지부'를 찍기 위해서는 근원적 생명력을 일깨우는 활명연대의식을 점차로 고양하며 '생명지킴이 운동'을 꾸준히 전개할 필요가 있다.

아울러 '미래공창대화'는 미래가치를 함께 창조하기 위해 대화와 협력(協力) 그리고 개신(開新)의 새로운 방향 설정을 목표로 한다. 유식철학 관점에서 조명하면, 제8아뢰야식 업력을 대원경지 원력으로 전환하기 위해 미래공창대화가 절실하며 이를 통해 숙명으로 살아가는 것이 아니라 미래지향적 가치를 끊임없이 창조하고 대화하며 협력함으로 서원과 원력으로 살아가는 마음가짐을 공공차원으로 갖추게 된다. 업력으로 살아가면, 임종 때 머리부터 차가워져 회한을 남기며 죽게 되지만, 활인공덕을 쌓아가고자 원력으로 살다 보면 발부터 차가워져 마지막으로 심장과 머리로 아뢰야식이 철수하기에 비교적 따뜻한 죽음을 맞이하고 웃으며 세상을 하직할 수 있다. 이러한 원력의 마음은 다음 생의 보살도로 이어져 보살로서 지속적인 자비 활동을 이어갈 수 있다.

결국 업력으로 살면 운명에 짓눌려 미래의 가치창조를 선도할 수 없지만, 서원과 원력으로 살아가면 대원경지 밝은 지혜의 빛으로 일생성불을 한 생애에 구현하거나 사후에도 새로운 몸을 받아 인간존엄의 대광을 도도하게 펼쳐나갈 수 있다. 이를 통해 모든 것을 한순간에 무화시키는 탐진치삼독의 비인도성에서 벗어나 밝은 사회와 인간존엄이 꽃피는 법화세계를 이 땅에 구현할 수 있다. 죽어 내세가 아니라 살아 있는 동안에 이 땅에 법화세계를 구현할 수 있음은 미래공창대화를 통해 지속적인 혁신으로 자리매김한다.

II. 지구민족주의(地球民族主義)

이케다 회장은 1993년 3월, 샌프란시스코회의를 개최한 장소를 방문하였다. 여기서 유엔을 지원하는 의의에 관해 스승, 도다 조세이 회장의 신념을 이렇게 피력하였다. "제 은사 도다 제2대 회장은 이 유엔헌장의 탄생과 거의 동시에 출옥하여 창가학회 재건에 착수했습니다. 은사는 일본 군국주의에 저항하다 2년간 투옥되었지만 굴하지 않고 새로운 인간주의의 민중운동을 시작했습니다. 그 운동은 유엔헌장의 이념과 상당히 일치합니다. 그야말로 반복되는 전쟁의 역사를 근원적으로 전환해야 한다는 간절한 바람의 발로였습니다. 또한 유엔지원 사업에 대해서도 '유엔은 영지의 결정체이며, 이 희망의 요새를 다음 세기에 반드시 지켜내고 키워야 합니다.'라고 밝힌 도다 스승의 유훈에 따른 것이라고 피력한 적이 있다.

실제로 도다 회장은 이러한 신념을 응축하여 1952년 2월, '지구민족주의' 사상을 제창하였다. 한국전쟁으로 국제사회의 긴장이 고조될 무렵 반복되는 비극적인 역사에서 벗어나고자 '지구민족주의'를 내걸고 '어느 나라 민중도 희생됨이 없이 세계 민중이 모두 기뻐하고 번영하는' 신념을 표방하였다. 이 세계는 연기적인 세계관에 의해 자타 모두 상호의존적인 연관성으로 살아간 다고 할 것이다. 지구 차원의 활명연대의식을 확립함으로 국적, 인종, 장소를 불문하고 어떠한 차별을 받음이 없이 세계시민으로 평등하게 생명을 지켜나 가야 만인존엄의 법화세계를 이 땅에 구현할 수 있다.

인류문명이 만든 위험 앞에서 '지구차원의 협력'은 울리히 벡(Ulrich Beck) 이 토로한 것처럼, 당위적 상황이 아니라 어쩔 수 없이 선택하는 인류의 실 존상황이라고 할 것이다. 울리히 벡은 '근대성의 사회체계가 위험을 생산했 음에도 불구하고 그 위험성을 계산하지 못해 세계시민주의에 의존하는 상황 에 직면하게 되었다. 인류는 지구차원의 위험에 직면하여 반사적 성찰로 '세 계시민주의(cosmopolitanism)'에 의존하였고, 지역경계를 넘어서는 세계시민성 을 필요로 했으며, '세계시민교육(global citizenship education)'으로의 전환을 요청 하기에 이르렀다.

이에 따라 유네스코는 세계시민교육을 학습자들이 보다 정의롭고 평화 적이며 포용적이고 안전하며 지속가능한 세상을 만든 데 이바지할 수 있 도록 필요한 지식, 기능, 가치관, 태도를 함양하는 교육 패러다임을 새로이 설정하였다. 다시 말하면, '세계시민교육'은 학습자에게 '세계시민성(global citizenship)'을 함양하는 새로운 교육 패러다임이다. 세계시민성 함양을 위해

학습자들에게 다섯 가지 공통덕목으로 역량을 함양하도록 주문한다. 첫째, 다면적 정체성에 대한 이해와 개인의 문화, 종교, 인종 및 기타의 차이를 초월하는 '집단적 정체성'의 잠재력에 기초하는 태도함양이다. 둘째, 세계문제와 정의, 평등, 존엄, 존중과 같은 보편가치에 대한 보다 깊은 지식함양이다. 셋째, 서로 다른 차원과 관점 및 각도에서 문제를 인지하는 다중접근방식을 채택하여 사고할 뿐만 아니라 비판적, 체계적, 창조적으로 사고하는 인지기능 함양이다. 넷째, 서로 다른 배경, 출신, 문화 및 관점을 가진 사람들과 상호호혜의 공감과 함께 갈등해결 같은 사회적 의사소통 기능과 태도를 포함하는 비인지적 기능함양이다. 다섯째, 세계적 과제에 대한 글로벌 수준의 해결방안을 모색하고 공동의 선을 추구하고자 협력하고 책임감 있게 행동하는 행동역량의 함양이다.

그런데 역사적으로 조명하면, 세계시민주의는 식민 국가들을 문명화한다는 사명감이 반영되어 있기에 제국주의 팽창 의도를 은폐하는 이데올로기로서 기능이 부지불식간에 작동되었다고 할 것이다. 이를테면, 칸트의 영구평화론에 기반을 둔 세계적 보편 공동체의 이상은 식민 국가들을 문명화시켜야 한다는 유럽중심주의 사명감에 흠뻑 취해 있다고 할 것이다. 이로써 칸트의 세계시민주의 계몽사상은 '인종주의' 이데올로기이자 '분파주의' 이데올로기요소가 다분히 있음을 부인하기 어려울 것이다. 결국 서구유럽 중심으로 설정한 보편사적 위계질서의 첨단에 유럽인을 놓고 그 말단에 유럽인이 아닌 사람들을 배치했다고 할 것이다.

이처럼 세계시민주의는 인간중심주의와 휴머니즘에 근거한 입장이기에, 인간과 자연계의 대립적 인식과 자연은 도구에 불과하다는 인간우월주의 입장에서 쉽사리 벗어나기가 어렵다. 이에 세계시민주의에 기반을 두는 세계시민교육은 인류 전체를 넘어 지구적 생태계와의 공생과 공존의식을 함양하여 지구위험 시대를 극복하기 위한 메타교육으로서 자리매김하기는 어렵다고 할 것이다. 바야흐로 지구위험 시대에 직면하여 시민의무를 교육함에 있어서 기존의 '상호주의의 호혜계약에 근거한 의무가 아니라 자비실행의 보살관점을 바탕으로 인간존엄의 선행적 실천으로 '고통당하는 이들에 대한 웃음꽃을 피게 하는 이케다 회장의 자비심 실천으로서 '발고대수(拔苦代受)'의 인간존엄 입장에서 자비와 배려의 덕목을 실천하는 보살인격을 되살릴 필요가 있다.

지구위험 시대에 즈음한 세계시민성 함양교육은 시민의 활동 영역을 공적 영역에 국한된 것이 아니라 '사적·공적' 영역 모두를 포함하는 공공영역 대상으로 고통을 줄이고 행복감을 증진시키는 발고여락(拔苦與樂) 함양으로 자비 실천의 중도실상에 주목하게 된다. 레오폴드의 대지윤리에 나타나듯이, 지구상에 거주하는 생명뿐만 아니라 생명 아닌 모든 존재를 포괄하는 대지공동체를 세계시민성 함양의 고려 대상으로 삼아야 되는 관점에서 이케다 회장의 세계시민성 함양은 도다 조세이 회장의 지구민족주의와 그 맥을 같이한다고 할 것이다.

III. 지속가능한 평화(平和)

'지속가능한(sustainable)' 개념은 수십 년 전부터 경제학에 도입되었다. 시장경제를 중시한 고전경제학에서 공리, 자유, 평등의 가치개념을 도입하면서 고전경제학에 대한 대안이 절실히 요청되었기 때문이다. 사랑도 '지속가능한' 사랑이 되지 않으면, 분노와 증오를 양산하듯이, 경제활동의 유일한 원천인 지구자원이 고갈되는 현실을 외면할 수는 없다.

이러한 현실을 감안한다면, 생태계를 파괴하지 않는 한도에서 지속가능한 경제발전이 이루어져야 한다. 유엔의 〈세계환경발전위원회〉는 장래 세대의 능력을 훼손하지 않고 현 세대의 필요를 만족시켜야 하는 문제는 '지속가능한 경제'의 당면과제가 되고 있다. 이들 당면과제를 해결하기 위해 자원을 적절하게 할당하는 생산문제, 생산된 재화와 서비스를 효율적으로 배분하는 분매문제에 대한 지혜로운 대안을 모색해야 한다. '지속가능한' 대안은 자원의 유동 비율에 대한 새로운 관심을 가져 재생 불가능한 자원의 경우, 대체방안을 개발하거나 장래 세대의 사용 기회를 보상할 수 있는 범위 내에서 사용하는 지혜로운 방안이다. 쓰레기와 핵폐기물을 포함한 오염의 '최적 수준'은 지구의 자정능력을 감안하여 결정해야 한다. 만약 현 세대의 이익을 장래 세대의 이익보다 우선시한다면, 이는 평등원칙에 어긋날 뿐만 아니라 장래 세대의 자유권을 부당하게 침해하는 결과를 초래하게 될 것이다. 생태계의 파괴로 말미암은 피해도 고전경제 시장 개념을 새롭게 전환해야 하는 시대적 과제가 되고 있다.

이케다 회장은 이러한 시대적 과제를 경제 패러다임에 국한하지 않고 평화 패러다임으로 전환시켜 '지속가능한 평화' 구현을 위한 세계지속평화의 다양한 지혜를 집약한다. 핵무기는 인류를 파멸시킬 가공할 무기다. 원자폭탄을 사용하여 전쟁에서 이겼다고 하더라도, 그것을 사용한 자는 모조리 사형시켜야 한다는 도다 회장의 유지를 계승함으로써 이케다 회장은 폴링을 비롯한 핵관련 과학자들과 진지한 대담을 이어갔다. 실제로 이케다 회장이 가장 깊이 각인된 기억은 전쟁의 비참함이었다. 한밤중 공습 때 노부부가 공포에 떨며 어쩔 줄 모르고 돌아다니던 가련한 모습은 결코 지울 수 없는 회상으로 자리 잡았음을 토로하였다. 건장한 형이 전쟁터에 간 후 일각이 여삼추로 형의 귀환을 고대했다. 그러나 이케다 회장의 맏형은 전사하였고, 다른 형제도 아시아 침략의 도구가 되었다. 민중이 이토록 고통을 겪고 있는데도 불구하고 일부의 정치가나 군인의 오만한 웃음은 도저히 용서가 되지 않는다고 회고하였다.

지구변화협약과 생물다양성협약에 서명을 시작한 자리면서 사막화방지협약을 체결한 계기가 된 유엔환경개발회의는 브라질 리우데자네이루에서 30년 전 개최되었다. 기후변화를 포함하여 어떠한 문제든 서로 깊이 연결되어 있기에 해결책 또한 상호연동으로 타개책을 모색하여야 새로운 힘을 창출할 수 있기 때문이다. 지난해부터 유엔 생태계 복원 10년 계획에 착수하였다. 이 계획은 2021년부터 2030년까지 기후 위기에 맞서 식량안전보장을 비롯하여 물 공급과 생물 다양성 보호강화에 관한 효율 대책으로 생태계 복원을 촉진시킬 것을 목표로 한다.

2019년 3월에 채택된 유엔총회 결의에서는 청년을 비롯하여 여성, 고령자, 장애인, 원주민 등 모든 이해 관계자가 이를 실현하기 위한 연대적 노력을 경주하기로 합의하였다. 연동대책을 마련하며 문제해결에 함께 보조를 맞추는 '긍정적인 연쇄작용'을 모색하고자 '글로벌 커먼즈'에 관한 논의를 집중적으로 전개하고 있다. 파리협정에 서명한 거의 모든 당사국 186개국을 포함하여 젊은이 400여 명이 모인 국제회의에 창가학회 청년부 대표도 참석함으로 청년이 전체 회의 마지막에 발언하는 것이 아니라 처음이나 도중에 발언할 기회를 가짐으로써 세계지속평화의 장래 세대 주역으로서의 역할을 명실상부하게 이행하고 있음을 확인할 수 있다.

Ⅳ. 미래공창대화(未來共創對話)

한국 SGI에서 추구하는 미래를 함께 새롭게 열어가기 위한 대화, 미래공창대화는 '니치렌 불법(日蓮佛法)'의 『법화경』을 축으로 삼는다. 일련정종의 평신도들은 군국주의 부활을 염려하며 단결로 일련정종의 승려집단에 저항하였고 일련정종과 결별하면서까지 평신도 중심의 새로운 창가학회를 결성하였다.

SGI의 설립은 1930년, 마키구치 쓰네사부로(牧口三常郎, 1871~1944)가 『창가교육학체계』를 발간하고, 「창가교육학회」를 창설한 것이 계기가 되었다. 미래공창의 가치창조에서 공공행복 모색이 그 실천적인 과제였다고 할 것이다. 그 이후 1946년, 도다 조세이가 '창가학회'라는 이름을 걸고 재건운동을 전개하였으며, 이케다 다이사쿠가 제3대 회장에 취임하면서 1975년, 51개국 학회의 대표가 괌에 모여 오늘의 SGI를 결성하기에 이르렀다.

한국 SGI는 더불어 행복한 공공행복 가치를 중시하며 '유니 평화(uni-peace)' 활동과 열린 종교실천운동, 자연과 대화를 위한 전시회와 문화예술 그룹의 문화운동, 그리고 교육을 위한 사회로의 전환과 아동 청소년 폭력과 학대예방과 행복유치원 등의 교육운동을 통해 공공행복 주체로서 지용보살 사명과 실천을 미래공창대화로 지속적으로 전개한다. 또한 한국 SGI는 반전반핵, 난민구호, 생태운동, 세계문화유산조사 등 공공활동을 이어간다. SGI 헌장 및 목적과 원칙에서 상관연동을 이루지만, 한국 SGI는 독자적 조직과 기구를 통해 평화, 문화 그리고 교육 3자 연동으로 SGI와 구별되는 관점에서 공공행복 구현을 모색한다.

21세기는 전통종교를 벗어나서 생명의 보편가치로서 불성자각의 '영성'을 추구하기 시작하였다. 한국 SGI도 부정적인 삼업(三業)을 긍정적 마음으로 전환하고자 삼업청정(三業清淨)을 위한 제목 창제에 중점을 두어 '불성'을 발현시키고자 노력하였다. 더불어 행복한 공공행복 구현을 위해 중생에 성불종자를 뿌리는 '하종익(下種益)'에 미래공창대화의 근원을 두고 있다. 이는 개체를 살려 전체 공(公)과 조화를 이루는 '활사개공(活私開公)' 정신에 기반을 두면서 신심혈맹 공공연대와 상관하는 '자수법락(自受法樂)'을 미래공창대화의 소재로 제시한다.

또한 삼대비법(三大秘法)으로 전체의 공(公)과 개체의 사(私)를 이어주고 매개하고 살리는 '공사공매(公私共媒)' 방식의 공공소통과 상관하는 실천대화를 중시한다. 그리고 십계 상호 간을 십계호구로 이어주며 개체생명을 살려 공공화평과 상관하는 상적광토(常寂光土)를 표방한다. 십계의 어떤 생명이라도 기저에 불계(佛界)를 기반으로 십계생명 전체에 근원적인 우주법리(宇宙法理) 작용이 가능하기에 미래공창대화를 통해 꾸준히 새 밝힘을 한다. 한 사람을 소중히 여기는 마음에서 시작하는 평화의식은 희망의 시작이자 세계광포의 확산이다. 이는 자기본위에서 벗어나 타인을 위하는 마음을 사회적으로 더불어 실천함을 의미한다. 코로나 재앙을 극복하는 최우선 과제에 대해 이케다 회장은 '괴로워하는 한 사람, 한 사람이 얼굴에 웃음을 되찾는 행복존엄의 길'이라고 제시한 적이 있다.

'십계호구'의 우주법리에 근거하여 한국 SGI는 자연보호, 환경보호를 추진하며 교육흥륭에 이바지하고, 타종교와 대화하며 협력하고 행복구현을 평화운동으로 전개한다. 그런데 행복을 구현하고자 미래공창대화를 이어가며 평화구현에 대한 청사진을 구현하도록 매진한다. 한국 SGI는 소원 성취의 힘을 키우고자 염불에 상응하는 제목창제를 실천한다. 급변하는 여러 분야에서 종교전통을 초월한 '영성'으로서 생명존중은 21세기 미래공창대화의 새 밝힘을 하기 위한 다양한 계기를 구축한다.

21세기의 시대적 여망은 인권개선과 인간존엄 지표로 나타나서 미래공창대화 네트워크를 한층 새롭게 변모시킨다. 새로운 체계는 종교사상을 메타진리로 이어주고 회통시키며 봉사활동에 임하되 자만의 위세를 드러내지 아니한다. 공공행복은 자신의 덕행으로 삼아 실천하되 인격 프레임 덫에서 벗어나 끊임없이 미래공창대화를 모색함으로 우울한 오늘을 밝은 내일로 이어주고 매개한다. 이케다 다이사쿠의 미래공창대화를 실천하는 한국 SGI는 공공연대 · 공공소통 · 공공화평의 방편으로 공과 사를 이어주고 미래공창대화를 지속적으로 전개함으로 인류가 더불어 행복한 공공행복 구현에 관심을 집중시켜 새로운 개신발판을 구축하는 셈이다.

V. 결론

코로나 대유행으로 인해 세계시민이 · 현재 정치 · 경제 · 문화 · 의료 등의 여러 분야에 걸쳐 불안감과 우울증이 가중되고 있다. 전염병의 장기화로 경제적인 손실이 막대하고 오랜 거리두기 실시로 외로움과 스트레스가 만연하여 폭언, 폭행, 분노 등이 증가하는 추세에 있다. 이러한 상황일수록 이케다 회장은 자비심으로 중생을 불쌍히 여겨 널리 전파할 것을 주문한다. 바이러스 질환이 창궐하는 현 시기에는 사이버 전법에 의존하는 경향이 높고 온라인 법회가 대면 법회를 대체하는 추세에 있다고 할 것이다. 이러한 시기일수록 심신치유와 영성힐링에 대한 관심이 증대하고 있다.

바야흐로 지구위험시대에 시민의무를 교육함에 있어 기존의 '상호주의의 호혜적인 계약에 근거한 의무가 아닌 의무에 대한 보살 관점에서 이루어진 선행실천을 우선시한다. 이는 곧 고통당하는 이들에 대해 자비를 베푸는 '발고여락(拔苦與樂)' 입장에서 자비와 배려의 덕목을 살리고 일상으로 실천한다. 레오폴드의 대지윤리에 나타나듯이, 지구상에 거주하는 생명뿐만 아니라 생명체 아닌 모두를 포함하는 대지공동체를 세계시민성 함양의 고려 대상으로 삼아야 한다는 점에서 도다 조세이 회장의 지구민족주의와 맥을 같이한다고 말할 수 있다.

이케다 회장은 이러한 시대적 과제를 경제 패러다임에서 평화 패러다임으로 전환시켜 '지속가능한 평화' 구현을 위한 다양한 지혜를 집약하고 있다. 핵무기는 인류를 파멸시킬 가공할 무기이다. 원자 폭탄을 사용하여 전쟁에서 이겼다 하더라도, 그것을 사용한 자는 모조리 사형시켜야 한다는 도다 회장의 유지를 계승하여 이케다 회장은 폴링을 비롯한 핵과학자들과 진지한 대담을 이어갔다. 이케다 회장의 뇌리에 가장 깊이 각인된 기억은 전쟁의 비참함이었다.

21세기의 시대적 여망은 인권개선과 인간존엄 지표로서 나타나서 미래공창대화 네트워크를 한층 새롭게 변모시킨다. 새로운 구성 체계는 종교사상을 메타진리로 이어주고 회통시키고, 봉사활동에 임하되 자만의 위세를 드러내지 아니한다. 공공행복은 자신의 덕행으로 삼아 실천하되 인격 프레임의 덫에서 벗어나 있기에 끊임없이 미래공창대화를 모색함으로 우울한 오늘을 밝은 내일로 이어주고 매개한다. 이케다 다이사쿠의 미래공창대화를 실천하는 한국 SGI는 공공연대·공공소통·공공화평 방편으로 공사를 이어주고 매개하여 미래공창대화를 지속적으로 전개함으로 더불어 행복한 공공행복 구현에 관심을 집중시켜 개신발판을 구축하고 있다.

미원 조영식 총장은 '팍스 유엔' 개념을 새롭게 정립하여 타의 귀감이 되는 평화궤적을 남겼다고 할 것이다. 고령임에도 불구하고 지속적으로 활동을 이어가는 이케다 회장은 앞서 살펴본 것처럼 '지속가능한 평화'의 궤적을 제시하였다. 상호호혜적인 평화담론을 꾸준히 전개함으로써 미래를 함께 새롭게 열기 위한 가치창조의 공공전망을 확인할 수 있다. 상호 간의 공통가치는 함께 발전시키고 그 차이점 발견은 미래공창의 '개신좌표(開新座標)' 설정에 기여할 것이다. 이에 상호협력과 대화로서 새로운 가치창조를 발양하여 보다 나은 미래를 발전시키는 계기를 마련하게 될 것이다.

법화경의「견보탑품」은 다보불탑 출현과 정법가치 영원성을 말한다. 다보여래께서 석가세존에게 자리의 반을 내주며 사자좌에 앉아 '이불병좌(二佛並座)'로 대화를 나누기에 미래공창을 위한 신통원력을 살펴볼 수 있다. 두 분 대화의 아름다움은 오늘날 불국사의 석가탑과 다보탑으로 예술적 장엄함을 갖추어 아름다움을 시현한다. 신통력으로 대중을 이끌어 우주 허공에 올라와 있게 하듯이 평화구현을 위한 두 분 대화는 하나뿐인 지구의 붕괴를 방지하고 미래를 보다 밝고 장엄하게 전환시키는 대화의 힘이 될 것임을 확신하며 기조연설에 갈음하고자 한다.

○

제5장

평화를 향한 한반도 지속가능발전

환경인식과 행동공유

정세희*

Young people are our greatest treasure.

I believe our dialogue on environmental issues will be deeply significant for

the young people to whom we cannot help but entrust our planet's future.

(청년들은 우리의 위대한 보배이다. 나는 환경문제에 관한 우리의 대화가

지구의 미래를 맡길 수밖에 없는 청년들에게 매우 중요하리라 확신한다.)

Ikeda Daisaku and Ernst Ulrich von Weizsäcker. 『Knowing Our Worth』.[1]

I. 들어가며

이케다 다이사쿠 박사는 오랫동안 한반도 평화에 대해 목소리를 내어왔

---

* 서울대학교 지속가능발전연구소 연구원

1 통일독일의 초대 대통령인 에른스트 울리히 폰 바이츠제커와 이케다 다이사쿠 대담집, 2016. 한국어
판 번역본은 미발간됨. Ikeda Daisuku, Ernst Ulrich von Weizsäcker, *Knowing Our Worth* (Dialogue
Path Press, 2016), p. 71.

다. 비단, 한반도 평화만이 아니다. 그는 40여 년간 1·26 SGI의 날 기념 평화제언을 통해 핵무기 폐기, 세계평화에 실질적으로 기여할 수 있도록 유엔의 역할과 사명에 대해 일관되면서도 매해 중요한 현안들에 대하여 구체적으로 제안해왔다. 1986년, 1·26 'SGI의 날' 기념 제언에서 이케다 박사는

판문점 혹은 비무장 지대 안에 *"민중에게 평화와 문화의 恩惠를 줄 수 있는 창조적인 場으로 넓혀 갈 가능성이 있습니다. 그 돌파구, 발판으로서는 학술, 스포츠 등 非정치적인 분야의 교류로부터 시작하는 것이 제일 현실적이라고 생각합니다. 현재의 쓸쓸하고 황량한 비무장 지대를 생각할 때 이것은 꿈과 같은 제언이라고 받아들여질지도 모르겠습니다. 그러나 본래, 同一民族을 분단하여 대립시키고 있는 군사 분계선은 존재하지 않았던 것입니다."*

한반도 평화를 향한 깊은 염원과 구체적인 평화 실현을 청년들에게 호소했다. 이케다 박사의 인간, 특히 청년에 대한 무한한 애정과 깊은 신뢰는 필자를 세계평화에 기여하는 세계시민의 한 사람으로 이끌어주는 계기가 되었다. 그의 평화사상과 행동을 통해 연구자로서의 사명과 세계를 바라보는 선하고도 강한 안목을 갖는 힘이 되었다. 필자는 이케다 박사를 통해 조영식 박사를 알게 되었다. 인간의 능력과 미개발된 잠재력까지 믿고 싶다는 그의 표현에 담긴 '인간'에 대한 깊은 고민, 인간사회, 국가, 세계, 평화에 대한 고매한 정신과 반드시 실천해내는 집념의 행동에 저절로 고개가 숙여진다.

본 연구는 유엔의 역할과 사명에 대해 깊이 공감하고 적극적인 지원 활동을 펼친 조영식 박사와 이케다 박사의 세계평화 실현의 마디가 될 현실판 과업이라고도 볼 수 있는 유엔의 지속가능발전목표(Sustainable Development Goals: SDGs)를 살펴보고자 한다. 그중에서도 '한반도 평화'에 초점을 맞춰 남북한

이 유엔에 동시 가입한 지 32주년이 되는 올해, 남과 북의 SDGs를 비교해보고, 북한의 목표와 이행전략의 특징을 중심으로 향후 남북환경협력방안과 한반도 통합 SDGs과제를 모색해볼 것이다. 이와 관련하여 그동안 추진되어온 남북교류협력을 간략하게 평가하고, 이케다 박사가 유엔 제언에서 제시했던 '목적, 책임, 행동의 공유' 개념을 토대로 한반도의 지속가능한 발전과 평화에 대해 다시 새롭게 고민해볼 수 있는 기회가 되길 희망한다. 본 논문은 2022년 조영식 · 이케다 다이사쿠 평화포럼에서 발표했던 내용을 토대로 수정, 보완하여 작성하였다. 먼저 남북한의 접경지역을 분단의 벽이 아닌 교류협력의 채널로 인식하고 지금까지의 환경교류협력 발전과정을 살펴본 다음에, 환경평화구축(Environmental Peace-making)의 개념을 통해 고찰해보고자 한다. 환경평화구축이란, 환경문제로 인한 갈등을 최소화하며, 대화와 신뢰, 나아가 지속가능한 발전을 증진, 추진하려는 일련의 과정으로 볼 수 있다. 이러한 관점은 평화는 완성되는 것이 아니라 추구하는 것이라는 조영식 박사의 '생산적, 발전적 평화'의 개념과도 일맥상통한다. 본 연구를 위해 이케다 박사의 평화제언(1 · 26 SGI의 날 기념 제언 포함) 및 대담집, 강연, 수필, 각종 SGI 발간자료를 참고하였다. 남북한 환경교류협력 및 SDGs에 관해서는 1차 원문자료를 토대로, 정부 발표자료, 신문, 연구논문, 학술회의 발표자료 등을 활용하였다.

II. 문제제기: 지속가능발전이란 무엇인가?

　　본 연구는 지속가능발전이란 무엇이고, 유엔의 SDGs? 왜? 지금? 우리가 함께 고민해보아야 하는지에 대한 호기심으로 시작되었다. 그리고 결론 부분에 다룰 질문으로 사회 구성원으로서 나는 무엇을, 어떻게 할 수 있는가에 대한 질문에 스스로 답을 구하고자 한다. 유엔의 지속가능발전목표는 갑자기 나온 비전이 아니라 미래와 미래세대를 생각하며 논의되어온 목표다. 1972년 국제미래연구기관인 로마클럽은 지구의 자원고갈을 예측하고 인류의 위기에 대한 보고서를 발행하며 경제 성장의 한계에 대해 우려의 목소리를 냈다. 이러한 지구환경위기를 새롭게 인식한 유엔은 브라질의 리우데자네이루에서 지구정상회담을 개최한다. 이때 발표한 리우선언[2] 이후 2000년 개발도상국을 대상으로 하는 새천년개발목표가 제시되었다. 다른 표현으로, 밀레니엄 개발목표라고도 한다. 당시 새천년을 맞이하는 역사적 시점에 "온 세계가 하나 되어 개도국들을 돕자"라는 공통의 의식으로 시작되었다. 새천년개발목표에서 달성하지 못한 것을 완성하고자 수정 및 보완하면서 인류 공동의 지속가능발전목표를 2015년 유엔이 발표한다. "모든 영역에서 단 한 사람도 소외되지 않을 것을"이란 슬로건 아래 제시된 유엔의 SDGs에는 이 두 분의 평화사상이 담겨져 있음을 볼 수 있다.

　　새로운 지표를 세우고 문화주의라는 과업을 지향해간다는 개념에서 조

2　리우선언이란 1992년 브라질의 리우데자네이루에서 개최되었던 UN 환경개발회의(UNCED)에서 채택된 '환경과 개발에 관한 리우선언'을 말함. 이 선언은 1972년 스톡홀롬 회의에서 채택된, '인간 환경선언'의 정신을 확대 강화시킨 것으로서, '환경적으로 건전하고 지속가능한 개발(ESSD: Environmentally Sound and Sustainable Development)'을 실현하기 위한 27개의 행동원칙으로 구성되어있음.

영식 박사의 '미도의 민주주의'의 개념과 '문화세계'라는 의미와 일맥상통한
다.[3] 또한 이케다 다이사쿠 박사는 모든 레벨에서 공존 공영하는, 즉 자타 공
히 행복을 실현하는 '지구문명', '평화의 문화'에 대해 강조하였다.[4] 이러한
개념, 사상과 관련해서 심도 깊은 논의가 2020년 조영식 · 이케다 다이사쿠
연구회 학술심포지엄 「문화세계의 창조」에서 깊이 다루어졌기 때문에 본 고
에서는 자세한 설명은 생략한다. 바이츠제커 박사와의 대담집에서 이케다
박사는 "오늘날 우리가 직면한 많은 위협은 실제로 우리의 과학과 기술의 결
과입니다. 예를 들어, 환경오염은 우리가 편리함과 경제적 풍요로움을 끊임
없이 추구한 결과"라고 지적하였다.[5] SDGs 비전 내용에서도 한마디로 지속
가능개발이란 미래세대가 이용할 환경과 자연을 손상시키지 않고 현재 세대
의 필요를 충족시키는 발전이라고 정의했다.

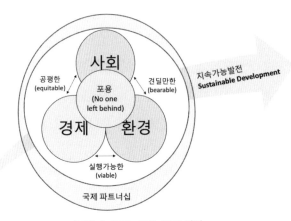

〈그림 1〉 SDGs 도해, 필자 작성

3 조영식, 『문화세계의 창조』, 미원전집편집위원회(편), 2014, p.177.
4 이케다 다이사쿠, "인간주의 – 지구문명의 여명". 제27회 SGI의 날 기념제언. 2022. p.16
5 Ikeda Daisuku, Ernst Ulrich von Weizsäcker, *Knowing Our Worth* (Dialogue Path Press, 2016), p. 71.

유엔의 SDGs는 조영식 박사와 이케다 박사의 세계평화를 향한 도정에서의 현실판 과업이자 목표라고 볼 수 있다. 〈표 1〉과 같이 유엔의 SDGs의 17개 목표와 이 밖에 169개 세부목표, 233개 지표들을 보면 인류와 지구에 대한 보편적인 의제의 규모와 중요한 포부를 담고 있으며, 2030년까지 행동할 것을 촉구하고 있다. 이 목표들은 통합적이고 불가분하며, 지속가능발전의 경제, 사회, 환경이라는 세 가지 차원이 균형을 이루고 있다.

〈표 1〉 유엔의 지속가능발전(SDGs) 17개 목표

1. 모든 형태의 빈곤종결
2. 기아해소, 식량안보와 지속가능한 농업발전
3. 건강 보장과 모든 연령대 인구의 복지 증진
4. 양질의 포괄적인 교육제공과 평생학습기회 제공
5. 양성평등 달성과 모든 여성과 여아의 역량 강화
6. 물과 위생의 보장 및 지속가능한 관리
7. 적정가격의 지속가능한 에너지 제공
8. 지속가능한 경제성장 및 양질의 일자리와 고용보장
9. 사회기반시설 구축과 지속가능한 산업화 증진
10. 국가 내, 국가 간의 불평등 해소
11. 안전하고 복원력 있는 지속가능한 도시와 인간거주
12. 지속가능한 소비와 생산 패턴 보장
13. 기후변화에 대한 영향방지와 긴급조치
14. 해양, 바다, 해양자원의 지속가능한 보존노력
15. 육지생태계 보존과 삼림보존, 사막화 방지, 생물다양성 유지
16. 평화적, 포괄적 사회증진, 모두가 접근가능한 사법제도와 포괄적 행정제도 확립
17. 이 목표들의 이행수단 강화와 기업 및 의회, 국가 간의 글로벌 파트너십 활성화

자료: UN, https://www.un.org/sustainabledevelopment/

유엔은 〈세상의 변혁: 2030 지속가능발전 의제〉라는 보고서를 통해 목표들을 구체적으로 제시하고, 통합적이고 보편적으로 이행할 것을 촉구하고 있다. 이 보고서의 36번째 내용을 보면, "우리는 문화 간 이해, 관용, 상호 존

중 및 세계 시민의식과 공동의 책임 윤리를 육성하기로 서약한다."[6]는 내용이 담겨 있다.

이러한 유엔의 지속가능발전목표는 조영식·이케다 박사가 지향하는 지구사회 모습이자 문화세계, 지구문명을 향한 목표라고 볼 수 있다. 또한 지구사회의 모습뿐 아니라, 세계시민으로서 우리들이 지녀야 할 태도도 명시하고 있다. 이처럼 유엔의 SDGs는 유엔만, 또는 선진국만, 혹은 정부가 잘해야 하는 문제가 아니라, 세계시민으로서 우리 개개인이 지향하고 실행해야 하는 우리들의 목표인 셈이다.

Ⅲ. 남북환경문제와 환경교류협력 개괄적 평가

남북한 유엔 동시 가입 32주년이 되는 올해, 남한과 북한의 지속가능발전목표를 살펴보기 앞서, 한반도에 직면한 남북환경문제는 무엇이고, 다양한 환경이슈 해결을 위해 남북한은 어떠한 노력을 했는지 정리해보고자 한다. 남북한은 국경을 접하고 있다. 다시 말해 접경지역을 갖고 있다. 독일학자 아스트리트 에커르트는 "기후, 물, 공기, 토양은 정치적 경계를 신경 쓰지 않는다."라고 표현했다.[7]

남북한에도 북한강과 임진강이 북에서 남으로 흐르고 있다. 남북 공유하

---

6 Transforming our World: The 2030 Agenda for Sustainable Development. https://sdgs.un.org/sites/default/files/publications/21252030%20Agenda%20for%20Sustainable%20Development%20web.pdf (최근 검색일: 2022년 11월 19일)

7 Astrid M. Eckert, "Geteilt, aber nicht unverbundnen," VfZ 1/2014 (Oldenbourg, 2014), p. 322.

자료: 경향신문-DB, https://khanarchive.khan.kr/entry/남북-공유하천-현황 (검색
일: 2022년 5월 21일)

〈그림 2〉 남북공유하천현황

천은 북한강, 임진강 유역으로 각 유역의 23%, 63%가 북한에 속한다.[8] 공유
하천 문제, 이곳에 댐을 설치하는 문제는 갑자기 물을 방류시킬 경우에 상대
지역으로 하여금 안보의 커다란 위협이 되고 있어 환경안보문제를 야기한
다. 이 밖에 폐기물 처리문제, 대기오염, 산림 병충해, 그리고 비무장 지대인
DMZ 지역은 인적 왕래가 없다 보니 완전 방치되어 생태 및 환경보전 문제
들이 산적해 있다. 이처럼 남북한이 지닌 환경문제들은 분단 이래 계속 발생,
야기되어 왔다. 필자는 연구 대상으로 과거에서부터 최근까지 일회성으로
끝난 합의, 대화, 조사 등이라도 공통의 환경이슈를 함께 해결하기 위한 노력
을 교류협력으로 보았다. 1971년부터 현재까지 667회의 남북회담과 258개

8 　-면적: 북한강 10,124km², 임진강 8,118km²
　　-연장: 북한강 291.3km, 273.5km.

의 남북합의서 및 공동보도문이 이루어졌으며, 이는 정치, 군사, 경제, 인도, 사회, 문화, 남북행사 분야로 구분되어 집계되었다.[9] 하지만, 현재까지 환경 문제는 남북회담에서 경제협력으로 분류되어 회담의제 선정 과정에서 하순위로 밀리거나, 안보상의 이유로 쉽사리 교류협력이 이루어지지 못한 한계를 지닌다.[10]

남북한의 환경교류협력은 정부, 지자체 차원의 양자간 협력과 국내외 NGOs 차원의 다자간 교류협력이 이루어졌다. 특히 강원도는 강원도 자체가 북과 남으로 나누어져 있어 지자체 간 상호연계를 지속적으로 취해왔다. 이러한 교류협력사업의 일환으로 산림 병충해, 묘목 지원 사업 등을 해왔다. 평화의 숲의 양묘장 조성사업, 한국수목보호연구회의 솔잎흑파리 공동방제 사업 등 시민단체 차원에서도 교류협력사업이 진행되었다. 하지만 북한의 연이은 미사일 발사로 말미암아 국제적 대북제재가 강해지자, 남한 정부 차원에서도 일체의 교류협력이 중단되어 지자체, 시민단체들이 추진해오던 친선 교류프로그램(대표적으로 남북강원도 묘목심기)부터 협력프로젝트까지 사실상 올스톱되었다. 이 밖에 국제기구나 국제 NGOs을 통한 북한과의 환경교류협력은 남북간의 협력에 비하면 보다 지속적으로 행해졌다. 흥미로운 사업으로는 환경학자 및 공무원에 대한 환경교육사업이 유엔 아시아 태평양 경제사회위원회 동북아 사무소(ESCAP)를 통해 제3국 다른 나라에서 진행되어 왔다.[11] 또 다른 사례로서, 독일 재단이면서 한국에 지부를 두고 있는 한스자

---

9 통일부 남북회담본부, https://dialogue.unikorea.go.kr/ukd/main/userMain/main.do (최근검색일: 2022년 11월 19일)

10 김유철, 이상근, "남북한 환경협력의 전망과 이행전략", 『통일정책연구』, 제27권 1호 (2018), p. 73.

11 남상민 소장(유엔 아시아태평양경제사회위원회:UNESCAP 동북아사무소, 현 UNESCAP 본부 환경개발국장) 대면 인터뷰. 2017년 9월 14일. 인천 송도소재 동북아사무소에서 만남. 북한과 지속적으로 환경교육사업 및 인적 개발을 위한 노력을 추진하고 있음), 2017년 9월 14일.

이델재단(HSS)은 산림황폐화 및 식량문제 해결을 위해 북한과의 국제협력을 활발히 하고 있다. 간략하게 평가해보면, 북한과의 환경교류협력은 남한과의 양자간(bilateral) 교류는 지속성이 보장되지 못해 국제기구나 국제NGOs와의 다자적(multilateral) 협력이 보다 실질적이고 효율적인 협력사업으로 진행되어 왔음을 알 수 있다.

Ⅳ. 남북한의 지속가능발전 과제

지난해 7월 서울대 통일평화연구원과 국회미래연구원이 공동 주최한 세미나[12] 발표에서 캄보디아, 미얀마의 경우 유엔의 SDGs 17개의 목표 외에 추가적으로 지뢰제거를 국내적 상황에 맞는 18번째의 목표로 정하고 이를 완수하기 위해 노력하고 있다고 한다. 이에 한국 일각에서도 18번째로 남북한 통합 지속가능발전목표의 필요성과 중요성에 대한 문제가 제기되고 있다. 이번 장에서는 한국[13]과 북한의 지속가능발전을 위한 노력을 살펴본다. 유엔의 SDGs 이행과 관련해서 자발적 보고서(Voluntary National Review: 이하 VNR)를 개별국가 단위에서 제출해야 한다. 다시 말해, VNR 메커니즘을 통해 국가들의 이행상황을 점검하는 제도를 도입함으로써 규범적 권고 이상의 이행력을 갖추고 있다.[14] 한국은 세계적 흐름과 함께 "국가지속가능발전목표

---

12 김태균, "한반도 중장기 미래전략: 연합적 거버넌스의 탐색," 서울대 통일평화연구원, 국회미래연구원 공동학술회의 발표(2022.07.07.–2022.07.08 국회의원회관, zoom 비대면 하이브리드)

13 본 고에서는 한국이라고 명시하고 북한과의 관계에서는 남한이라고 명칭하였음.

14 VNR은 추진체계, 이행현황(통계자료), 당면과제 및 향후 추진계획에 이르는 구체적 내용을 4–5년마다 UN총회에 제출하도록 권고하고 있음. UN, Voluntary common reporting guidelines for voluntary national reviews at the High-Level Political Forum on Sustainable Development

(K-SDGs)"라는 공식 명칭을 정하고 '모두를 포용하는 지속가능국가'라는 비전을 내걸었다. 이를 실천하기 위해 17개 목표와 119개 세부 목표, 236개 지표들을 설정하여 정부기관, 지자체와 시민단체, 전문가, 이해관계자그룹 등 다양한 집단에서 함께 노력하고 있다.[15] 한국은 매년 이행보고서를 제출하고 있으며 코로나19 영향으로 인한 특징적 변화에 대해 보고하였다. 올해는 교육, 빈곤, 폐기물 등의 분야에서 코로나19 영향을 확인 할 수 있었고, 온실가스, 산림, 에너지 등의 분야에서 기후 위기 대응을 위한 변혁적인 노력이 필요해 보였다. 특히 66세 이상의 상대적 빈곤위험도가 높아졌고, 학습 결손으로 기초학력 미달 비율이 증가하였으며, 비대면 소비문화로 인해 폐기물량이 증가함을 볼 수 있다. 이에 한국정부는 이행목표별 주요 결과들을 분석하고 향후 실천목표 재수립과 방안 모색에 힘쓰고 있다.[16]

북한도 유엔의 SDGs 이행에 적극적인 태도를 보여 주고 있다. 북한 SDGs 이행계획서로 볼 수 있는 유엔-북한협력을 위한 전략적 프레임워크 (Strategic Framework for Cooperation Between the United Nations and the Government of the Democratic People's Republic of Korea: UNSF, 유엔전략계획)를 2006년부터 2016년까지 3차례 수립했으며, 북한외무성과 13개 유엔기구로 구성된 유엔북한팀은 2016년 '2016-2021 유엔전략계획'을 채택하였다.[17] 새롭게 수립될 북한의 2022-2026년 계획 추진방향과 이행전략에도 국내외 관심이 높아지고 있다.

---

15 지속가능발전포털, http://ncsd.go.kr (검색일: 2022년 11월 19일).

16 통계청 통계개발원,『2022 한국의 SDGs 이행보고서』(서울: 통계청, 2022), p. 11.;김정문, "한국의 지속가능발전목표(SDGs)이행 수준은?,"『에코타임스』(2022년 4월 8일) http://www.ecotiger.co.kr/news/articleView.html?idxno=40823 (검색일: 2022년 7월 7일).

17 유엔북한팀은 평양 상주 유엔기구(FAO, UNDP, UNFPA, UNICEF, WEP, WHO)와 비상주기 구인 UNEP, UN ESCAP, UNESCO, UNIDO, UNISDR, UN OCHA, UNOPS 등 13개 기구로 이루어져있음. 대북협력민간단체협의회,『북한 개발협력과 SDGs』(서울: 인간사랑, 2021), pp. 51-52.

2021년 7월 대북제재와 코로나 확산으로 대외협력이 중단된 북한은 VNR
을 제출하였는데,[18] 유엔과의 협력을 지속하고 SDGs 이행의지를 적극 표명
한 것으로 해석할 수 있다. 앞서 소개했던 유엔 ESCAP은 북한 중앙 통계국
과 조선과학원, 외무성 등의 전문가들과 함께 SDGs 통계와 보고서 작성을
위한 워크숍을 2019년 두 차례에 걸쳐 실시하였다.

　눈여겨 볼 점은 북한이 지속가능개발을 위한 국가기구와 이행체계를 새
롭게 바꾸었다는 점이다. 이러한 변화는 북한이 SDGs를 어떻게 인식하고
있는지 보여 주는 중요한 요소이다. 2018년 8월에 국가 테스크포스(TF)를
구축하며, 의장에는 국가계획위원회 위원장을, 부의장에는 중앙통계국 부국
장을 임명하였다. 국가 TF는 북한의 SDGs 목표 설정 및 개선을 담당하면서
최고인민회의와 내각 및 관련 부처 간 정책을 조율하고 감독하도록 하였다.[19]
과거 북한은 국제기구의 일부 활동이 북한의 주권을 침해하고, 부정적인 이
미지 확산으로 북한을 이용한다고 주장하며 비협조적이었다. 그러나, 북한
이 유엔 SDGs를 북한의 NDGs(National Development Goals, 국가발전목표)와 연계
하고 관리조직을 신설하면서 국제사회의 흐름에 동참하고자 하는 의지가 있
다고 보여진다. 유엔의 SDGs중에서도 북한의 특수성을 고려할 때 민감한
분야보다는 실용적으로 협력을 추진할 수 있는 빈곤, 환경, 기후변화와 관련
된 목표에 관심을 보이고 있다.[20]

18　2021년 7월 13일 유엔 경제사회이사회는 화상으로 보고회를 개최하였음.

19　DPRK, 『Democratic People's Republic of Korea Voluntary National Review on the Implementation of the 2030 Agenda』(Pyeongyang, 2021), pp. 11-12.

20　예를 들어, (목표 2) 기아종식 및 식량안보, (목표11) 지속가능한 도시와 주거지형성, (목표 13) 기후 변화대응, (목표17) SDGs 이행을 위한 파트너십에 관련된 목표에 관심을 보임.

V. 이론적 고찰: 환경평화구축이론

SDGs가 한반도의 인도주의 문제, 지속가능한 발전 문제 해결 그리고 평화구축이라는 세 가지 난제를 연계적 접근이 가능하도록 한다는 점에서 가치가 있다.[21] 한반도 통합적 SDGs가 새로운 교류협력의 기회를 열 수 있다면, 남북한 공동의 목표와 관심사를 갖는 것은 어떠한 의미가 있는지 이론적으로 고찰해보고자 한다.

남북협력에 관한 선행연구들은 경제협력 위주였으며, 환경협력에 관해서는 북한의 환경문제 또는 환경정책 중심의 내용을 다루거나(박살철 외, 1995: 한상운, 2013), 국제기구/NGOs를 통한 다자간 협력사례를 소개하였다(Kudláčová et al., 2017). 보다 구체적인 논의들은 한반도 통일을 견인해가는 동력으로써 남북한의 환경협력을 연구하고, 협력강화방안을 모색하거나(김미자, 2015: 김유철 외, 2018: 명수정 외, 2008: 사득환, 2018: 손기웅, 2009: 이재승 외, 2014: 추장민 외, 2013: 통일부 2011: 한국환경정책평가 연구원, 2008), 한반도에 유의미한 경험으로서 과거 동서독 환경협력 사례와 남북한 비교연구들이 발전해오기도 했다(손기웅, 1996,1997: 남영숙, 2003: 정세희, 2020).

본 연구에서는 남북한의 환경협력을 환경평화구축의 관점에서 접근해보았다. 과거 환경이슈는 갈등과 분쟁의 잠재적 원인으로 지목되어 왔으며,[22] 2000년 초부터 환경과 갈등의 관계를 '갈등의 원인'이 아닌 '경계 간 협력의

---

21 대북협력민간단체협의회(2021), p. 60.

22 우리공동의 미래는 1987년 "유엔의 환경과 개발에 관한 세계위원회(World Commission on Environment and Development:WCED)"에서 발표한 보고서로, 지속가능한 발전이라는 용어가 처음으로 등장했음. 당시 위원장이었던 노르웨이 수상, '브룬트란트(Bruntland)'의 이름을 따서 브룬트란트 보고서로도 널리 알려졌음.

동기'로 인식이 전환되었다. 처음에는 켄 콘카(Ken Conca) 와 제프리 달베코(Jeffey Dalbelko) 교수의 환경평화구축이라는 용어로 시작되었다.[23] 점차 학술적 논쟁과 연구사례들이 축적되면서 관련 문헌들은 환경협력의 변혁적 잠재력뿐만 아니라 각 지역의 사회구조적 성격의 중요성을 주목하고, 참여행위자의 다양성이 중요하다고 주장해왔다.[24] 그럼에도 불구하고 여전히 환경협력과 평화 사이의 연관성을 입증하는 것은 어려운 과제이다.[25] 이에 환경협력이 무엇보다 신뢰구축 효과를 발휘하면서 평화건설에 기여한다는 점에 중점을 두고 남북한의 환경이슈와 관련된 교류협력을 평화구축의 개념으로 설명해보고자 한다. 이케다 박사와 대담한 엘리스 볼딩 박사는 '평화의 문화'에 관해 '인간이 서로 창조적으로 차이에 대처하고 그것들의 자질을 나누는 데 있다.'고 말했다.[26] 이러한 평화 문화의 의미를 확대하여 필자는 환경평화구축의 개념은 환경문제로 인한 갈등을 최소화하며, 대화와 신뢰 나아가 지속가능한 발전을 증진시키는 일련의 과정으로 이해한다. 이러한 관점은, 평화는 완성되는 것이 아니라 추구하는 것이라는 조영식 박사의 "생산적, 발전적 평화"의 개념과도 일맥상통한다고 생각된다. 그리고 이케다 박사가 발족한 SGI(국제창가학회)에서 추구하는 광선유포라는 개념도 완성이 아니라 흐름 그 자체라는 의미에서 환경·평화구축도 흐름 그 자체이자 추구하는 과정 하나하나에 중대한 의미를 지닌다. 환경평화구축(Environmental-peacemaking)은 언제든지 구상 가능하며, 정부와 비정부 행위자 즉 시민사회의 적극적인 참여가 중요하다.

---

23 Conca, Debelko(2002)

24 Ide(2016)

25 Conca, 2001; Dresse et al., 2016; Krampe, 2016.

26 이케다 다이사쿠·로트 블랫,『지구 평화를 향한 탐구』, 서울: 중앙일보플러스, 2020, pp. 226-227.

〈표 2〉 평화구축에서부터 환경평화구축에 이르기까지의 개념 정리

용어	기간	메커니즘	결과	관련된 행위자	주요 저자
평화구축	언제든지 구상가능	당사자 간 교류활성화 및 제도화	비폭력적 분쟁해결 및 전환	상호의존적인 정부와 비정부행위자	Galtung (1996)
전환적 평화구축	평화협정 전후로 장기간	관계 구축과 인프라 개발	모든 수준에서 관계를 변화시킴으로써 지속가능한 화해	상, 중, 하위 리더십	Lederach (1997)
분쟁 이후의 평화구축	분쟁 해결 후 초기 2년간의 기간동안	역량, 안보와 정치적 과정 구축	국가건설을 통한 안정과 평화 배당	정부, 인도주의적 개발기관	Boutros-Ghali (1992); UN (2009)
환경 평화구축 (Environmental peacemaking)	언제든지 구상가능	상호이익과 제도변화	공평한 자원분배와 초국가적 관계개선	정부와 비정부행위자	Conca and Dabelko (2002)
환경 평화구축 (Environmental peacebuilding)	분쟁강도가 낮은 기간동안	기술협력, 공유공간, 공동관리	자원부족갈등 완화, 대화와 지속가능한 발전	정책입안자 참여	Maas et al. (2013)

자료: Anaïs Dresse et al.(2019) 104쪽 표를 필자가 정리.

VI. 남북환경협력 방안 모색 및 한반도 지속가능발전 과제

환경평화구축의 흐름 속에서 남북한 환경협력방안 모색, 나아가 한반도 지속가능발전과제의 방향성과 목표에 대한 논의가 필요한 시점이다. 이케다 박사는 40여 년간 1 · 26 SGI의 날을 기념하여 평화제언을 통해 세계평화에 실질적으로 기여할 수 있도록 유엔의 역할과 사명에 대해 제안해오고 있다. 그의 제언은 니치렌 불법의 만인성불과(차별과 예외 없이 모두가 불성을 지닌 존귀한 존재), 인간혁명 사상을 토대로 한 평화사상을 근본으로 국제사회의 중요한 현안들에 대해 일관되면서도 구체적으로 최근까지 제안해오고 있다. 2006년

유엔 제언에서는 그는 21세기 유엔의 중심에, 인도적 경쟁이념을 정착화 시킬 지표로 세 가지 공유의 개념을 제안했다.[27]

지구상에 모든 사람의 존엄과 행복을 위해 평화의 문화를 건설한다는 ① **목적공유** 확립을 목표로 국익을 중시하는 사고방식을 탈피해, 지구익과 인류익에 입각한 ② **책임공유** 지속성, 복잡성 그리고 지역성이 다르기 때문에 각 실정에 맞는 문제해결방식으로의 ③ **행동공유**를 제안했다. 책임 공유부분에서는 차세대를 담당할 청년들이 적극적으로 참여할 수 있는 제도 확립과 민중 기금을 모아 재정안정화를 도모할 것을 제창했다. 2021년 글래스고에서 열린 COP26에서 국제창가학회(SGI)는 지구헌장인터내셔널과 새롭게 공동 제작한 '희망과 행동의 씨앗'전을 개최하고, '청년들의 의견에 귀를 기울이는 것은 선택사항이 아니다. 세계의 미래를 진심으로 우려한다면 필연적으로 나아가야 할 유일한 길'이라고 성명을 발표했다.[28] 지난 해 조영식·이케다 다이사쿠 평화포럼에서 이렇게 청년 세션을 만들어 참여할 수 있게 된 부분도 이러한 제안이 실현된 무대임엔 틀림없다. 행동공유 부분에서는 유엔과 시민사회의 파트너십 강화도 강조했다.

이케다 박사의 목적공유, 책임공유, 행동공유라는 관점으로 남북환경협력의 방향성을 고려해보면, 첫째 남북한이 함께 인지하는 월경성(Transboundary) 차원의 이슈는 무엇인지, 관심의 우선순위이자 목적을 공유해야한다. 둘째, 중앙정부와 지자체, 시민사회, 전문가, 학자, 활동가 등 다양한 행위자들이 준비부터 모든 과정에 적극 참여하는 책임공유가 필연적이다. 셋째, 남북한

27　이케다 다이사쿠, "세계가 기대하는 유엔으로 지구평화의 기축인 유엔의 큰 사명에 활력을," 유엔제언, 2006.08.30. 이케다 다이사쿠 웹사이트,https://www.daisakuikeda.or.kr/peacebuilder/peacebuilder_02_02.html (검색일: 2022년 12월 2일)

28　이케다 다이사쿠, "인류사의 전환을 위한 평화와 존엄의 대광", 제47회 SGI의 날 기념제언, 2022, p. 23.

의 특수성을 감안하여, 재정 및 기술지원의 현실성과 지속적인 협력을 위한 국제기구와의 파트너십을 강화한 행동공유가 필요한 시점이다.

〈표 3〉 이케다 박사의 세 가지 공유 개념으로 본 남북환경협력방안

목적공유 상호필요, 관심의 우선순위설정	책임공유 통합적 거버넌스 구축 – 참여 확대	행동공유 국제 및 동북아 환경협력과의 연계
남북한 상호가 인지하는 월경성 차원의 환경문제는 무엇인지, 관련 있는 이해당사자는 누구인어떻게 양자/다자간 이행하는지, 그 결과(output)가 협정, 합의, 접촉, 학술회의, 시범사업의 형태인지 구분! 단계적 추진 경로를 모색해야 함.	중앙정부, 지자체, 시민사회, 전문가, 학자, 활동가 등 관련 있는 행위자들이 준비부터 모든 과정에 적극 참여! 남북관계의 특수성과 환경문제의 특수성을 감안, 통일부, 환경부, 각 사안별 전문위원회 구성하여 관리, 조정할 수 있는 통합적 거버넌스 필요함.	재정 및 기술지원의 현실성과 지속성을 고려하여 국제기구 등과의 파트너십 모색함.

나아가 한반도 지속가능발전과제도 세 가지 공유의 관점으로 통합적인 목표와 과제 수립이 요구된다. 먼저 남북한과 유엔기관이 공동으로 추진할 수 있는 기후변화, 재난관리, 해양 및 토양생태계 등의 분야별 이행 계획을 마련하고, 에너지, 식량 및 농업, 식수 및 위생과 같은 시급한 협력사업에 대한 상호인식과 정보교환이 필요할 것이다.[29]

게다가 여타의 교류협력, 기술개발과 동시에 지속가능하고 복원력 있는 인적개발사업과 제도적 역량강화사업에 중점적인 지원도 중요한 사안이다. 북한 내부적으로 기술, 인력의 한계가 존재하기에 체계적인 조사와 지속적

---

29 대외경제정책연구원, "북한의 지속가능발전목표(SDGs) 이행성과와 남북협력과제," *KIEP 오늘의 세계경제*, Vol. 21 No. 17, 2021, p. 25.

인 지원 확충 및 지원 규모가 확대될 수 있도록 다각적인 방안을 모색하고 시도해야 할 것이다. 마지막으로 행동공유 측면에서는 북한의 산림 황폐지 복구 등과 같이 여러 이슈와의 연계성이 강한 융복합적인 이슈에 국제협력을 모색해야 한다. 예를 들어, 황폐지 복구가 북한에서의 식량-에너지-물의 안정성에 기여할 수 있으므로 유엔 산하의 지속가능발전해법네트워크, 유엔 식량농업기구, 유엔아시아태평양경제사회위원회(UN ESCAP), 유엔 사막화방지협약 등 다양한 채널을 활용한 국제협력을 모색해보자는 제안도 나오고 있다.[30]

VII. 결론: 환경인식과 행동공유

발표문 서두의 문제제기로 되돌아가서, 과연 사회구성원으로서 개개인은 무엇을, 어떻게 할 수 있는가라는 질문에 대해 생각해 보자. 조영식 박사가 일생을 통해 말하고 행동했던 신념 그대로, 과거처럼 개인이나 특정 집단의 욕망을 성취하기 위해 사는 것이 아니라 지구사회를 위해 살아가야 할 것이다.[31]

사실 환경영역에서 공공성을 실현하는 것은 결코 쉽지 않다. 개인의 경제적 이해와 공공의 가치가 상충하기 때문이다. 예를 들어 지금 내가 먹고 사는 문제가 시급한데, 태양광 에너지로의 에너지전환에 대한 문제는 생각할 여유조차 없는 사안인 셈이다. 어쩌면 이러한 문제로 인해 기존 직장을 잃게

---

30 이우균, "지속가능발전목표(SDGs)와 연계한 산림분야 남북협력," 한반도 환경복원과 지속가능성 세미나 II 〈2020 한반도 환경복원과 지속가능한 남북협력〉, (스위스 그랜드호텔 컨벤션센터. 2020.01.14), p. 19.

31 조영식, 『오토피아』, 서울: 경희대학교출판문화원, 2021, p. 288.

되는 경우가 생길 수도 있다. 하지만, 우선 환경은 우리와 뗄 레야 뗄 수 없는 생활 터전이자, 자원이고, 현재이자 미래다. 따라서 한 사람 한 사람부터 강한 '관심'을 갖는 환경 의식, 인식의 전환이 핵심적이다. 이 점이 바로 조영식·이케다 다이사쿠 연구회의 창립 목적이자 평화포럼의 의의라 생각된다.

이케다 박사는 마키구치 쓰네사부로 창가학회 초대 회장의 말씀을 인용하여 이렇게 말한다. "가까운 지역에 뿌리를 내린 '향토민', 국가에 존속하는 '국민', 세계를 인생의 무대로 삼는 '세계인' 인간에게는 이 세 가지 자각이 다 있어야 한다." 다시 말해 인간은 자신을 국가나 민족의 틀에 가둔 편협한 사상에서 해방하려면 '향토' '세계'라는 양쪽에 확고한 발판을 두고 서 있어야 한다고 강조했다.[32] '세계시민'이라는 자각으로 지구환경에 관심을 갖는 의식강화가 근본이라고 생각된다. 본 연구에서 논의했던 한반도 SDGs에 대해서도 목표 수립과 이행과정에 대중 참여를 도모해야 한다. 청년들과 시민참여는 물론 시간과 노력이 많이 들지만, 정책에 대한 사회적 인식을 높이며, 정책 사안에 대한 소유의식을 촉진시키기 때문이다. 이러한 행동공유의 모습은 조영식 박사의 뜻을 현실에서 실천하는 밝은 사회국제클럽과 이케다 박사의 평화사상을 실천하는 국제창가학회 한국 본부의 환경운동과 세미나, 캠페인 활동, 사단법인 무궁화복지월드의 활동 속에 잘 나타난다.

끝으로 SDGs을 달성하는 일은 어느 것도 결코 쉽지 않은 도전이다. 그러나 고통받는 사람들에게 다가가 임파워먼트의 물결을 일으키는 첫걸음은 우리 자신부터 인식의 전환이 필요하다. 이케다 박사와 대화를 나눈 케냐의 환경운동가 왕가리 마타이 박사의 이야기가 떠오른다. "똑같은 강을 보면서도 어떤 사람은 맑게 흐르는 아름다운 강물에 감동하고 어떤 사람은 그곳에 어

---

32 이케다 다이사쿠·로트 블랫, 『지구 평화를 향한 탐구』, 서울: 중앙일보플러스, 2020, p. 214-215.

떤 물고기가 사는지 생각하고 어떤 사람은 홍수를 걱정하기도 합니다. 문제는 그 차이가 '어떻게 보이느냐'의 차이로 끝나는 것이 아니라 결과적으로 '풍경'까지 바꿔 버릴 수도 있다는 점입니다."[33] 비록 한 사람의 이야기일지라도 '가깝고 친숙하게' 느낄 수 있다면, 자칫 뭉뚱그려 생각하기 쉬운 편견, 배타적인 의식도 점차 바뀔 것이다. 바로 지금 나 자신부터 자신과 타자, 자신과 세계의 관계를 새로이 맺어야 한다. 우리가 직면하게 될 커다란 전환은-한반도평화구축이든 지속가능발전이든-전 사회적 이해와 수용성을 요구한다. 특히 청년들의 연대를 통한 대중적 인식 확대와 새로운 방식의 시민 참여가 지속가능한 세계를 만들어가는 커다란 돌파구가 될 것임엔 틀림없다.

〈참고문헌〉

- 이케다 다이사쿠 저작물 (인용 문헌)

이케다 다이사쿠, "恒久平和를 위해 對話의 大道를", 제11회 SGI날 기념제언, 1986.
_____, "인간주의-지구문명의 여명", 제27화 SGI의 날 기념제언, 2002.
_____, "세계가 기대하는 유엔으로 지구평화의 기축인 유엔의 큰 사명에 활력을", 유엔제언, 2006.
_____, "만인 존엄이 평화를 향한 위대한 길", 제41회 SGI의 날 기념제언, 2016.
_____, "인류사의 전환을 위한 평화와 존엄의 대광", 제47회 SGI의 날 기념

---

33 이케다 다이사쿠, "만인 존엄이 평화를 향한 위대한 길,"제41회 SGI의 날 기념제언, 2016. pp. 10-12.

제언, 2022.

Ikeda Daisuku, Ernst Ulrich von Weizsäcker, 『Knowing Our Worth』 Dialogue Path Press, 2016.

이케다 다이사쿠 웹사이트 https://www.daisakuikeda.or.kr/peacebuilder/peacebuilder_02_02.html

이케다 다이사쿠 평화제언 https://www.ksgi.or.kr/ikeda/trajectory-of-peace/peace-proposal.ksgi 한국 SGI 홈페이지 (검색일: 2022년 12월 5일)

이케다 다이사쿠 · 로트 블랫, 『지구 평화를 향한 탐구』, 서울: 중앙books, 2020.

– 일반 참고문헌 및 인터넷 자료

경향신문DB https://khanarchive.khan.kr/entry/남북-공유하천-현황.

국가지속가능발전포털 http://ncsd.go.kr.

김미자, "북한의 환경정책과 남 · 북한 환경협력 강화 방안-그린데탕트를 위하여", 한국환경정책학회, 환경정책 제23권 제3호, 2015, 09.

김유철 · 이상근, 2018, "남북한 환경협력의 전망과 이행전략", 『통일정책연구』 제27권 1호(2018).

김정문, "한국의 지속가능발전목표(SDGs) 이행 수준은?", 『에코타임스』, 2022년 4월 8일. http://www.ecotiger.co.kr/news/articleView.html?idxno=40823 (검색일: 2022년 7월 7일).

남영숙, "통일독일의 구동독지역에 대한 환경정책과 시사점", 「환경포럼」 제4권 제3호, 2003.

대북협력민간단체협의회, 『북한 개발협력과 SDGs』, 서울: 인간사랑, 2021.

대외경제정책연구원, "북한의 지속가능발전목표(SDGs) 이행성과와 남북협력과제", KIEP 오늘의 세계경제, Vol. 21 No. 17, 2021년 8월 20일.

명수정 · 홍현정 · 최현일 · 정주철, 『북한의 자연재해취약지 추정 및 남북협력 방안 연구』, 서울: 한국환경정책 · 평가연구원, 2008.

박상철 · 김창규,『북한의 환경보호관계법제』북한법제분석 95-2, 서울: 한국법제연구원, 1995.

사득환, "남북 공유하천 갈등과 독일 통합사례", 한국환경정책학회, 환경정책 제26권 제1호, 2018. 03.

김태균, "한반도 중장기 미래전략: 연합적 거버넌스의 탐색", 서울대 통일평화연구원 · 국회미래연구원 공동학술회의 발표내용(2022.07.07.-2022.07.08.) (국회의원회관, zoom 비대면 하이브리드).

손기웅,『남북한 환경분야 교류, 협력 방안 연구: 다자적, 양자적 접근』, 서울: 민족통일연구원, 1996.

_____,『북한 환경개선 지원방안』, 서울: 민족통일연구원, 1997.

_____,『남북한 공유하천 교류협력 방안』, 서울: 통일연구원, 2006.

_____,『독일 통일 쟁점과 과제』, 서울: 늘품플러스, 2009.

이우균, "지속가능발전목표(SDGs)와 연계한 산림분야 남북협력", 한반도 환경복원과 지속가능성 세미나 II 〈2020 한반도 환경복원과 지속가능한 남북협력〉 (스위스그랜드호텔 컨벤션센터, 2020.01.14.

이재승 · 김성진 · 정하윤, "환경협력을 통한 평화구축의 이론과 사례: 한반도에의 적용에 대한 고찰", 한국정치연구 2014, Vol.23(3), 2014.

정세희, "평화를 향한 환경협력-과거 동서독 경험을 중심으로", 2020년 한국 DMZ학회 · 한국평화협력연구원 '6 · 25전쟁' 70년 · 독일통일 30년 회고 학술회의 및 출판기념회, 한국프레스센터, 2020.07.27.

조영식,『문화세계의 창조』, 미원전집편집위원회(편), 2014.

_____,『오토피아』, 서울: 경희대학교출판문화원, 2021.

추장민 · 정성운 · 정소라 · 박선규,『한반도「그린 데탕트」추진방안에 관한 연구』, 서울: 한국환경정책 · 평가연구원, 2013.

통계청 통계개발원,『2022 한국의 SDGs 이행보고서』, 서울: 통계청, 2022.

통일부,『독일의 통일 · 통합 정책 연구』, 서울: 통일부, 2010.

통일부 남북회담본부, https://dialogue.unikorea.go.kr/ukd/main/userMain/main.do (검

색일: 2022년 11월 19일)

한국환경정책평가연구원, 남북환경포럼, 2008.

한상운, 독일통일과정에서의 환경법제 통합과 시사점, 환경법연구 제35권 제2호, 한국
환경법학회, 2013.

Anaïs Dresse et al.. Environmental peacebuilding: Towards a theoretical framework.
Cooperation and Conflict journal. November 9, 2018.

Astrid M. Eckert. "Geteilt, aber nicht unverbundnen." VfZ 1/2014 Oldenbourg, 2014.

Carius A . Environmental Peacemaking: Environmental cooperation as an instrument
of crisis prevention and peacebuilding: condition for success and constraints.
Berlin: Adelphi, 2006.

Conca, Ken. Environmental Cooperation and International Peace. In: Diehl PF and
Gleditsch NP(eds) *Environmental Conflict: An anthology.* Boulder, CO: Westview
Press, 2001.

Conca K and Dabelko GD. Environmental Peacemaking. Washington, DC: Woodrow
Wilson Center Press, 2002.

DPRK. 『Democratic People's Republic of Korea Voluntary National Review on the
Implementation of the 2030 Agenda』Pyeongyang, 2021.

Dresse A, Nielsen JØ and Zikos D. Moving beyond natural resources as a source
of conflict: Exploring the human-environment nexus of environmental
peacebuilding. THESys Discussion Paper 2. April 2016. Berlin: Humboldt-
Universität zu Berlin.

Ide, Tobias. Space, discourse and environmental peacebuilding. *Third World Quarterly*
38(3): 1-19. 2016.

Krampe Florian. Water for peace? Post-conflict water resource management in Kosovo.
Cooperation and Conflict 52(2): 147 - 165, 2016.

Maas A, Carius A and Wittich A. From conflict to cooperation: Environmental cooperation as a tool for peace-building. In: Floyd R and Matthew RA (eds) *Environmental Security: Approaches and issues.* Abingdon: Routledge, 2013.

SUSTAINABLE DEVELOPMENT KNOWLEDGE PLATFORM. https://sustainabledevelopment.un.org/vnrs/

UN. https://www.un.org/sustainabledevelopment/

UN. Transforming our World: The 2030 Agenda for Sustainable Development. (검색일: 2022년 11월 19일) https://sdgs.un.org/sites/default/files/publications/21252030%20Agenda%20for%20Sustainable%20Development%20web.pdf

○

제6장

탈탄소 · 지속가능한 사회 구축을 위한 대학의 사명

가케가와 미치요*

Ⅰ. 일본의 기후 위기와 그 대응

1. 일본에서 기후 위기

기후변화에 대한 대처에 대해서는 세계적으로도 자연계뿐만 아니라 경제와 사회 전반에 심각한 피해를 초래한다는 견해와 그 대응에 대한 논의가 계속되고 있다(World Economic Forum). 일본도 큰 영향을 받는 국가 중 하나가 된다. 그간 축적된 기상 데이터를 보면 기온이 꾸준히 상승하고(표 1), 강우량이 변화하는 양상 등을 파악할 수 있다(표 2).

---

* 소카대학교 경제학부 부교수

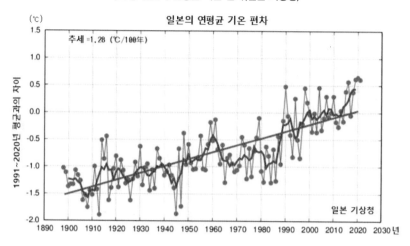

〈표 1〉 일본의 연평균 기온 편차(일본 기상청)

예를 들어, 표 2는 일본 기상청의 데이터이며, 일본 51개 지역의 평균을 취한 것으로 1일 강수량이 100mm 이상인 경우의 연간 일수다. 1900년부터 2020년까지의 기록이지만 증가 경향에 있다는 것을 알 수 있다(표 2).

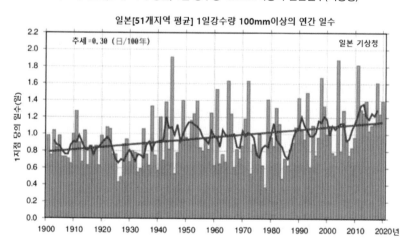

〈표 2〉 일본(51개 지역 평균) 1일 강수량 100mm이상의 연간일수(기상청)

그리고 표 3도 역시 기상청 데이터인데, 하루 강수량이 1.0mm 이상인 연간일수를 나타내고 있다. 1900년부터 2020년까지의 경년 변화를 살펴보면 점차 줄어들고 있다. 이는 곧 비가 거의 내리지 않는 날이 조금씩 늘어나고 있다는 것을 보여주고 있다.

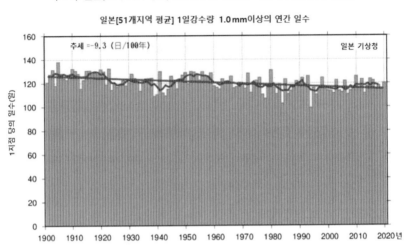

〈표 3〉 일본(51개 지역 평균) 1일 강수량 1.0mm 이상의 연간일수(기상청)

또한 육지의 기온 상승뿐만 아니라 해수온도도 높아지고 있다는 것이 보고되고 있다(그림 1). 2020년 8월의 월평균 해수면 수온의 평년 차는 일본 남쪽 해역에서 평년 수온보다 2도 높게 나타나고 있다. 또 도호쿠 지역의 해수 온도도 평년보다 2도 높아졌다. 2020년에는 월평균 해수면 수온 및 평년 차가 1982년 이후 최고치를 기록했다(기상청 2021).

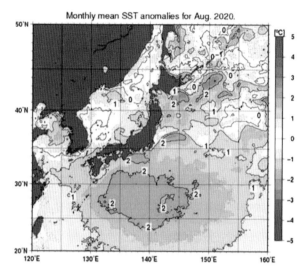

〈그림 1〉 일본 주변의 2020년 8월 월평균 해수면 수온 평년 차(℃, 기상청)

이러한 상황으로 인해 최근에는 극단적인 기상현상과 재해가 일본에서 많이

일어나고 있으며, 세계적으로도 이상기후 · 기상재해가 보고되고 있다(그림 2).

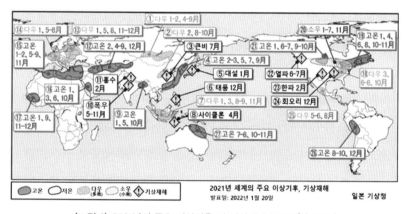

〈그림 2〉 2021년의 주요 이상기후 및 기상재해 분포도[1] (기상청)

---

1   기상청. 『기후변동 감시 보고서 2021』.

최근 일본의 기상 재해로는, 2021년 7월 1일부터 내린 폭우로 전국 각지에서 막대한 피해가 일어났다.[2] 이 폭우로 인한 차량, 화재, 신종보험(상해보험 포함)으로 지급된 보험금(예상 포함)의 합계액 Top5은 표4와 같으며, 일본 전국에서 약 95억 6천만 엔에 이르러 고액의 손해가 발생했음을 알 수 있다(표 4, 일반사단법인 일본손해보험협회). 그중 시즈오카현에서 지급된 보험금(예상 포함)은 약 33억 6천만 엔이다. 특히 도카이 지방의 국소적인 호우에 의해 일어난 시즈오카현 아타미시의 토석류 발생 사건은 특필된다. 토사류에 의해 200여 가구 가옥이 피해를 입었고 21명이 실종된 것으로 보도되었다.[3]

〈표 4〉 2021년 7월 1일 폭우 피해 지급보험금(예상 포함)의 연도 말 조사결과
(차량, 화재, 신종보험–상해보험 포함–의 합계 지급보험금이 많은 상위 5개 현)[4]

	행정도시명	합계 건수(건)	합계 지불보험금(천엔)
1	시즈오카현	1,504	3,364,083
2	지바현	404	1,008,634
3	가나가와현	744	718,526
4	도쿄도	686	714,133
5	히로시마현	383	543,021
	합계(47개 행정도시)	7,659	9,564,044

출처: 일반사단법인 손해보험협회의 데이터를 바탕으로 필자가 작성.

또한 2021년 8월 11일부터 내린 폭우로 인한 차량, 화재, 신종보험(상해보

---

2 내각부. "2021년 7월 1일부터 내린 폭우에 따른 피해상황 등에 대해(2021.12.3)."

3 이 기상재해는 호우뿐만 아니라 위법적인 성토(盛土)가 원인이었다는 견해를 시즈오카현 부지사가 제기하여 검증이 계속되고 있다. (마이니치신문. "아타미 토석류 '위법적인 성토가 원인' 시즈오카현 부지사가 견해 제기." 2021년 7월 13일.

4 2022년 3월 말 시점의 정보임.

험 포함)의 합계액 지급보험금이 많은 상위 5개 현은 표 5와 같으며, 일본 전
국에서는 약 428억 8천만 엔이다(표5, 일반사단법인 일본손해보험협회). 이들은 최
근 2가지 사례인데, 이와 같이 기상재해가 일어나면 경제적으로나 사회생활
에도 막대한 손실이 발생한다는 것을 수치로도 이해할 수 있다. 동시에 해당
숫자만으로는 나타나지 않는 피해, 예를 들어 인명 피해나 정신적 악영향까
지 고려하면 그 피해와 손실은 한층 더 크다고 할 수 있다.

〈표 5〉 2021년 8월 11일 폭우 피해 지급보험금(예상 포함)의 연도 말 조사결과
(차량, 화재, 신종보험–상해보험 포함–합계지급보험금이 많은 상위 5개 현)[5]

	행정도시명	합계 건수(건)	합계 지불보험금(천엔)
1	사가현	4,705	19,004,498
2	후쿠오카현	5,956	9,808,715
3	야마구치현	297	2,277,646
4	히로시마현	1,071	1,674,738
5	나가사키현	1,477	1,489,004
	합계(47개 행정도시)	21,618	42,880,988

출처: 일반사단법인 손해보험협회의 데이터를 바탕으로 필자가 작성.

2. 기후변화영향평가

적절한 정책을 책정하고 그 실시를 촉진하기 위해서는 우선 과학적 근거
에 입각한 영향평가가 필요하다. 일본 정부는 2015년 및 2020년에 논문 검
토를 기반으로 한 '기후변화영향평가'를 실시하여, 분야별 영향을 '중대성',
'긴급성', '확신도'라는 3가지 지표로 간결하게 표시했다.[6] 분야는 이하 8개

---

5   2022년 3월 말 시점의 정보임.

6   환경성. "기후변화영향평가 보고서 공표에 대해서." 보도발표. 2020년 12월 17일.

이다('농업 · 임업 · 수산업', '수환경 · 수자원', '자연생태계', '자연재해 · 연안지역', '건강', '산업 · 경제활동', '국민생활, 도시계획', '분야간 영향의 연쇄'). 예를 들어 농업 · 임업 · 수산업(표 6)의 '물벼', '과수'의 영향평가는 2015년, 2020년 모두 3개의 동그라미가 표시되어 있다. 즉, '중대성'이 있고 '긴급성'도 있으며 '확신도'도 높다는 뜻이다.

〈표 6〉 기후변화영향평가의 결과 일람(일부 발췌) (일본 환경성)

분야	대항목	No.	소항목	지난번 (2015)			이번 (2020)			보고서[상세]
				중대성	긴급성	확신도	중대성	긴급성	확신도	
농업 임업 수산업 (117→ 339)	농업	111	물벼	●	●	●	●		●	p. 17-
		112	야채 등	—	▲	▲	◆		▲	p. 23-
		113	과수	●	●	●	●		●	p. 27-
		114	보리, 콩, 사료작물 등	●	▲	▲	●	▲	▲	p. 32-
		115	축산	●	▲	▲	●		▲	p. 38-
		116	병충해, 잡초 등	●	▲	▲	●		▲	p. 42-
		117	농업생산 기반	●	●	●	●		●	p. 49-
		118	식료수급				◆		▲	p. 53-
	임업	121	목재생산(인공숲 등)	●	●	■	●		●	p. 58-
		122	특용임산업(버섯류 등)	●	●	●	●		●	p. 63-
	수산업	131	회유성 어패류 (어류 등의 생태)	●	●	▲	●		▲	p. 66-
		132	증양식업				●		●	p. 71-
		133	연안지역, 내수면 어장환경 등	●		■	●		▲	p. 74-

중대성(지난번)	중대성(이번)	긴급성, 확신도
● : 특히 크다	● : 특히 중대한 영향이 인식됨	● : 높다
◆ : '특히 크다'고는 말할 수 없다	◆ : 영향이 인식됨	▲ : 중간 정도
— : 현 상황에서는 평가 불가	— : 현 상황에서는 평가 불가	■ : 낮다
		— : 현 상황에서는 평가 불가

또, '자연재해 · 연안지역' 분야에서 '홍수', '해일 · 높은 파도'의 영향평가를 보면(표 7), 이쪽도 2015년, 2020년 모두 3개의 동그라미(빨간색)가 표시되어 있다. 즉, '중대성'이 있고 '긴급성'도 있으며 '확신도'도 높다는 뜻이다.

〈표 7〉 기후변화 영향평가의 결과 일람(일부 발췌) (환경성)

대분류	중분류	항목							페이지
자연재해, 연안지역 (88→136)	하천	411 홍수	●	●	●	● ●	●	●	p. 180-
		412 내수	●	●	▲	●	●		p. 188-
	연안	421 해면수위 상승	●	▲	●	●	▲	●	p. 192
		422 해일, 높은 파도	●	●	●	●	●	●	p. 196-
		423 해안침식	●	▲	▲	● ●	▲	●	p. 200-
	산지	431 토석류, 사태	●	●	▲	●	●		p. 204-
	기타	441 강풍 등	●	▲	●	●	●	▲	p. 211-
복합적인 재해영향		451 —							p. 214-

　'자연 생태계', '건강' 분야에서도 3개의 동그라미가 이어지는 항목이 있다.[7] 객관적이고 간결한 평가인데, 이러한 평가를 통해 일본에서는 농림수산업을 비롯하여 수자원 분야, 사람들의 생활에 이르기까지 전 분야에서 영향이 나타나고 있다는 것을 알 수 있다. 또 긴급성을 요하는 일도 많이 있음을 알 수 있다. 동시에 구체적인 영향을 측정하는 모니터링 조사도 실시되고 있으며, 예를 들어 해수온 상승으로 인한 산호의 심각한 백화현상도 보고되고 있다. 2022년 9월의 조사에서 세키세이쇼코(石西礁湖)의 평균 백화율은 92.8%였으며 평균피도(被度)는 1년 전과 비교해 26.2%에서 21.6%로 감소했었다.[8] 산호초가 바다 생태계 보전에 중요하다는 점은 말할 나위도 없으며, 기후변화에 대한 적응으로 요구되는 높은 파도에 대한 감재, 방재 기능도 고려할 때, 산호초의 손실은 기후변화로 인한 악영향을 더욱 악화시킨다고 할 수 있다.

7　예를 들어 자연생태계에서는 연안생태계(아열대), 기타에서 분포·군체군의 변동 등. 건강 분야에서는 더위로 인한 사망위험 등, 온열증 등.

8　환경성. 보도발표자료. 2022년 10월 24일. 환경성은 2022년 9월 24일부터 9월 29일까지 모니터링 조사를 실시했다.

3. 일본 정부의 대응

일본 정부는 파리협정에 서명하고 일본의 약속 초안(2030년도 온실가스 배출 감축 목표, INDC)[9]을 2015년 7월 17일에 UNFCCC에 제출했지만 2030년을 목표로 한 온실가스 감축 목표는 2013년 대비 26%였다. 또한 2019년 6월, 일본 정부는 장기전략('파리협정에 입각한 성장전략으로서의 장기전략'[10])을 발표했는데, 그것은 '2050년까지 80%의 온실가스 배출 삭감'이며 '금세기 후반의 가능한 한 이른 시기에 탈탄소 사회를 최종 도달점으로 삼는다'는 목표로 내걸었으나, 2050년까지의 탈탄소화는 언명하지 않았다. 또한 2020년 3월 30일, 일본 정부는 지구온난화대책추진본부에서 일본의 2015년 INDC를 재검토하여 NDC(국가가 결정하는 공헌)로 결정하였으나 2030년까지의 감축목표는 26% 삭감으로 바뀐 바가 없다.[11] 다만, '추가 삭감 노력의 추구를 위한 검토를 개시할 것을 표명한다'는 의도는 표시되었지만, 이 시점에서 삭감 목표는 26% 그대로였다.

한편, 유럽의 탈탄소를 향한 약속은 신속했다. 스웨덴은 2045년까지 탈탄소화할 것을 2017년에 선언했고, EU는 2050년까지 탈탄소화를 목표로 한다는 공약을 내걸었다.[12] IPCC의 '1.5℃ 지구온난화 특별보고서'[13]가 제시

---

9 UNFCC에 제출한 INDC (Intended Nationally Determined Contribution). 외무성 홈페이지를 참조 https://www.mofa.go.jp/mofaj/press/release/press4_002311.html.

10 2019년 6월 11일 내각결정. 환경성 홈페이지. https://www.env.go.jp/press/106869.html.

11 환경성 홈페이지. https://www.env.go.jp/press/107941.html.

12 스웨덴은 2024년까지 탄소중립 목표를 선언(2017년 6월 19일). https://unfccc.int/news/sweden-plans-to-be-carbon-neutral-by-2045. EU는 "European Green Deal"에서 2050년까지 탄소중립 목표를 선언(2019년 12월). https://www.europarl.europa.eu/news/en/headlines/society/20190926STO62270/what-is-carbon-neutrality-and-how-can-it-be-achieved-by-2050. 캘리포니아 주는 2045년까지 탄소중립 목표를 선언했다(2018년 9월 10일). "Executive Order B-55-18". 2018. https://opr.ca.gov/climate/carbon-neutrality.html.

13 IPCC. "Global Warming of 1.5℃". https://www.ipcc.ch/sr15.

한 1.5℃와 2.0℃의 차이의 크기를 인식하고, 산업화 이전과 비교하여 지구의 평균기온 상승을 1.5℃ 미만으로 억제하는 방향에 따르려면 2050년까지 탈탄소화를 이루어야 한다는 것이 세계적인 조류가 되고 있다고 말할 수 있다. 일본은 NDC를 재검토하여, 온실가스 배출 감축률은 26%라고 했던 7개월 뒤에, 비로소 2050년 탄소중립을 선언하기에 이른다. 2020년 10월 26일, 스가 총리는 국회에서 진행한 소신표명 연설에서 "우리나라는 2050년까지 온실가스 배출을 전체적으로 제로로 한다, 즉 2050년 탄소중립, 탈탄소 사회 실현을 목표로 할 것임을 이에 선언합니다"라고 발표했다.[14] 이 같은 정부 움직임도 있어서 이듬해 11월에는 중의원과 참의원에서 '기후위기 비상사태 선언 결의안'이 통과되었다.[15] 해당 결의안에는 "(전략) 이 기후위기를 극복하기 위해 하루빨리 탈탄소사회 실현을 이루기 위해 일본 경제사회의 재설계·대응을 근본적으로 강화하고 국제사회의 명예로운 일원으로서 그에 걸맞은 대처를 범국가적으로 실천해 나갈 것을 결의한다"고 명시되어 있으며, 이를 계기로 정부는 기후위기에 대한 대처를 가속화하기 시작하여 일본의 기후변화 정책이 크게 전진하는 계기가 되었다. 그리고 미국의 바이든 대통령이 주최하는 기후정상회의(2021년 4월 22일~23일) 직전에 일본정부는 NDC의 목표를 인상하여 '2013년도에 비해 46% 삭감할 것을 목표로 하고, 가능한 한 50%의 고지를 향해 도전해 나간다'는 취지를 표명했다.[16] 그 약속은 2021년 10월, 새로운 NDC로서 2030년에 2013년 대비 46% 삭감을 목표

---

14 관저 홈페이지. 제203회 국회 스가 내각총리대신 소신표명 연설. https://www.kantei.go.jp/jp/99_
    suga/statement/2020/1026shoshinhyomei.html.

15 중의원 홈페이지. https://www.shugiin.go.jp/internet/itdb_annai.nsf/html/statics/topics/ketugi
    201119-1.html.

16 NHK뉴스. 2021년 4월 22일. https://www.nhk.or.jp/politics/articles/statement/58895.html.

로 하는 내용을 포함하여 UNFCCC에 제출되었다.[17]

II. 기후 위기에 대처하기 위한 발상의 전환과 새로운 시각

1. 기후 위기에 대한 도전

앞 장에서도 이야기했듯이 기후 위기 현상은 경제활동이나 사회생활의 다양한 영역에서 이미 악영향을 미치고 있으며, 일본에서도 많은 심각한 영향이 나타나고 있다. 향후 예측에 대해서는 '인신세(人新世) 지구시스템의 궤적'이라는 주제로, 뜨거워진 지구는 다양한 현상이 지구 차원에서 연동되어 일어날 수 있다는 추측을 하는 연구가 있다(Steffen, et al. 2018). 이 연구에 따르면 산업화 이전과 비교해서 기온이 1℃에서 3℃ 상승할 경우, 그린란드의 빙상이 작아지거나 소멸되면 그것은 그린란드의 빙상이 단순히 소멸되었다는 현상에 그치지 않고, 그 결과 북극의 겨울과 여름의 해빙에 영향을 미치고, 또 제트기류에도 영향을 준다. 제트기류는 열염 순환, 해양 순환에 영향을 주게 되고, 그 영향은 아마존 열대우림에도 영향을 미친다. 또한 서남극빙상, 동남극빙상에도 영향을 준다. 지구상에서 하나의 균형이 깨지면 마치 도미노가 쓰러지듯이 절묘한 균형이 깨질 수 있다는 것을 예측한 것이다. 실제로 이러한 현상이 벌어지면 인류의 생존 자체가 위태로워진다. 따라서 우리는 이러한 연동적 현상이 일어나지 않도록 지구온난화를 산업화 이전과 비교하여 1.5℃ 이하로 억제하는 최대한의 노력을 기울여야 한다.

---

17 환경성 홈페이지 참조. https://www.env.go.jp/earth/earth/ondanka/ndc.html.

여기서 다시 한번 지구온난화가 '왜 기후 위기'인가에 대해 정리해보면 다음과 같이 정리할 수 있다(노드하우스 2015; IPCC 2021).

- 기후변화는 장기적인 영향을 일으켜 미래세대에도 영향을 미칠 수 있다.
- 넓은 분야, 지역에서 영향이 나타난다.
- 자연 시스템에 영향을 줄 수 있다.
- 인간의 경제·사회 시스템에도 영향을 미친다.
- 장래 예측에 따른 불확실성도 있다는 점.
- 그러나 '임계점'을 넘으면 극단적인 자연현상이 일어날 수 있다는 점 등.

2. 기후 위기의 시대를 어떻게 살 것인가

그렇다면 우리는 이러한 기후변화로 인한 영향과 더 심각한 피해가 예상되는 시대를 어떻게 살아가야 하는가. 지구적인 규모의 과제이기도 하고, 불확실한 미래를 생각하면 비관에 빠지거나 또 한 사람의 힘의 무력함을 느껴 굳이 아무것도 하지 않는다는 선택을 하고 싶은 사람도 많을 것이다. 그러나 동시에 더 나은 사회를 만들기 위해 경고를 하고, 모든 사람이 노력하도록 운동해온 사람들도 있다는 것을 잊지 말아야 한다. 로마클럽이 발표한 『성장의 한계』(1972)에서는 경제성장과 함께 늘어나는 에너지 소비량, 그리고 그에 따라 '열오염'이 증가하여 결과적으로는 수중생물의 균형을 무너뜨릴 수 있다는 것과 도시 온난화 또 기상의 영향으로도 이어질 수 있음을 예측하고 있었다. 따라서 당시부터 지구 시스템의 한계를 알고, 기존 방식의 경제성장의 자세를 재고하여, 가치관이나 목표를 근본적으로 변경해 나갈 것을 주장하고 있었다(로마클럽. 『성장의 한계』). 이케다(2021)는 이러한 어려움이 있는 때이니 만큼 더욱 과감하게 도전해 나가는 삶을 주장했다. 이케다는 기후위기에 대처하기 위한 관점으로 주로 두 가지 점을 강조했다. 첫 번째는 위기를 플러스의 연쇄로 전환해 나갈 필요성이고, 두 번째는 경제ㆍ사회 변혁을 위한 인간혁명의 관점이다. 첫 번째의 위기를 플러스의 연쇄로 전환해 나가는 필요성은, 위기의 시대이기 때문에 그 과제에 과감히 도전하고 플러스의 연쇄로 전환해 나가야 한다는 주장이다. 덧붙여 기후변화에 대한 대책에 대해서는 공편익(Co-Benefit)도 강조하고 있다. 즉, 기후변화에 대한 대응이 결과적으로는 기타 사회과제를 해결해 나가는 데에도 기여할 것이라는 생각이다. 이케다는 "기후변화에 대한 대응은 새로운 감염증을 방지하기 위한 대책이 되기도 하고, 감염증 대책을 강화한 사회는 방재 측면에서도 강인함을 갖춘 사회가 된다. 또, 생태계의 보전을 기반으로 한 방재ㆍ감재에 노력하는 일은, 기후변화 문제에 대처하는 힘이 되는 것처럼, 많은 과제를 '플러스의 연쇄'로 전환하는 일이 요구되고 있다"라고 주장했다(2021).[18] 따라서, 우리는 이러한 과제에 포괄적으로 대처해, 사회문제 전체를 해결해 가는 플러스의 연쇄를 만들어 가는 것이 중요하다. 동시에 생태계를 활용하여 기후변화에 대처해 나가려는 움직임도 전 세계적으로 강해지고 있다(Munang et al. 2013). 예를 들면, Girardin 외(2021)는 생태계를 기반으로 한 접근법을 신속히 취해 나가면 지구온난화의 완화에 대해서도 대응해 나갈 수 있다고 주장하고 있다. 생태계를 적절히 보전하는 일이 기후위기를 회피하는 일에도 중요하다는 시사이다.

두 번째 경제ㆍ사회변혁을 위한 인간혁명의 관점에 관해서는, 인간이 경제ㆍ사회활동을 하고 그 시스템을 만들고 있는 이상, 그 원점인 인간 자신이

---

18 2021년 1월 26일 기념제언. "위기의 시대에 가치창조의 빛을."

변할 필요가 있다는 생각이다. 이는 이케다뿐만 아니라 로마클럽의 초대 회장인 페체이도 강조했으며, 『성장의 한계』에서도 로마클럽의 견해의 일부로서 '사회의 가치관을 근본적으로 변경할 필요성'을 시사하고 있어, 이 가치관을 바꿔 나가기 위해서는 인간 자신의 가치관도 재고하여 바꿔 나가야 한다는 생각이다. 페체이는 "기술은 진보해도, 문화적으로는 화석처럼 진보가 멈춰 있다. 그 격차를 메우기 위해 필요한 것은 '인간 정신의 르네상스'입니다. '인간 자신의 혁명'입니다"라고 말하고 있다(1984).

사회 가치관의 변경이나 인간 자신의 혁명을 추진하려면 당연히 우리 경제성장의 목적이나 최종 도착지점을 어디에 둘 것인가를 재고할 필요가 있다. 모든 사람의 삶의 질 향상, 인간 개발, 또 지금은, 지속가능한 개발 목표(SDGs)가 지향해야 할 목표가 되었지만, 특히 선진국에서는 어디를 최종 도착지점으로 삼느냐가 큰 과제가 되고 있다. 또한 당연히 경제 · 사회 시스템의 변혁을 위해서는 법률이나 정책을 책정하는 국회의 역할, 정책을 검토하고 법률 초안을 작성하는 정부기관, 그리고 국민 및 기업의 실천이 중요하다는 것은 말할 나위도 없다. 그러나 지속가능한 개발을 생각하면, 궁극적으로는, 어떻게 살 것인가, 어떤 삶을 살 것인가 하는 인간의 인생철학에도 크게 관여하고 있다는 것을 알 수 있다. 그런 의미에서도 인간 자신이 먼저 변혁해 나가야 한다는 생각이다.

동시에 우리가 잘 생각해야 하는 것은 경제, 환경, 사회와의 관계다. 최근에는 지속가능한 개발은 '경제, 환경, 사회'의 삼립이 아니라 생태계를 기반으로 사회가 존재하고, 그 사회의 겨우 일부가 경제라고 하는 삼각형 형태의 관점이 받아들여지고 있다(Rockstrom et al. 2015; Dasgupta 2021). 인간의 사회는 바로 지구의 일부이며, 경제활동 자체는 더 작은 일부이며, 지구 시스템 내에서 균형을 잡고 순환시킬 필요가 있다는 생각이다(Rockstorm et al. 2015). 다스굽

타(Dasgupta 2021)는, 경제는 생물권 안에 내장되어 있으며(embedded) 경제활동만이 돌출되어서는 안 된다고 주장했다. 여기서 '내장되어 있다'(embedded)는 사고방식은, 경제는 자연계와 밀접한 관계를 유지하면서 운영되는 활동이라고 해석된다. 이 개념을 바탕으로 우리의 경제활동도 생각해 나가야 한다.

III. 대학의 사명과 대처를 위한 실천

이런 어려운 과제가 많은 가운데 대학은 어떤 사명을 다해야 하는 것일까. 당연히 다음 세대를 책임질 청년들을 직접 육성하는 대학에는 크나큰 사명이 있다.

예를 들어 소카대학교에서는 가치창조의 교육이념을 실현하기 위한 3가지 건학정신[19]이 있으며, 2021년 4월 개학 50주년의 가절을 맞이한 것을 계기로 다음 50년을 내다보는 '신 그랜드 디자인'[20] 실시가 시작되었다. 대목표로는 '가치창조를 실천하는 세계시민을 육성하는 대학'의 거점이 되는 일. 그리고 전략의 5대 축으로는 다음을 내걸었다.

- 교육
- 연구
- 국제사회, 다양성
- 사회 공헌

---

19 인간교육의 최고학부가 되어라. 새로운 대문화 건설의 요람이 되어라. 인류의 평화를 지키는 요새가 되어라.

20 소카대학교 홈페이지. "신 그랜드 디자인." https://www.soka.ac.jp/sgd2030/jp/index.html.

• 조직운영, 지속가능경영

또, 이하의 3가지를 지침으로 했다.

① 평화 · 환경 · 개발 · 인권 분야를 중심으로 한 '세계시민교육'에 관한
   프로그램의 고도화를 비롯하여, 지속가능한 사회를 구축하기 위한 능
   력을 육성하는 교육연구 환경을 조성하고, 가치창조를 실천하는 세계
   시민교육의 거점화를 도모한다.
② 대학의 총력을 다하여 '평화' 실현에 공헌하는 연구를 추진함과 동시
   에, 대학간 및 연구자 네트워크를 형성하여 SDGs 달성을 위해 선도적
   역할을 담당한다.
③ 해외 유학생이나 사회인 등, 다양한 가치관이 집합하여 공생하는 캠퍼
   스를 실현한다.

교육 면에서는 기후변화나 SDGs에 대해 지식을 배우고 실천력을 기르기
위한 수업이 이미 실시되고 있다.[21] 한 예를 들면, 경제학부에서 진행하는 '개
발과 환경',[22] 학부 횡단형으로 짜여진 '공통 기초 연습',[23] 법학부와 경제학부
에서 주최하는 '국제개발 협력론' 등이다. 내용으로서는 이하의 관점이 포함
되어 있다.

---

21 소카대학교, "소카대학교 SDGs 리포트 2020." https://www.soka.ac.jp/files/ja/20210727_191544.pdf.
    "소카대학교 SDGs 리포트 2021." https://www.soka.ac.jp/assets/static/special/SDGs/SDGs2021/
    index.html.
22 수업은 영어로 진행되고 있다.
23 수업은 영어로 진행되고 있다.

- '지속가능한 개발'을 위한 역사적인 배경, 개발 어프로치의 변천 등을 배운다.
- 개발에 따른 환경 및 사회적인 부하와 방지 · 완화책 등을 습득.
- 기후변화와 SDGs의 내용에 대해 배우고, 일본이나 개발도상국 등 학생이 관심을 가지고 있는 나라의 상황에 대해 조사해서 토론.
- 탈탄소사회 구축, SDGs 달성을 위해 대학, 대학생, 시민으로서 취해야 할 행동을 생각하고 실천하는 힘을 기른다.
- 지식을 얻은 후에는 행동에 이어질 수 있도록 다 함께 토론을 한다.

이러한 수업은 소카대학교에서 개강되고 있는 수업의 한 예에 불과하지만, 학생들이 학제적으로 배우고 SDGs 달성을 위해 지식뿐만 아니라 실천력을 키워나갈 수 있는 기회를 제공하고 있다. 지금은 바로 시대의 전환기라 할 수 있으며 새로운 사회의 프레임을 창조해 나갈 청년들의 육성이 필수적이며, 그 커다란 임무의 일단은 대학에 맡겨져 있다. 인간이 지구생명의 일부로서 생물권과 조화를 유지하면서 경제 · 사회활동을 계속해 나가기 위해서는 경제성장, 돈, 재물의 풍요로움이 아니라, 지속가능한 사회, 인생 · 마음의 풍요로움을 요구하는 사회로 만들어 나가야 하며, 그러한 사회 실현을 위해 소카대학교에서는 다양한 수업과 대응이 실시되고 있다. 2023학년도[24]부터는 대학의 학부 차원에서 'SDGs 부전공' 제도가 시작된다. 이는 학생이 졸업 때까지 지정된 SDGs 과목을 이수하고 학습성취도에 도달[25]했다면 학생이 소속하는 학부의 학위 외에 'SDGs 부전공'이 학위에 명시된다. 이 SDGs

---

24 2023년 4월부터.
25 지정된 SDGs 과목군에서 24학점을 이수하여 졸업시에 GPA 2.7 이상의 조건을 충족할 것.

부전공 제도에 의해, 예를 들면, 경제학부의 학생은 SDGs 전체를 포괄적으로 배우고, 구체적인 목표에 대해서도 그 과제를 이해하고 어떠한 해결방안이 있을 수 있는지에 대해서도 논의해 왔다는 것을 보여주는 것이 된다. 이들 학생이 취업하는 장소는 다양하겠지만, 각각의 자리에서 SDGs 달성을 위한 행동을 주류화해 나가기를 기대한다.

Ⅳ. 결론: 향후 전망

교육 현장에서 다양한 연구가 진행되고는 있지만, 대학 안에서는 아직 남은 과제도 많다. SDGs 달성을 위해 매우 강한 관심을 보이는 학생이 있는가 하면, 자기 일이라고 생각하지 않는 학생도 있다.[26] 또, 이상적인 아이디어를 추구하는 일에 치우쳐 사회 구현으로 이어지지 않는다고 하는 과제도 있다. 이러한 과제에 대해서는 모든 학생이 자신의 일이라고 받아들여서 풀뿌리 레벨에서도 날마다 행동을 취해 갈 수 있는 힘을 기르는 배움의 장소가 필요하다. 또 현장에서 일하는 실무자와의 의견교환의 자리도 의미가 있다. 따라서 소카대학교에서는 액티브 러닝 및 토의 기반의 수업을 한층 알차게 추진해 나갈 예정이며, 학생의 주체성을 늘리는 훈련을 중시해 나갈 것이다. 나아가 학생들이 수행하는 SDGs 달성에 기여하는 연구활동에 대해서도, 대학은 실무자로부터 직접 조언을 듣고 학생들과 대화를 나누는 자리도 2021년도부터 제공하고 있다.[27]

26　소카대학교 SDGs 추진센터 회의에서 진행된 토론. 2022년 11월 24일.

27　제1회는 2021년 12월에 'SDGs 달성을 향한 실천자와 학생·교원과의 대화·네트워킹 회합'을 소카대학교에서 개최. '환경·기후변화 대책', '인권과 인간의 안전보장'이라는 두 가지 주제 아래 학생

최종적으로는, 수업이나 이러한 대화의 자리로 습득한 지식을 일상의 실천으로 연결시켜, 지속해 나가는 힘을 기르는 교육에 대해서도, 한층 더 궁리를 해 나가지 않으면 안 된다.

그와 동시에, 대학으로서도 경영면을 포함해서 기후 위기에 대한 대책 및 SDGs 달성을 위한 실천을 추진하고, 그 환경 속에서 학생을 교육해 나가는 일이 요구되고 있다. 실로 대학은 실천의 장이기도 해야 한다. 대학으로서는 가치창조를 실천하는 세계시민을 육성해 나가는 것이, 지구와 인간의 공생을 포함한 세계평화를 위한 '평화의 문화' 조성에 공헌해 가는 중요한 사명이라고 확신하고 있다.

〈참고 문헌〉

기상청,『기후변화 감시 보고서 2021』.

환경성,『기후변화 영향 평가보고서 총설』, 2020년 12월.

페체이, 이케다 다이사쿠,『21세기에의 경종』, 요미우리신문사, 1984.

메도우즈, D.H. 외,『성장의 한계』, 다이아몬드사, 1972.

내각부, "2021년 7월 1일부터 내린 폭우로 인한 피해상황 등에 대하여(2021년 12월 3일)." https://www.bousai.go.jp/updates/r3_07ooame/pdf/r3_07ooame_17.pdf.

일반사단법인 손해보험협회, "2021년 7월 1일 폭우 피해 지급보험금(예상 포함)의 연도 말 조사결과." https://www.sonpo.or.jp/report/statistics/disaster/ctuevu000000j470-att/2021_02.pdf.

들의 연구활동을 발표하고 실무자 · 전문가들이 학생들의 활동 개선과 사회 구현을 위한 조언을 하고 의견을 교환했다. https://www.soka.ac.jp/news/2021/12/6716. 제2회는 2022년 12월에 개최. https://www.soka.ac.jp/about/sdgs/news_sdgs/2022/09/7549.

일반사단법인 손해보험협회, "2021년 8월 11일 폭우 피해 지급보험금(예상 포함)의 연도 말 조사결과." https://www.sonpo.or.jp/report/statistics/disaster/ctuevu000000j470-att/2021_01.pdf.

Giradin et al, "Nature-based solutions can help cool the planet - if we act now." *Nature*. Volume 593. 13 May, 2021.

IPCC, "Summary for Policymakers." Climate Change 2021: The Physical Science Basis. Contribution of Working Group I to the Sixth Assessment Report of the Intergovernmental Panel on Climate Change. Masson-Delmotte, V., P. Zhai, A. Pirani, S. L. Connors, C. Péan, S. Berger, N. Caud, Y. Chen, L. Goldfarb, M. I. Gomis, M. Huang, K. Leitzell, E. Lonnoy, J.B.R. Matthews, T. K. Maycock, T. Waterfield, O. Yelekçi, R. Yu and B. Zhou eds. Cambridge University Press, 2021.

Munang, R. et al, "Climate Change and Ecosystem-based Adaptation: a new pragmatic approach to buffering climate change impacts." *Current Opinion in Environmental Sustainability*. 5: 67-71, 2013.

Nordhaus, W, *The Climate Casino: Risk, Uncertainty, and Economics for a Warming World*, Yale University Press, 2013. [노드하우스. 2015.『기후 카지노: 경제학에서 본 지구온난화 문제의 최적해』. 후지사키 가오리 옮김. 닛케이BP].

Rockstrom, J. et al, *Big World, Small Planet: Abundance with in Planetary Boundaries*. Max Strom Publishing, 2015. [록스트롬 외,『작은 지구의 커다란 세계: 플래너터리 바운더리와 지속가능한 개발』, 타니 준야 외 옮김, 마루젠출판, 2018.

Steffen, W. et al, "Trajectories of the Earth System in the Anthropocene." *PNAS*. August 14, vol.115, no.33: 8252-8259, 2018.

World Economic Forum, *Global Risks Report 2021*.

World Economic Forum, *Global Risks report 2022*.

○

第6章
(일본어 원문)

脱炭素・持続可能な社会の構築に向けた
大学の使命

掛川三千代*

Ⅰ. 日本での気候危機とその対応

1. 日本での気候危機

　気候変動への対処については、世界的にも、自然界のみならず、経済や社会全体に深刻な被害をもたらすとした議論と、その対応についての議論が続いている(World Economic Forum)。日本も大きな影響を受ける一国である。過去からの気象データを見ても気温上昇が着実に進み(表1)、雨の降り方の変化などを読みとることができる(表2)。

---

*　創価大学 経済学部准教授

〈表 1 〉日本の年平均気温編差(気象庁)

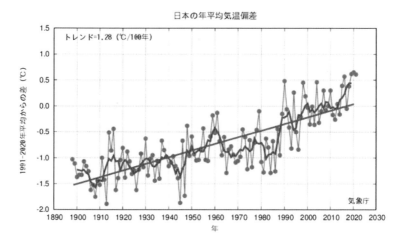

例えば、表2は気象庁のデータで、日本の全国51地点の平均をとった
もので1日の降水量が、100mm以上の年間日数です。1900年から2020年
までの記録だが、増加傾向にあることがわかる(表2)。

〈表 2 〉全国(51地点平均)日降水量100mm以上の年間日数(気象庁)

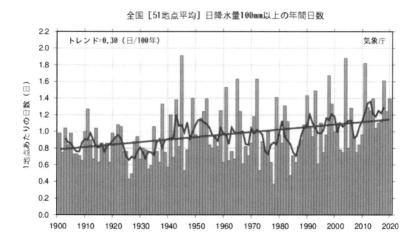

また、表3も同じく気象庁のデータで、1日の降水量が、1.0mm以上の年間日数を表している。1900年から2020年の経年変化を見ると、徐々に減ってきている。これは、即ち、雨が殆ど降らない日が少しづつ増えてきていることを示している。

〈表 3〉全国(51地点平均)日降水量1.0mm以上の年間日数(気象庁)

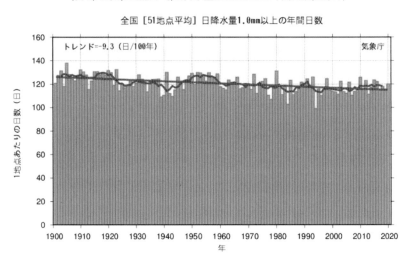

　更に、陸地の気温上昇のみならず、海水温も高くなっていることが報告されている(図1)。2020年8月の月平均、海面水温平年差は、日本の南側の海域で平年水温より2度高くなっている。また、東北地域の海水温も平年より2度高くなっている。2020年は、月平均海面水温、及び平年差は、1982年以降で最高値を記録した(気象庁 2021)。

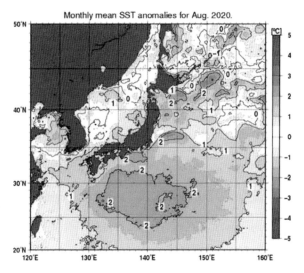

〈図 1〉日本付近の2020年8月の月平均海面水温平年差(℃)(気象庁)

　この様な状況により、近年、既に多くの極端な気象現象と災害が日本で起きており、世界的にも異常気象・気象災害が報告されている(図2)。

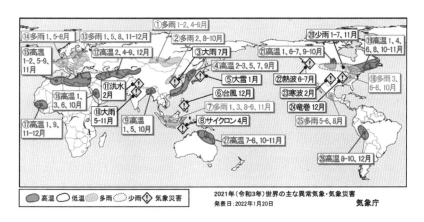

2021年(令和3年)世界の主な異常気象・気象災害
発表日：2022年1月20日　　　　　　気象庁

〈図 2〉2021年の主な異常気象・気象災害の分布図[1](気象庁)

1　気象庁.『気候変動監視レポート2021』.

最近の国内の気象災害では、2021年7月1日からの大雨により、全国各地で甚大な被害が起きた[2]。この大雨による車両、火災、新種保険(傷害保険含む)の合計額の支払い保険金(見込を含む)のトップ5県は表4の通りであり、日本全国で約95億6千万円にもなり、多額な損害が出たことがわかる(表4、一般社団法人日本損害保険協会)。うち静岡県での支払い保険金(見込を含む)は、約33億6千万円である。特に、東海地方の局所的な豪雨により起きた静岡県熱海市での土石流の発生は特筆される。土砂流により約200世帯の家屋が巻き込まれ、21人が行方不明と報道された[3]。

〈表 4〉2021年7月1日からの大雨にかかる支払い保険金(見込含む)年度末調査結果
(車両、火災、新種保険(傷害保険含む)の合計額の支払保険金の多かったトップ5の県)[4]

	都道府県名	合計の件数(件)	合計の支払保険金(千円)
1	静岡県	1,504	3,364,083
2	千葉県	404	1,008,634
3	神奈川県	744	718,526
4	東京都	686	714,133
5	広島県	383	543,021
	合計(47都道府県)	7,659	9,564,044

出典: 一般社団法人損害保険協会のデータを基に筆者作成。

　また、2021年8月11日からの大雨による車両、火災、新種保険(傷害保険

2　内閣府. "令和3年7月1日からの大雨による被害状況等について(令和3年12月3日)".

3　この気象災害は、豪雨に加え、違法な盛り土が原因であったとの見解を静岡県副知事が示し、検証が続いている。(毎日新聞. "熱海土石流『違法な盛り土が原因』静岡副知事が見解示す". 2021年7月13日.

4　2022年3月末時点の情報。

含む)の合計額の支払保険金の多かったトップ5の県は表5の通りであり、日本全国では約428億8千万円である(表5、一般社団法人日本損害保険協会)。これらは、最近の2つの事例であるが、このように気象災害が起きれば、経済的にも社会生活にも多大な損失を与えることが、数値からも理解できる。同時に、この数字だけでは現れてこない被害、例えば、人命への被害や精神的な悪影響も考慮すると、一層甚大な被害と損失と言える。

〈表 5〉2021年8月11日からの大雨にかかる支払い保険金(見込含む)年度末調査結果
(車両、火災、新種保険(傷害保険含む)の合計額の支払保険金の多かったトップ5の県)[5]

	都道府県名	合計の件数(件)	合計の支払保険金(千円)
1	佐賀県	4,705	19,004,498
2	福岡県	5,956	9,808,715
3	山口県	297	2,277,646
4	広島県	1,071	1,674,738
5	長崎県	1,477	1,489,004
	合計(47都道府県)	21,618	42,880,988

出典:一般社団法人損害保険協会のデータを基に筆者作成。

2. 気候変動影響評価

適切な政策を策定し、実施を促していくには、まずは科学的な根拠に基づく影響評価が必要である。日本政府は、2015年及び2020年に、論文のレビューをベースにした「気候変動影響評価」を実施し、分野ごとの影響を「重大性」、「緊急性」、「確信度」という3つの指標で簡潔に表示した[6]。分

5　2022年3月末時点の情報。

6　環境省"気候変動影響評価報告書の公表について". 2020年12月17日　報道発表.

野については、以下8分野である(「農業・林業・水産業」、「水環境・水資源」、「自然生態系」、「自然災害・沿岸域」、「健康」、「産業・経済活動」、「国民生活、都市計画」、「分野間の影響の連鎖」)。例えば、農業・林業・水産業(表6)での「水稲」、「果樹」の影響評価は、2015年、2020年ともに3つ丸が記述されている。即ち、「重大性」があり、「緊急性」もあり、「確信度」も高いということである。

〈表 6〉気候変動影響評価の結果一覧(一部抜粋)(環境省)

分野	大項目	No.	小項目	前回（2015）			今回（2020）			報告書[詳細]
				重大性	緊急性	確信度	重大性	緊急性	確信度	
農業・林業・水産業 (117→339)	農業	111	水稲	●	●	●	◆—	●	●	p. 17-
		112	野菜等	—	▲	▲	◆	●	▲	p. 23-
		113	果樹	●	●	●	◆	●	●	p. 27-
		114	麦、大豆、飼料作物等	●	▲	▲	◆	▲	▲	p. 32-
		115	畜産	●	▲	▲	●	●	▲	p. 38-
		116	病害虫・雑草等	●	●	●	●	●	●	p. 42-
		117	農業生産基盤	●	▲	▲	●	●	●	p. 49-
		118	食料需給				◆	●	●	p. 53-
	林業	121	木材生産(人工林等)	●	●	■	●	●	●	p. 58-
		122	特用林産物(きのこ類等)	●	●	■	●	●	●	p. 63-
	水産業	131	回遊性魚介類(魚類等の生態)	●	●	▲	●	●	▲	p. 66-
		132	増養殖業				●	●	▲	p. 71-
		133	沿岸域・内水面漁場環境等	●	●	■	●—	●	●	p. 74-

重大性(前回)	重大性(今回)	緊急性、確信度
● ：特に大きい	● ：特に重大な影響が認められる	● ：高い
◆ ：「特に大きい」とはいえない	◆ ：影響が認められる	▲ ：中程度
— ：現状では評価できない	— ：現状では評価できない	■ ：低い
		— ：現状では評価できない

また、「自然災害・沿岸域」の分野で、「洪水」、「高潮・高波」の影響評価を見ると(表7)、こちらも2015年、2020年ともに3つ丸が記述されている。即ち、「重大性」があり、「緊急性」もあり、「確信度」も高いということである。

自然災害・沿岸域 (88→136)	河川	411 洪水	●	●	●	●	●	●	p. 180-
		412 内水	●	●	△		●	●	p. 188-
	沿岸	421 海面水位の上昇	●	△	●	●	△	●	p. 192
		422 高潮・高波							p. 196-
		423 海岸侵食	●	△	△	●			p. 200-
	山地	431 土石流・地すべり等	●	△	△	●		●	p. 204-
	その他	441 強風等	●	△	●	●	●	△	p. 211-
複合的な災害影響		451 —							p. 214-

　「自然生態系」、「健康」の分野においても、3つ丸が並ぶ項目がある[7]。客観的で簡潔な評価であるが、これらの評価により、日本においては、農林水産業をはじめ、水資源分野、人々の生活に至るまでの全分野で影響が起きていることがわかる。また、緊急性を要するものも多くあることがわかる。同時に、具体的な影響を測るモニタリング調査も実施されており、例えば、海水温の上昇による深刻な珊瑚の白化現象も報告されている。2022年9月の調査では、石西礁湖における平均白化率は92.8%であり、平均被度は1年前と比較して26.2%から21.6%に減少していた[8]。珊瑚礁が海の生態系の保全にとり重要なことは言うまでもなく、気候変動の適応としての高波からの減災、防災の機能も考慮すると、珊瑚礁の損失は、気候変動による悪影響を更に悪化させるものと言える。

7　例えば、自然生態系では、沿岸生態系(亜熱帯)、その他で、分布・個体群の変動など。健康の分野では、暑熱の死亡リスク等、熱中症等。

8　環境省報道発表資料．2022年10月24日．環境省により、2022年9月24日から9月29日までモニタリング調査が実施された。

3. 日本政府の対応

日本政府は、パリ協定に署名し、日本の約束草案(2030年度温室効果ガス排出削減目標, INDC)[9]を2015年7月17日にUNFCCCに提出していたものの、2030年に向けた温室効果ガスの削減目標は2013年比で26%であった。また、2019年6月に、日本政府は、長期戦略(「パリ協定に基づく成長戦略としての長期戦略」)[10]を発表するが、「2050年までに80%の温室効果ガスの排出削減」であり、「今世紀後半のできるだけ早期に、脱炭素社会を最終到達点とする」との目標で、2050年までの脱炭素化は明言していなかった。更に、2020年3月30日、日本政府は、地球温暖化対策推進本部で、日本の2015年のINDCをレビューし、NDC(国が決定する貢献)として決定しているが、2030年までの削減目標は26%削減で変わっていない[11]。ただ、「更なる削減努力の追求に向けた検討を開始することを表明する」との意図は示されているが、この時点では、削減目標は26%のままであった。

他方、欧州の脱炭素に向けたコミットメントは迅速であった。スウェーデンは2045年までの脱炭素化を2017年に宣言し、EUは2050年までの脱炭素化を目指すことにもコミットを示した[12]。IPCC『1.5℃の地球温暖

---

9 UNFCCに提出した INDC (Intended Nationally Determined Contribution)。外務省ホームページを参照. https://www.mofa.go.jp/mofaj/press/release/press4_002311.html.

10 2019年6月11日に閣議決定。環境省ホームページ. https://www.env.go.jp/press/106869.html

11 環境省ホームページ. https://www.env.go.jp/press/107941.html.

12 スウェーデンは、2045年までのカーボンニュートラルを宣言している(2017年6月19日)。https://unfccc.int/news/sweden-plans-to-be-carbon-neutral-by-2045。EUは "European Green Deal"の中で、2050年までのカーボンニュートラルを宣言している(2019年12月)。https://www.europarl.europa.eu/news/en/headlines/society/20190926STO62270/what-is-carbon-neutrality-and-how-can-it-be-achieved-by-2050。カリフォルニア州は、2045年までのカーボンニュートラルを宣言している(2018年9月10日)。"Executive Order B-55-18." 2018. https://opr.ca.gov/

化特別報告書』[13]が示した1.5℃と2.0℃の差の大きさを認識し、産業化以前と比べて地球の平均気温上昇を1.5℃未満に抑える道筋に沿うには、2050年までに脱炭素化をすべきということが世界的な潮流になってきたと言える。日本は、NDCをレビューし、温室効果ガスの排出削減率は26％と言っていた、その7ヶ月後に、ようやく2050年カーボンニュートラルを宣言することになる。2020年10月26日、菅首相は、国会での所信表明演説において「我が国は、2050年までに、温室効果ガスの排出を全体としてゼロにする、すなわち2050年カーボンニュートラル、脱炭素社会の実現を目指すことを、ここに宣言いたします。」と発表したのである[14]。このような政府の動きもあり、翌11月には、衆議院と参議院で、「気候危機非常事態宣言決議案」が可決された[15]。この決議案では、「(前略)この気候危機を克服すべく、一日も早い脱炭素社会の実現に向けて、我が国の経済社会の再設計・取組の抜本的強化を行い、国際社会の名誉ある一員として、それに相応しい取組を、国を挙げて実践していくことを決意する。」と書かれており、これを機に、政府は気候危機への対処を加速し始め、日本の気候変動政策は大きく前進する契機となった。そして、米国のバイデン大統領が主催する気候サミット(2021年4月22日から23日)の直前に、日本政府はNDCの目標引き上げをし、「2013年度に比べて46％削減することを目指す、更に50％の高みに向けて挑戦していく」旨を

---

climate/carbon-neutrality. html.

13　IPCC. "Global Warming of 1.5℃." https://www.ipcc.ch/sr15/.

14　官邸ホームページ. 第203回国会における菅内閣総理大臣の所信表明演説. https://www.kantei. go.jp/jp/99_suga/statement/2020/1026shoshinhyomei.html.

15　衆議院ホームページ. https://www.shugiin.go.jp/internet/itdb_annai.nsf/html/statics/topics/ketugi201119-1.html.

表明した[16]。そのコミットメントは、2021年10月、新しいNDCとして、2030年に2013年比で46％削減を目標とすることを含み、UNFCCCに提出されている[17]。

II. 気候危機に対処するための発想の転換と新しい視座

1. 気候危機への挑戦

前章でも述べた通り、気候危機の現象については、既に、経済活動や社会生活に様々な悪影響を起こしており、日本でも多くの深刻な悪影響が出ている。今後の予測については、「人新世の地球システムの軌跡」とのテーマで、熱くなった地球は、様々な現象が地球レベルで連動して起きうるとの推測をしている研究がある(Steffen et al. 2018)。この研究によると、産業化以前と比べ、気温が1℃から3℃上昇した場合、グリーンランドの氷床が小さくなる、または消滅すると、それは、そこでの氷床が単に消滅したという事象にとどまらず、その結果、北極での冬や夏の海氷に影響を与え、また、ジェット気流にも影響を与える。ジェット気流は、熱塩循環、海洋循環に影響を与え、その影響は、アマゾンの熱帯雨林にも影響を与える。更に、西南極氷床、東南極氷床にも影響を与える。地球上で、一つのバランスが崩れると、ドミノ倒しでその絶妙なバランスが崩れる可能性があるということを予測したものである。実際に

16　NHKニュース. 2021年4月22日. https://www.nhk.or.jp/politics/articles/statement/58895.html.

17　環境省ホームページ参照. https://www.env.go.jp/earth/earth/ondanka/ndc.html.

このような現象が起きてしまうと、人類の生存自体が危ぶまれる。よって、私たちは、このような連動的な現象が起きないよう、地球の温暖化を産業化以前と比べて1.5℃以下に抑える最大限の努力をすべきなのである。

　ここで、あらためて、地球温暖化が「なぜ気候危機」なのかを整理すると、以下のように纏めることができる(ノードハウス 2015; IPCC 2021)。

・気候変動は、長期的な影響を引き起こし、将来世代へも影響を与えうる。
・広い分野、地域での影響が出る。
・自然のシステムに影響を与えうる。
・人間の経済・社会システムにも影響を与える。
・将来予測による不確実性もあるという点。
・しかし、「臨界点」を超えると、極端な自然現象が起きうるということなど。

2. 気候危機の時代を、どのように生きるか

　では、私たちは、このような気候変動による影響が起き、且つ更なる深刻な被害が予測されている時代を、如何に生きていくべきなのか。地球規模の課題であり、不確実な将来を考えると、悲観的になり、また一人の力の無力さを感じて、敢えて何もしないという選択を取りたい人も多いであろう。しかし、同時に、より良き社会を作っていく為に警告をし、全ての人たちが努力するよう働きかけてきた人たちがいることも忘

れてはならない。ローマ・クラブが発表した『成長の限界』(1972) では、経済成長とともに増えるエネルギー消費量、そしてそれに伴い「熱汚染」が増え、結果的には、水中生物の均衡を崩しうることや、都市の温暖化、また気象の影響にも繋がりうることも予測していた。よって、当時から、地球システムの限界を知り、従来型の経済成長のあり方を再考し、価値観や目標の根本的な変更をしていくことを主張していたのである（ローマ・クラブ、前掲）。池田(2021) は、このような困難がある時だからこそ、果敢に挑戦していく生き方を主張している。池田は、気候危機に対処する為の視座として、主に2つの点を強調している。1つ目は、危機からプラスの連鎖への転換していく必要性であり、2つ目は、経済・社会変革の為の人間革命の視点である。1つ目の危機からプラスの連鎖への転換していく必要性については、危機の時代であるからこそ、その課題に果敢に挑戦し、プラスの連鎖へと転換していくべきという主張である。加えて、気候変動への対策においては、コベネフィットも強調している。即ち、気候変動への取組みが、結果的には、その他の社会課題を解決していくことにも貢献していくとの考えである。池田は、「気候変動への取組みは、新たな感染症を防止するための対策ともなり、感染症対策を強化した社会は、防災の面でも強靱さを備えた社会となる。また、生態系の保全を基盤した防災・減災に努めることは、気候変動問題に対処する力になるといったように、多くの課題を"プラスの連鎖"に転じることが求められているのです」と主張している(2021)[18]。よって、私たちは、これらの課題に包括的に対処し、社会問題全体を解決しゆくプラスの連鎖を作って

18　記念提言「危機の時代に価値創造の光を」。2021年1月26日.

いくことが重要である。同時に、生態系を活用して気候変動に対処していこうという動きも、世界的に強まってきている(Munang et al. 2013)。例えば、Girardin他(2021)は、生態系をベースにしたアプローチを迅速にとっていけば、地球温暖化の緩和についても対応していけると主張している。生態系を適切に保全することが、気候危機を回避することにも重要であるとの示唆である。

　2つ目の経済・社会変革の為の人間革命の視点に関しては、人間が経済・社会活動を行い、そのシステムを作っている以上、その原点である人間自身が変わっていく必要があるという考えである。これは、池田のみならず、ローマ・クラブの初代会長であるペッチェイも強調しており、『成長の限界』においても、ローマクラブの見解の一部として、「社会の価値観を根本的に変更する必要性」を示唆しており、この価値観を変えていくには、人間自身の価値観も再考し、変えていくべきではないかとの考えである。ペッチェイは、「技術は進歩しても、文化的には化石のように進歩が止まっている。そのギャップを埋めるために、必要なのは『人間精神のルネサンス』です。『人間自身の革命』です」と述べている(1984)。

　社会の価値観の変更や人間自身の革命を進めるには、当然ながら、私たちの経済成長の目的や最終的な着地点をどこに置くかを再考していく必要がある。全ての人びとの生活の質の向上、人間開発、また、今では、持続可能な開発目標(SDGs)が、目指すべき目標になっているが、特に、先進国においては、どこを最終的な着地点とするかが大きな課題である。また、当然ながら、経済・社会システムの変革の為には、法律や政策を策定する国会の役割、政策の検討を行い法律の草案を作る政府機関、そして、国民及び企業の実践が重要であることは言うまでもない。

しかし、持続可能な開発を考えると、究極的には、如何に生きるか、どのような人生を生きるかという人間の人生哲学にも大きく関与していることがわかる。その意味でも、私たち人間自身が、まず変革していかねばならないという考えである。

　同時に、私たちがよく考えなくてはならないのは、経済、環境、社会との関係である。最近では、持続可能な開発は、「経済、環境、社会」の三立ではなく、生態系をベースに社会が存在し、その社会の僅か一部が経済であるという、三角形型の考えが受け入れられるようになってきている (Rockstrom et al. 2015; Dasgupta 2021)。人間の社会は、まさに地球の一部であり、経済活動そのものは、もっと小さい一部であり、地球システムの中で、バランスをとって循環させる必要があるという視点である(Rockstorm et al. 2015)。ダスグプタ(Dasgupta 2021)は、経済は、生物圏の中に組み込まれており(embedded)、経済活動だけが突出するべきものではないと主張している。この「組み込まれている」、または「埋め込まれている」(embedded)という考え方は、経済は、自然界と密接な関係を保ちつつ営まれる活動ととれる。この概念をベースに、私たちの経済活動も考えていくべきなのである。

Ⅲ. 大学の使命と対処への実践

　このような困難な課題が多い中で、大学は、一体、どの様な使命を果たしていくべきなのか。当然ながら、次の世代を担う青年達を直接的に

育成する大学には、大きな使命がある。

　例えば、創価大学では、価値創造の教育理念を実現する為の3つの建学の精神[19]があり、2021年4月に開学50周年の佳節を機に、次の50年を見据えた「新グランドデザイン」[20]の実施が始まった。大目標としては、「価値創造を実践する世界市民を育む大学」の拠点になること。そして、戦略の5本柱としては、以下を掲げている。

- 教育
- 研究
- 国際社会、多様性
- 社会貢献
- 組織運営、サステナブル経営

また、以下の3つを指針としている。

① 平和・環境・開発・人権の分野を中心とした「世界市民教育」に関するプログラムの高度化をはじめ、持続可能な社会を構築するための能力を育む教育研究環境を整え、価値創造を実践する世界市民教育の拠点化を図る。
② 全学をあげて「平和」の実現に貢献する研究を推進するとともに、大学間および研究者ネットワークを形成し、SDGs の達成へ先導的役

---

[19]　人間教育の最高学府たれ、新しき大文化建設の揺籃たれ、人類の平和を守るフォートレス（要塞）たれ。
[20]　創価大学ホームページ．"新グランドデザイン"．https://www.soka.ac.jp/sgd2030/jp/index.html.

割を担う。

③ 海外からの留学生や社会人等、多様な価値観が集合し、共生するキャンパスを実現する。

　教育面では、気候変動やSDGsについて知識を学び、また実践力を養う為の授業が既に実施されてきている[21]。一例を挙げると、経済学部での「開発と環境」[22]、学部横断になっている「共通基礎演習」[23]、法学部と経済学部でホストしている「国際開発協力論」などである。内容としては、以下の視点が含まれている。

- 「持続可能な開発」に向けた歴史的な背景、開発のアプローチの変遷などを学ぶ。
- 開発に伴う環境及び社会的な負荷と、防止・緩和策などを習得。
- 気候変動やSDGsの内容について学び、日本や開発途上国など、学生の関心のある国の状況について調べて討議。
- 脱炭素社会の構築、SDGs達成の為、大学、大学生、市民として、とるべき行動を考えて実践する力をつける。
- 知識を得た後は、行動に結びつけることができるよう、皆で討議をする。

21　創価大学。"創価大学SDGsレポート2020"。https://www.soka.ac.jp/files/ja/20210727_191544.pdf.
　　創価大学。"創価大学SDGsレポート2021"。https://www.soka.ac.jp/assets/static/special/SDGs/SDGs2021/index.html.
22　授業は英語で行われている。
23　授業は英語で行われている。

これらの授業は、創価大学で開講されている授業の一例に過ぎないが、学生達が学際的な学びをし、SDGs達成に向けて知識のみならず、実践力をつけていく為の機会を提供している。今は、まさに時代の転換期であり、新しい社会の仕組みを創造していく青年達の育成が必須であり、その大きな任務の一端は大学に任されている。人間が地球生命の一部として、生物圏との調和を保ちつつ、経済・社会活動を続けていくには、経済成長、お金、モノの豊かさではなく、持続可能な社会、人生・心の豊かさを求める社会にしていくべきであり、そのような社会の実現に向け、創価大学では、様々な授業や取組みが実施されている。2023年度[24]からは、大学の学部レベルで「SDGs副専攻」制度も開始された。これは、学生が卒業時までに指定されたSDGs科目を履修し、学習達成度に到達[25]していれば、学生が所属する学部の学位に加えて、「SDGs副専攻」が学位に明記される。このSDGs副専攻制度により、例えば、経済学部の学生は、SDGs全体のことを包括的に学び、具体的な目標についても、その課題を理解し、どの様な解決案がありうるかについても議論してきたことを示すものとなる。これらの学生たちが就職する場所は多様であるが、それぞれの地において、SDGs達成に向けた行動を主流化していくことを期待したい。

24　2023年4月から。

25　指定されたSDGs科目群から24単位の履修をし、卒業時にGPA 2.7以上の条件を満たしていること。

Ⅳ. 今後の展望

　教育現場において、様々な工夫は進んではいるものの、大学の中では、まだ残された課題も多い。SDGs達成に向け、非常に強い関心を持つ学生がいる一方で、自分ごとと思っていない学生もいる[26]。また、理想的なアイデアを追求することに傾き、社会実装に繋がらないという課題もある。これらの課題に対しては、全ての学生が自分ごとと捉え、草の根レベルでも、日々、行動をとっていけるような力をつける学びの場が必要である。また、現場で仕事をする実務者との意見交換の場も有意義となる。よって、創価大学では、アクティブラーニング及び討議ベースの授業を、一層、充実化していく予定であり、学生の主体性を伸ばす訓練を重視していく。更には、学生達が行うSDGs達成に貢献する研究活動についても、大学は、実務者から、直接、アドバイスをしてもらい、且つ学生達と対話をする場も2021年度から提供している[27]。

　最終的には、授業や、このような対話会合で習得した知識を、いかに日々の実践に結びつけ、継続していく力をつける教育についても、更なる工夫をしていかなければならない。

　同時に、大学としても、経営面を含めて気候危機への対策及びSDGs達成に向けた実践をし、その環境の中で、学生を育んでいくことが求めら

26　創価大学SDGs推進センター会議での議論（2022年11月24日）。

27　第1回目は、2021年12月に「SDGs達成に向けた実践者と学生・教員との対話・ネットワーキング会合」を創価大学で開催。「環境・気候変動対策」、「人権と人間の安全保障」という2つのテーマの下、学生の研究活動を発表し、実務者・専門家が、学生の活動の改善や社会実装の為のアドバイスをし、意見交換を行った。https://www.soka.ac.jp/news/2021/12/6716. 第2回目は、2022年12月に開催。https://www.soka.ac.jp/about/sdgs/news_sdgs/2022/09/7549

れている。まさに大学は実践の場でもあるべきなのだ。大学としては、価値創造を実践する世界市民を育成していくことが、地球と人間の共生を含めた世界平和の為の「平和の文化」づくりに貢献していく重要な使命と確信している。

〈参考文献〉

気象庁.『気候変動監視レポート2021』.

環境省.『気候変動影響評価報告書総説』. 2020年12月.

一般社団法人損害保険協会. "令和3年7月1日からの大雨にかかる支払い保険金(見込含む)年度末調査結果". https://www.sonpo.or.jp/report/statistics/disaster/ctuevu000000j470-att/2021_02.pdf.

一般社団法人損害保険協会. "令和3年8月11日からの大雨にかかる支払い保険金(見込含む)年度末調査結果". https://www.sonpo.or.jp/report/statistics/disaster/ctuevu000000j470-att/2021_01.pdf.

ペッチェイ, 池田大作. 1984.『21世紀への警鐘』. 読売新聞社

メドウズ, D.H. 他. 1972.『成長の限界』. ダイヤモンド社

内閣府. "令和3年7月1日からの大雨による被害状況等について(令和3年12月3日)". https://www.bousai.go.jp/updates/r3_07ooame/pdf/r3_07ooame_17.pdf.

Dasgupta, P. 2021. *The Economics of Biodiversity: The Dasgupta Review. London: HM Treasury*.

Giradin et al. 2021. "Nature-based solutions can help cool the planet – if we act now." *Nature*. Volume 593(13 May).

IPCC. 2021. "Summary for Policymakers." Climate Change 2021: The Physical Science Basis. Contribution of Working Group I to the Sixth Assessment Report of the

Intergovernmental Panel on Climate Change. Masson‑Delmotte, V., P. Zhai, A. Pirani, S. L. Connors, C. Péan, S. Berger, N. Caud, Y. Chen, L. Goldfarb, M. I. Gomis, M. Huang, K. Leitzell, E. Lonnoy, J.B.R. Matthews, T. K. Maycock, T. Waterfield, O. Yelekçi, R. Yu and B. Zhou eds. Cambridge University Press.

Munang, R. et al. 2013. "Climate Change and Ecosystem‑based Adaptation: a new pragmatic approach to buffering climate change impacts." *Current Opinion in Environmental Sustainability*. 5: 67‑71.

Nordhaus, W. 2013. *The Climate Casino: Risk, Uncertainty, and Economics for a Warming World*. Yale University Press. [ノードハウス. 2015. 『気候カジノ：経済学から見た地球温暖化問題の最適解』. 藤崎香里訳、日経BP].

Rockstrom, J. et al. 2015. *Big World, Small Planet: Abundance within Planetary Boundaries*. Max Strom Publishing. [ロックストローム他. 2018. 『小さな地球の大きな世界：プラネタリー・バウンダリーと持続可能な開発』. 谷淳也他訳、丸善出版].

Steffen, W. et al. 2018. "Trajectories of the Earth System in the Anthropocene." *PNAS*. August 14. vol.115, no.33: 8252‑8259.

World Economic Forum. *Global Risks Report 2021*.

World Economic Forum. *Global Risks Report 2022*.

제7장

생태학적 위기 극복을 위한 조영식의
시민운동 및 평화운동

하영애*

Ⅰ. 서론: 이론적 배경과 선행연구

2017년 제주포럼(Jeju Forum)에 기조강연자로 초청된 미국의 엘 고어(Al Gore) 부통령은 1시간 동안의 강연에서 기후 위기에 관한 자신의 내용을 동영상과 ppt로 설명하였다. 그는 비행기를 타고 직접 찍은 새빨갛게 산불이 계속 타는 장면과 실증자료들을 보여 주는 생동감과 열정적 강연으로 참석한 수백 명의 청중으로부터 박수갈채를 받았다. 그가 적극적으로 현장의 불길을 담아내는 열정과 때로는 헬리콥터를 이용하여 사진을 찍으러 다닌 것을 보고 연구자의 한 사람으로 감명 깊게 경청하였다.[1] 그러나 그 당시는 기후 위기가 정말 심각하구나 하는 정도의 느낌을 받았지만 문제의식을 가지고 직접

---

* 경희대학교

1   2017년 제주포럼은 엘 고어(Al Gore) 미국 당시 부통령을 비롯한 인도네시아 메가와티(Megawati) 전 대통령 등 다수의 유명한 강연자를 초청하여 1주간 진행되었다. 필자는 제주대학교 평화연구소 세션에 발표자의 한 사람으로 참석하였고 주제는 "Civic Education for the Future of Asia."였다.

연구할 기회는 없었다. 최근에 계절과 관계없이 지속적으로 일어나는 여러 가지 세계적인 기후변화, 즉 폭풍, 화재, 홍수, 가뭄, 해양에서의 쓰나미, 산사태 등으로 지구는 그야말로 몸살을 앓고 있으며 더 이상 지구환경 문제에 대해 대응하지 않으면 몇십 년 후에는 인천공항, 김포공항 등이 사라진다[2]는 보고마저 대두되고 있는 실정이다. 대표적인 사례로 스웨덴의 15세 소녀 그레타 툰베리가 이러한 기후변화에 대응하자는 1인 등교거부 시위를 들 수 있다. 급기야는 세계적으로 200만 명의 시위대가 그녀의 의견을 동조하고 함께 시위에 동참하였고 전 세계가 주목하기 시작하였다. 국내에서는 일찍이 2005년경부터 기후 위기를 강도 깊게 비판하며 지식인들에게 경각심을 일깨웠던 학자로 전 경희대학교 총장 조인원 박사를 들 수 있다. 그는 기회가 있을 때마다 학자들 및 학생들과 대담하며 각종 연설문을 통해서 지구가 겪는 아픔과 행성, 지구변화가 가져오는 경각심과 생태계 파괴에 대해 강한 비판을 쏟아내었다. 이렇게 중요한 생태계 문제, 환경 문제, 자연 문제에 대해 조영식은 어떠한 생각을 했을까? 본 논문은 인간의 제 문제에 대해 뛰어난 철학과 우주관을 가지고 수많은 저작물과 기조강연, 선언문을 통해 세계적으로 공감을 일으켰던 조영식의 사상 중에서 다소 알려지지 않았다고 생각되는 생태계 문제, 자연환경 문제에 대해 중점을 두고 고찰해본다.

우선 사회운동에 관한 이론과 선행연구에 대해 살펴보자. 사회운동은 가치(values), 규범(norms), 구조(structure), 인간행위(human behaviors)라는 네 가지 요소를 포함하게 된다. 첫째, 가치는 사회운동의 한 요소로서, 사회공동체의 구성원으로서 인간이 추구하게 되는 요구(needs), 태도 혹은 욕구(desires)와 관련된 목표 또는 이 목표와 관련된 사물이라고 할 수 있다. 이러한 가치는 종종

---

2 KBS [아침마당] 참고. 2021. 3. 24.

많은 사람의 그에 대한 수용이나 혹은 변혁을 거친 다음에 하나의 관념의 형성을 매개로 성취될 수 있으며, 추상적으로는 사회정의, 평화, 성실 등이 모두 가치의 대상이 될 수 있다.[3] 조영식의 기후 위기와 관련한 사회운동의 가치관은 생태환경, 인간, 평화의 세 가지로 피력할 수 있다. 둘째, 사회운동의 규범(norms)적 요소는 일종의 규칙(rule), 표준(standard), 혹은 행동양식(pattern for action)을 의미한다.[4] 조영식의 기후 위기와 관련한 사회운동의 규범은 세계대학총장회(IAUP: The International Association of University Presidents)의 회의와, 보스턴 선언, 테헤란 선언, 밝은사회운동 헌장, 인류사회재건연구원 정관 등에 기초를 두고 있다. 셋째, 알몬드와 파월(Gabriel A. Almond & G.B. Powell Jr.)은 『비교정치학』(Comparative Politics)에서 구조(structure)에 대해 언급하기를 정치체계의 기본단위의 하나가 곧 정치역할이며, 또한 한 조직의 역할은 곧 하나의 구조라고 역설한다.[5] 역할은 어떤 특정 직위를 담당하고 있는 사람이 사회가 가지는 기대 혹은 요구에 대하여 필히 이행해야 할 하나의 이상적 행위를 일컫는다. 조직구조는 사회운동의 중요한 요소이다. 사회과학에서는 여러 가지 조직과 역할에 대한 정의가 있는데 가장 보편적인 정의를 개략적으로 살펴보면, 조직 또는 조직체계(Organization)란 특정한 목표를 추구하기 위하여 의도적으로 구성된 인간 활동의 지속적인 체계를 일컫는다.[6]

조영식은 조직을 통해 힘을 가질 수 있다는 것을 경험적 사실을 통해 알

3 Louis Schneider, Institution in Julius Gould and William L. Kolb(ed), *A Dictionary of the Science* (1974)(大北: 馬陵出版社, 中華民國64年), pp,15-20; p. 338.

4 Louis Schneider, *op. cit.*, p. 15.

5 Gabriel A. Almond and G. Bingham Powell, Jr., *Comparative Politics; System, Process and Policy*, 2nd(Boston; Little, Brown and Co., 1978), p. 12.

6 Fremont E. Kast and James E. Rosenzweig, *Organization and Management: A System Approach* (New York ; McGrow-Hill Book Co.,1970).

고 있었다. 그는 수많은 조직을 탄생시켰다. 사회봉사조직인 밝은사회운동
(GCS)[7]이 그 대표적인 예라 할 수 있다. 특히 라이온스(Lions), 로타리(Rotary),
제이씨(JC)의 사회운동조직이 모두 미국에서 한국으로 유입되던 것에 비하
여, 밝은사회운동은 한국인 조영식에 의해서 한국에서 태동하였고 세계 각
국으로 확산일로에 있다는 점이 독창적이다. 그는 또한 실천교육운동에 역
점을 두고 한국 최초라는 수식어가 붙는 다양한 연구소를 일찍이 설립하였
다. 즉, 밝은사회연구소, NGO연구소, 사이버 연구소, 인류사회연구소, 국
제평화연구소이다. 이를 총괄하는 조직이 인류사회재건연구원이었으며 그
총재직을 자신이 맡았다. 교육기관으로는 경희학원(초등학교, 중·고등학교, 여자
중·고등학교, 대학교)을 비롯하여 세계대학총장회(IAUP), 인류사회재건연구원,
그리고 그의 사회운동의 한 축인 실천을 중시한 밝은사회운동 조직은 대표
적이라고 할 수 있겠다.

넷째, 인간의 행위이다. 앞에서 말한 가치, 규범, 조직구조는 모두 사회운
동의 정태적 요소이다. 이러한 요소들만 가지고는 그 사회운동이 제대로 기
능을 발휘할 수가 없을 것이다. 그러므로 필히 인간이 개입되어 직위를 가지
고 역할 행위의 각종 활동을 할 때야 비로소 조직체계에 동태적 현상이 발생
하며 나아가 그 기능을 발휘하게 된다.[8] 즉 기후 위기와 관련한 사회운동조
직을 포함하여 하나의 조직체가 그 기능을 발휘하느냐 못하느냐 하는 것은
실제로 어떤 직위의 어떤 사람의 행위와 상당한 관계가 있다고 할 수 있다.

---

7 GCS는 선의(Good Will), 협동(Cooperation), 봉사-기여(Service-Contribution)의 영문약자 GCS
   를 밝은사회의 약칭으로 사용하며, 이러한 GCS 운동의 정신으로 나아가서 GCS(Global Cooperation
   Society)사회를 만들자라고 표현할 수 있다. 하영애, 『밝은사회운동과 여성』, 서울: 범한서적주식회사,
   2005, 제1장 제1절 GCS운동과 관련된 개념들 참고.

8 河暎愛, 『臺灣地方自治選擧制度』, 서울: 삼영사, 1991, p. 22.

비록 똑같은 제도나 법규라 할지라도 그 집행자가 어떤 사람인가에 따라 긍정적 기능과 심지어 잠재적 기능(latent function)을 발휘하기 때문에 어떤 인물인가에 따라 결과적으로 다른 효과가 나타난다.

평화를 중국어로는 화평(和平)이라고 부른다. 이 '화(和)'는 화순, 화협, 조화, 온화를 뜻하고, '평(平)'은 공평, 평등, 평형(平衡)을 뜻한다.[9] 조영식은 평화의 본래의 의미가 화합과 고요함을 말함이요, 평등하게 화합하는 것을 의미하지만 굴종(屈從)과 평정(平定), 평온(平溫)과는 다르다고 지적한다. 학문적으로 평화의 개념은 소극적 평화(negative peace)와 적극적 평화(positive peace)로 구분한다. 소극적 평화란 비교적 간단히 정의되어 전쟁이 없는 상태를 말한다. 그러나 적극적 평화는 한마디로 요약하기가 쉽지 않다. 평화학자 갈퉁(Johan Galtung)은 이를 사랑과 인도주의에 기초한 사회 조화를 위한 열망이라고 했으며,[10] 평화 사상가 조영식은 전쟁이 없는 상태는 물론이고, 인도적이며 개인과 집단을 막론하고 모든 적대관계가 없을 뿐만 아니라 상부상조하고 있을 때 즉, 조화로운 상태를 평화로 보아야 한다[11]고 주장한다. 본문에서는 조영식의 이러한 사상에 기초하여 그의 생태계, 환경, 자연에 대한 사고(思考)를 찾아보고 나아가 그가 추진하고 실천한 평화운동을 고찰해 본다.

---

9   陳立夫, 孔孟學說中之平和, 孔孟月刊, 第十期, 3. 참조.

10 Johan Galtung, "Peace Research: Past Experiences and Future Perspectives," *Peace and Social Structure: Essays in Peace Research*, Vol. 1, Atlantic Highland: Humanities Press, 1975-85, pp. 244-255.

11 조영식, '나의 세계평화백서', 『평화 연구』 제VI권, 제2호 (서울: 경희대학교 국제평화연구소), 1987. p. 19.

조영식에 대한 연구는 안정수[12], 유도진,[13] 하영애,[14] 오영달,[15] 라종일,[16] 김상준,[17] 김민웅,[18] 홍기준[19]을 비롯하여, 최근에 조영식 · 이케다 다이사쿠 연구회 학자들이 함께 쓴 하영애 편저[20] 등 다양하게 이루어져 왔다. 이외에도 Jae Shik Sohn, Pedro B. Bernaldez, 金天一 등 적지 않는 학자들에 의해 국내외적으로 조영식에 관해 연구하고 있다.[21] 그러나 조영식의 기후 위기에 관해서는 구체적인 연구를 찾아보기가 쉽지 않다. 이 글은 조영식은 생태계 문제, 자연문제에 대해 어떠한 인식을 가졌는가에 대한 지적 호기심으로 시작

---

12 안정수, "오토피아의 의미", 인류사회재건연구원 편, 『오토피아의 이론과 실제』(서울: 양문각, 1981).

13 유도진, "오토피아의 이상과 현실", 인류사회재건연구원 편, 『오토피아의 이론과 실제』(서울: 양문각, 1981).

14 하영애, "조영식과 이케다 다이사쿠의 평화운동실천의 비교연구", 『평화학 연구』, 제16권 5호, (2015).

15 오영달, "칸트의 영구평화론과 조영식의 오토피아평화론: 세 수준의 이론적 분석", 『아태연구』, 제17권 제2호.(2010)

16 라종일, "뜻과 의지 그리고 실천의 세계: 미원 조영식의 사상과 생애", 미원 조영식박사기념사업회 편, 『문화세계의 창조: 새로운 미래를 향해』(서울: 경희대학교 출판문화원, 2014).

17 김상준, "문화세계의 창조와 미도의 민주주의", 미원 조영식박사 기념사업회 편, 『문화세계의 창조: 새로운 미래를 향해』(서울: 경희대학교 출판문화원, 2014).

18 김민웅, "거대사적 관점에서 본 문화세계의 창조: 문명융합의 회로, WWW", 미원 조영식 박사 기념사업회 편, 『문화세계의 창조: 새로운 미래를 향해』(서울: 경희대학교 출판문화원, 2014).

19 홍기준, "조영식의 전승화론: 전일적 통찰력의 과학적 인식", 제2차 조영식 · 이케다 다이사쿠 학술심포지엄 발표논문, 2018; 『조영식 코드: 문명전환의 시대에 전하는 메세지』(서울: 인간사랑, 2022).

20 하영애 편저, 조영식 · 이케다 다이사쿠 연구회논총 ① 『조영식과 이케다 다이사쿠의 평화사상과 계승』(파주: 한국 학술정보), 2018; 조영식 · 이케다 다이사쿠 연구회논총 ② 『문화세계의 창조와 세계시민』(파주: 한국 학술정보), 2020.

21 金天一, 『當代韓國哲學 Oughtopia 解析』(서울: 경희대출판국, 2005); 金天一, 『重建人類社會的燈塔－趙永植博士與 GCS運動』, 서울: 경희대출판국, 2005; 경희대 인류사회재건연구원 · 요녕 대학 오토피아연구센터, 『오토피아니즘을 통한 인류사회의 재건』, 2003; 하영애, "오토피아(Oughtopia) 이론의 전개와 실천 그리고 세계평화를 위한 그 의미", 2009 한국국제정치학회 연례학술회의 발표논문(12월 12일); Jae Shik Sohn, *Restoration of Morality and Humanity*(Seoul: The Institute of International Peace Studies, 1994); Pedro B. Bernaldez, *Oughtopian Peace Model for Neo-Renaissance*(Legazpi: Aquinas University of Legazpi, Inc., 2002); Pedro B. Bernaldez, *Praxis of Oughtopia*(Seoul: The Institute of International Peace Studies, 1996).

하게 되었다. 연구 방법으로는 정치학, 평화학, 인류학과 관련한 문헌 연구
를 중심으로 진행하였으며, 본 논문은 아래의 몇 가지에 중점을 두고 고찰
하였다.

첫째, 조영식의 생태학적 · 자연환경 위기의 연원은 무엇인가?
둘째, 평화, 세계평화는 왜 중요한가?
셋째, 생태학적 · 자연환경 위기극복을 위해 어떠한 사회운동을 전개하였는가?
넷째, 조영식의 생태학적 자연환경 위기의 시사점은?

II. 조영식의 생태환경 자연보호와 평화에 대한 사상

조영식은 생태환경, 자연보호, 평화에 왜 관심을 갖게 되었는가? 그 근원
은 무엇인가? 그는 1974년의 저서 『인류사회의 재건』에서 과학의 문제점,
과학만능이 가져온 폐해를 지적한다. 그는 말하기를,

> 과학기술의 발달은 축복과 동시에 화(禍)도 초래하고 있다. 물량적 풍요
> 와는 역 비례적으로 대기오염, 수질오염, 소음공해, 환경파괴, 인구폭발,
> 식량부족, 정신공해, 정보공해 등 인간의 생존을 위협하는 요인들이 증
> 가하고 있는 것이다.[22]

그는 거의 반세기 이전부터 우리 사회가 야기한 대기오염, 수질오염, 환경

---

22 조영식, 『인류사회의 재건』, 을유문화사, 1975년 2월 초판 발행, 10월 3판 발행, p. 30.

파괴 등을 인식하고 이러한 환경문제가 자칫 과학만능과 인간이 편리를 추구하다가, 정작 인간이 무시되고 전통이 무시되고 문화가 무시될 뿐만 아니라, 나아가 이러한 것들이 자기 증식하는 상황을 우려하고 있다. 그래서 그는 이를 지적하고 경고하며 방향 설정을 촉구한다. 조영식은 강조한다.

> 현대사회는 기계의 능률만이 우선하고 인간존재가 무시되는 시대, 전통적인 문화가 무시되고 정신적 고뇌와 불안이 가득 찬 시대, 가능하면 무엇이든지 개발하고 생산하며 과학, 기술, 문명, 제도, 조직 등이 스스로 자기증식(自己增殖)을 하는 시대, 최대생산의 원리와 최대능률, 최대소비가 사회를 지배하는 시대---(중략) 인간소외와 상호불신--현대문명의 발전과 변동의 요인은 무엇인가?[23]

조영식은 당시 프랑스의 농업경제학자인 뒤몽(Rene Dumont)의 저서를 읽고 지구가 이대로 가다가는 생물과 같이 죽어갈 것이라고 우려하며[24] 특히 대량살상을 가능케 하는 핵무기의 무제한 개발은 인류 종말을 가져올 수 있다고 지적한다. 그는 수많은 자료를 검토하고 인용하였다. 예컨대, 미소양국이 가진 수소폭탄의 10분의 1만 가지고도 전 세계를 사멸시킨다. 1971년 미국 군축관리국이 조사 보고한 바에 따르면, 연간 세계의 군사비 총계 2천 6백억 불은 세계의 교육비(1,680억 불)와 공중위생비(400억 불)의 합계를 능가하고 있다. 과학기술의 폐해는 '사상 제2의 대야충(大野蟲)시대'를 맞이하고 있

---

23 조영식, "과학기술의 발달은 인류세계에 기여하고 있는가." 『인류사회의 재건』, 서울: 을유 문화사, 1975년 2월 초판 발행, 10월 3판 발행, pp. 27-28.

24 뒤몽(Rene Dumont)은 1968년 경희대학교에서 개최한 세계대학총장회 제2차 대회에서 한 기조 연설에서도 강조한다. The International Association of University Presidents-Second Conference, Seoul; Kyung Hee University, 1968, pp. 110-122.

고 사람과 과학기술의 관계가 전도되고 있다. 사람은 창조자로서 과학과 기술을 발전시켜왔음에도 불구하고 이제는 피조물인 기계가 주인을 지배하는 아이러니가 나타나고 있다.[25] 따라서 사람은 개성을 잃고 기술노예(machine slave)가 되어 분자화·몰개성화(沒個性化)를 체험하며 불안한 삶을 살아가고 있다. 그러므로 기계문명 과학문명이 가져온 양면성에서 인간은 직시할 수 있는 안목을 가져야 진정한 행복을 추구하는 사회가 된다고 강조한다.

조영식은 '인간'을 중요시 했으며, 인간이 가지고 있는 무한한 잠재력에 기대를 가지고 믿고 싶다고까지 했다. 특히 인간의 강인한 의지 역량을 설득력 있게 강조한다.

> 사람의 예지와 능력-아직 개발되지 않은 잠재력까지도-을 믿고 싶다. 반드시 해야 할 일은 어떤 수단과 방법을 고안해서라도 꼭 해내고야 마는 인간의 강인한 의지적 능력을! 사람이 이 신념을 배양하려면 역사적·철학적 안목을 가져야 한다. 근시적으로 오늘의 어지러운 상황만을 보지 말고 거시적으로 인류의 과거와 현재 미래로의 전망을 할 줄 알아야 한다. … 아무리 환경이 어지럽다고 해도 우리는 하루속히 인간성과 자연성을 되찾아서 자연파괴를 중지하고 과학만능·인조만능(人造萬能)·합리위주를 지양하고 지식과 기술을 올바르게 사용하여 과학문명이 정당하게 인간에게 봉사되도록 해야 한다.[26]

그는 인간은 인간성과 자연성을 찾아서 자연파괴를 막아야 하며 특히 인간의 운명은 인간이 스스로 창조한다고 주장한다. 그 가능성을 '인간의 의식

---

25 조영식, 『인류사회의 재건』, 서울: 을유 문화사, 1975년 2월 초판 발행, 10월 3판 발행, p. 31.
26 조영식, 『인류사회의 재건』, pp. 64-65.

적 지도성(意識的 指導性)'에서 찾을 수 있다고 보았다. 여기서 의식적 지도성은 그의 주요 사상인 '주의(리)생성이론[主意(理)生成理論]'과 '전승화 이론(全乘和 理論)'에서 강조된다. 그는 말하기를,

> 인류의 당면한 긴급과제인 과학기술의 개발과 정신개발의 조화, 즉 의식적 지도성에 입각한 정신과 물질의 통정을 기하는 일의 성패도 우리의 마음에 달려있음으로 인간의 운명은 인간이 스스로 창조한다. 고 말할 수 있다.[27]

다음으로 조영식은 인간의 의지력과 국가발전을 연구하게 되는데 그 계기를 찾아보자. 그는 1950년대부터 세계 여러 나라를 시찰하면서 그 사회의 발전요인이 무엇인가를 찾으려 하였다. 그 결과 그것은 그 나라의 풍부한 자원이 아니라 국민의 의식과 일하고자 하는 의욕이라는 사실을 발견하게 되었고『우리도 잘 살 수 있다』는 저서를 집필하게 된다. 이후 그는 '잘살기운동'을 전개하였고 이는 60년대 새마을 금고로 발전하였으며[28] 후일 새마을운동의 계기가 된다. 우리나라는 70년대에 들어와 경제가 발전하고 고속도로 건설과 산업시설 기반은 늘어 갔으나 외국문물의 무비판적 도입으로 사회적으로는 가치관의 혼란, 무질서와 부정부패가 국민의 의식 속으로 침투되었고 범죄와 폭력이 난무하는 사회적 혼란이 야기되자 조영식 박사는 우리의 사회가 올바른 방향으로 나아가기 위한 방안으로 '건전사회운동'을 제창하였다.[29]

---

27 조영식,『인류사회의 재건』, p. 63.

28 신대순 · 이환호,『밝은사회로 가는 길』, 서울: 도서출판 신아, 1997, p. 93.

29 경희대학교 인류사회재건연구원 밝은사회연구소,「밝은사회 연구:특집 사회변동과 바람직한 공동체

특히 미국 독립 200주년인 1975년에 보스턴에서 개최된 세계대학총장회의 제4차 회의에서 조영식은 '대학사회가 인류사회의 안전과 평화, 복지를 위하여 어떤 기여를 할 수 있는가'라는 문제에 대해 열띤 논쟁을 하였고, 한국에서의 여러 가지 경험을 전 세계적으로 확산하며 "사회가 물질적으로 심화되고 비인간화되는 것을 시정하기 위하여 세계적으로 '밝은사회운동'이 전개되어야 한다."고 역설하였다. 당시에 참가한 세계 49개 국 700여 명의 세계대학총장들은 '보스턴 선언(Boston Declaration)'을 채택하게 된다. 이 선언에서는 '과학기술의 통어', '인간 중심', '민주평화주의' 등의 내용으로 만장일치로 채택하였다. 이 보스턴 선언에 의거하여 미래 한국에서 사회운동의 큰 축을 담당하게 된 밝은사회운동[30](즉 선의, 협동, 봉사-기여(GCS: Good Will, Cooperation, Service-contribution)의 태동을 보게 되었고 이를 토대로 하여 1978년에 테헤란에서 개최된 제5차 IAUP에서 '국제 밝은사회 클럽(GCS International)'이 결성되고 운동화 할 것을 다짐하면서 그 취지와 이념을 담은 테헤란 선언을 발표하게 되었다. 그 내용 중에는 자연의 조화, 지구 협동이 명시되어 있고 이를 성취할 수 있도록 온갖 노력을 다해야 한다고 강조하였다.[31]

이러한 자연의 조화, 환경파괴에 대한 우려는 그가 훗날 세계적인 NGO 운동의 한 축을 담당하는 밝은사회운동을 제창하게 되었는데 그중에서 '자연애호운동'으로 명명하고 국내는 물론 많은 국제 밝은사회 국가들도 이를

　　시민의식」, pp. 157-158.

30　조영식은 선의의 생활, 협동의 생활 외에 특히 봉사-기여의 생활에 대해서도 강조한다. 기여하는 마음은 또 한 단계 더 높은 것으로 자기 여력을 가지고 돕는다는 것이 아니라 자기의 모든 노력, 자기의 일생을 걸어 이룩한 모든 것을 사회에 환원한다는 의미에서 더욱 높이 평가한다. 바꾸어 말하면 기여의 정신은 곧 희생의 정신이라고 해도 좋다. 사회발전에 그리고 평화정착과 문화 창조에 이바지하는 마음이기 때문이다. 조영식, 『오토피아』, p. 247; 하영애, 『밝은사회운동과 여성』, 서울: 범한서적주식회사, 2005, pp. 3-7.

31　신대순 · 이환호, 『밝은사회로 가는 길』, 서울: 도서출판 신아, 1997, pp. 97-99.

시행에 옮기게 된다. 즉 1978년에 한국에서 밝은사회 운동본부를 창립하면서 이 자연애호운동은 5대 운동의 한 항목으로 명문화되었다.[32] 이처럼 조영식은 생태계 보존에 우리 모두가 관심을 가져야 한다고 주장하였다. 그는 이 사상을 '자연애호운동'이라고 표현하였는데, 자연애호운동은 우리가 살고 있는 지구에서 파괴되는 자연 환경을 적극 보호하고 파괴된 자연을 원상태로 복원시킴으로써 자연으로 하여금 인간의 삶을 풍요롭게 하고 인간에게 참된 안식처를 제공하도록 하는 운동이다. 그러므로 동·식물을 보호하고, 생태계 보존에 힘쓴다. 나아가 유엔이 권장하는 환경보호운동에 동참한다[33]고 명기함으로써 전 세계 밝은사회 회원들에게 생태계 보존에 유엔과 함께 할 것을 권장하고 있다. 조영식과 함께 밝은사회운동을 전개하였고 평화복지대학원 원장과 통일원 장관을 역임한 손재식 박사는 밝은사회운동에 대해, 지구적 차원에서 전쟁, 테러, 대량살상무기의 확산, 극심한 빈곤과 아사자의 속출, 대기오염과 지구온난화 및 오존층의 파괴, 자연자원의 고갈, 인권유린 등 수많은 사람의 안전이 위협받는 심각한 문제들에 봉착하고 있는데 이와 같은 문제들을 해결하기 위해서는 근본적이고도 종합적인 처방이 필요하거니와 '밝은사회운동'은 바로 그러한 요청에 부응하기 위한 것이다[34]라고 제시한다.

조영식은 이 밝은사회클럽의 회원이 실천하는 5대 운동의 덕목 중에 '세계평화운동'을 왜 하는가를 명시하고 있는데, 이 역시 그의 초기 사고에서 빼놓을 수 없는 주요 사상 중 하나이다. 문헌에서는 세계평화운동이 인종과

---

32 그가 창립하여 세계운동의 하나로 추진되고 있는 밝은사회 클럽 회원들이 실천하는 5대 운동에 자연애호운동과 세계평화운동이 명시되었고, 국내는 물론 전 세계 GCS 클럽의 모든 회원은 매월 정기모임 시에 이 자연애호운동과 건전사회운동, 잘살기운동, 인간복권운동, 세계평화운동의 5대 운동을 함께 선언하고 회의를 시작한다.

33 경희대학교 인류사회재건연구원 밝은사회연구소, 『밝은사회운동 30년사』, 2007, p. 117.

34 하영애, 『밝은사회운동과 여성』, 추장사(推獎辭) 중에서.

국가에 대한 편견을 버리고 인류의 다양성을 인정하며 화합을 증진할 것임을 분명히 한다. 천재지변과 전쟁으로 고통받는 희생자들에게 도움의 손길을 제공하며, 국가 간의 교류를 증진하여 친선을 도모한다. 유엔의 역할과 기능을 강화하여 영구평화에 기여한다[35]고 적고 있다.

조영식은 어떻게 하면 세계의 많은 국가가 전쟁을 하지 않고 평화문제를 해결할 수 있을까에 고심하면서 국제적으로 이러한 문제에 관심을 가질 수 있도록 무언가 돌파구를 찾기 시작하였다. 그는 세계의 지성인들을 모아서 '세계대학총장회의'를 발기하였고, 1965년 영국 옥스퍼드대학교에서 개최된 제1회 대회에서 4명의 발기인의 한 사람으로서 연설을 하게 되는데, "우리는 인류세계의 영원한 평화를 위하여 함께 노력하고 나라 사이의 독특한 전통문화 등에 대하여 깊은 이해를 하도록 하며, 상호 간 협력을 굳게 다져 내 나라의 이익과 타국의 이익을 함께 생각하며, 전쟁을 막고 평화에 대한 의식을 높여서 나라 사이의 다툼이 없도록 지혜를 모읍시다."[36]라고 총장들을 설득하였다.

조영식의 생애를 보면, 그는 1921년 11월 22일 평안북도 운산에서 태어났으며 어린 시절 민족적 수난기와 혼란기를 겪었고 '학도병 의거사건'을 주도하여 감옥생활을 하였고 해방 이후 월남하였다. 전쟁의 참혹함을 누구보다도 느꼈던 그의 성장 배경과 환경은 평화에 대한 깊은 사색에 기초하여 오토피아 평화론을 제시하였으며 평화에 대한 정신과 집념이 남달랐다.

100인이 함께 쓴 조영식에 관한 저서 *Global Leader With Great Vision*에서는 Boutros Boutros-Ghali 유엔사무총장을 비롯하여 F.H. Hinsley,

---

35 경희대학교 인류사회재건연구원 밝은사회연구소, 『밝은사회운동 30년사』, 2007, p. 118.
36 조영식, 『아름답고 풍요하고 보람있는 사회』, 제II권, 서울: 경희대 출판국, 2003, pp. 757-758.

Norman D. Palmer, N. Radhakrishnan, 이한빈 박사, 이원설 IAUP 사무총장, 중국, 일본 등 세계적 석학들과 유엔관계자들이 그의 평화사상과 활동에 대한 진정어린 찬사를 아끼지 않음을 알 수 있다.[37] 조영식은 IAUP 설립의 발기인과 회장으로 70년대 말 전 세계가 제3차 세계대전이 발발할 것이라는 긴급한 상황 속에 1개월간 유엔에 상주하면서 전 세계 정치인, 유엔 관계자, 학자와 같은 영향력 있는 인사들에게 전쟁의 폐해와 평화의 소중함을 설득하고 2,000여 통의 서신을 보내는 등 살신성인의 노력 끝에 1981년 유엔 총회로 하여금 154개국 참가국의 만장일치로(몇 개 국가에서 반대 의사가 있었기 때문에 3일 이후 다시 유엔총회의 회의를 재개하여) 9월 21일(셋째 주 화요일)을 세계평화의 날로 제정 공포하였다.

이처럼 조영식은 세계가 우주만물의 영장인 인간이 중심이 되어야 하며, 인간이 평화스러운 사회 나아가 세계가 평화로운 삶을 위하여 생태환경과 자연보호의 위기를 극복해야 한다고 주장하였다.

III. 생태 위기, 자연보호, 인류를 위한 평화의 실천

1. "1999 서울NGO 세계대회"와 생태 위기 극복을 위한 사회운동 전개

조영식의 생태환경 사상은 다양한 문헌에서 지속적으로 보이고 있으며

---

37 Boutros Boutros-Ghal, "Chancellor Choue And The United Nations", pp. 37-40; F.H. Hinsley, "The Initiator Of The LAUP", pp. 60-63; Norman D. Palmer, "Globalist Born For This Era", pp. 137-139; Won Sul Lee, "The IAUP And Dr. Choue", pp. 84-100; N. Radhakrishnan, "Dr. Young Seek Choue: A Champion Of World Peace", pp. 476-485.
   The publication committee of Global Leader with Great Vision, *Global Leader With Great Vision* 참조.

지구상 생명체의 멸망을 예견하고 이를 타개하기 위해 우리 모두의 경각심을 촉구하고 실천을 강조한다. 1998년 경희대학교가 UN한국협회, 밝은사회 국제클럽 등과 공동 주최한 제17회 UN 제정 세계평화의 날 기념식상에서 발표한 기조연설문[지구공동사회 대헌장]에서는 다음과 같이 주장한다. "이 세상에는 무수한 생명체가 탄생하였는데 약 25-26억 년이라는 긴 세월을 지나오면서 지금까지 살아남은 생명체가 겨우 1%에도 미치지 못한다는 것을 알게 됩니다. --오직 인간만이 승리의 개가를 울리며 … 과거 인류 상호 간의 투쟁역사가 보여 주듯이 앞으로도 계속 양육강식하며 사생결단을 해야 할까요?"[38] 그는 또한 미래를 꿰뚫어 보는 듯 태양의 핵연료가 많이 타버리면 지구상의 생물도 멸망할 것이라고 했다. 그는 말하기를,

우리가 사는 은하계의 생명주기는 약 800억 년, 태양과 지구는 약 100억 년 그러니까 모든 별은 성운과 가스로 응축되었다가 일생을 다하면 노쇠하여 원래의 제 모습대로 우주진이 되어 하늘로 무산되고 맙니다. 우리가 살고 있는 은하계도 앞으로 약 300억 년가량이 더 지나 팽창하다 노쇠기에 들어서면서 400억 년 후에는 소멸됩니다. 우리 태양계도 마찬가지로 50억 년이 지나 태양의 핵연료가 많이 타버리면 붉은빛을 내며 더 커져 가열되면서 지구상 생물의 멸망은 물론 지구 자체도 분해되어 버릴 것입니다.[39]

그의 이러한 생태환경과 평화에 관한 사상은 시민공동체를 기반으로 한

---

38 조영식,『아름답고 풍요하고 보람있는 사회』, 제1권 (서울: 경희대 출판국), p. 67. [지구공동사회 대헌장]

39 조영식,『아름답고 풍요하고 보람있는 사회』, 제1권, p. 67. [지구공동사회 대헌장]

세계 NGO의 회의를 서울에서 개최하면서 더욱 포괄적인 인류의 관심사로 부각되었다.

조영식은 23년 전인 1999년에 "1999 서울NGO 세계대회"를 한국의 서울에서 개최하였다.[40] 자신이 결성한 밝은사회 국제본부 국제클럽, 경희대학교, 유엔경제사회이사회(ECOSOC) 3자가 공동주최한 이 회의는 규모와 참석인원 면에서 지금까지 개최한 리오 환경회의(1992), 비엔나 인권회의(1993), 카이로 인구회의(1994), 북경 세계여성NGO 대회(1995) 등의 단일 NGO 회의와는 비교할 수 없는 108개국 1만여 명이 참석하여 국내외적으로 사실상 NGO 회의의 체계화를 마련하였다. 특히 이 대회의 주요 패널의 하나로 '환경운동과 주거' 패널을 설정하였다. 그 당시 다양한 발표와 토론이 전개되었는데 주요 내용을 보면 아래와 같다.[41]

주제는 기후변동협약(제5회 동아시아 대기 행동 네트워크에 대한 국제회의), 회의는 10월 13일 15:00-16:30에 개최되었는데 이 분과토의는 [환경정의시민연대] 주관으로 "기후변동협약과 관련한 각 나라 추진상황을 두고 논의하였다. 쇼헤이 요네모토 발표자는 "교토 협정서 이후 아시아 지역의 환경협력"이라는 주제로 발표했는데 그는 교토 협정서는 기후변동협약의 틀 아래에서 이루어진 활동들을 집약함으로써 하나의 전환점이 되었다고 평가했다. 그러나 실질적인 국제협력활동이 미미한 수준에서 이루어짐으로써 지구온난화에 대한 과학적 접근의 한계를 보여 주었다고 지적하였다. 또한 교토 협정서의 핵심 사항 중 하나는 2008년에서 2012년까지 유럽연합, 일본, 미국이 온실가스 방출량을 6-8%가량 줄이는 것이었는데, 아직까지 구체적인 목표치

---

40 1999 서울NGO 세계대회 조직위원회, 『1999 서울NGO 세계대회 백서』, 2000.
41 1999 서울NGO 세계대회 조직위원회, 2000. pp. 169-175.

설정과 논의조차도 이루어지지 않고 있다고 했다.[42] 중국에서는 환경과학을 위한 대기환경시뮬레이션센터(Atmospheric Environmental Simulation Center)의 후민 발표자는 "중국의 대기오염" 논문에서 환경오염실태를 보고하였다. 중국은 1990년 들어와 경제발전을 이루었으나 이와 동시에 심각할 정도로 진행된 환경파괴 문제는 사회경제 발전 전반에 결정적인 영향을 미치는 주요 문제로 대두되었다고 지적하였다. 이에 중국은 환경오염과 생태파괴를 통제하기 시작했으며, 아울러 중국의 주요 환경문제는 인구증가, 빈곤, 도시화, 산업화, 대기환경 상황, 산성비나 오염물질 같은 대기오염이라고 말하고 환경정책과 환경관련 기술에 대한 중국 내 반응을 소개하였다.[43] 최근 들어 중국은 우리나라의 환경문제에 대해 가장 커다란 문제점을 시사하고 있다. 황사, 미세먼지의 진원지가 되고 있는 것이다. 이처럼 조영식은 수십 년 전부터 세미나를 통한 사회운동을 전개하여 기후 위기, 환경문제에 관한 국제적 의식변화를 촉구하였다.

2. 밝은사회운동을 통한 생태계 환경보존운동의 실천

조영식의 생태환경, 자연보호에 대한 실천 중의 하나는 기조연설문, 선언서, 국제세미나 등에서 대중적 연설 등을 통해 지식인들을 향한 호소로 진행되었으며 '의식변화'를 강조했다. 또 하나는 각종 조직을 통해서 자신의 이념을 추진해 나갔다. 조직체는 그들이 목표로 하는 강령을 통해 활동함으로써 그 역할을 한다. 조영식은 많은 조직체가 자연이 인간에게 주는 혜택에 감사하기 위하여 생활에서 나무와 꽃을 심고 기르는 것은 물론 거리환경을

---

42 『1999 서울NGO 세계대회 백서』, 2000. p. 171.
43 『1999 서울NGO 세계대회 백서』, 2000. p. 171.

깨끗하게 하는 데 역점을 두었다. 밝은사회 클럽의 자연애호운동은 경희초등학교 GCS클럽, 중·고등학교 GCS클럽, 여자 중·고등학교 GCS클럽 및 GCS대학생클럽, 의과대 클럽, 치과대 클럽 등을 통해 실천에 옮겼으며, 전국의 모든 클럽에서도 이는 매년 실시하고 있다.

조영식은 후진문제사회연구소(1964. 3. 1)를 설립하고 개발과 환경의 균형적 조화라는 측면에서 1973년부터 '꽃길·꽃동리 가꾸기 운동'을 전개하였으며 인간은 자연 속에서 살고 있음을 강조하며 "자연을 사랑하자, 자연에서 배우자, 자연에서 살자"라는 표어로 실천하였다. 특히 1974년부터는 '환경녹화미화상'을 제정하여 매년 환경녹화와 미화를 통해 지역사회 발전에 공헌하고 있는 학교, 마을 또는 직장 및 공로자를 선정하여 시상함으로써 자연환경을 보호하는 데 기여하였다.[44] 또한 나무심기, 무궁화 꽃 보급, 쓰레기 및 오물수거, 수질개선, 맑은 강 만들기를 진행하였다. 이러한 조영식의 자연환경운동의 이론과 실천을 받아들여 회원단체에서도 수질개선과 맑은 강 만들기에 적극 동참하였다. 예컨대, '밝은사회 동두천 클럽'은 1996년과 1998년에 각각 200만 원씩을 하천 정화운동에 사용하였고, '밝은사회 호남클럽'은 나무심기에 200만 원을, 밝은사회 안중클럽은 1997년 평택시 고덕면 하천부지에 400만 원을 들여 공원을 조성하였다.[45] 이 자연환경운동은 1992년부터 94년까지 2년간 총 2천 4백 5십만 원이 소요되었다.[46] 회원들은 봉사함으로써 보람을 느꼈고 자연환경의 중요성을 되새기는 계기가 되었으며 동두천 클럽의 정화운동은 지역 하천의 수질을 개선함으로써 시민들의 좋은 평가를 받았다.

---

44   경희대학교 인류사회재건연구원 밝은사회연구소, 『밝은사회운동 30년사』, 2007, 30년사, pp. 144-148.

45   하영애, 『밝은사회운동과 여성』, p. 128.

46   황병곤 편저, 『밝은사회(GCS)운동 활동백서』, pp. 86-87, 90-91, 93-97.

나아가 조 박사 자신도 이 운동에 동참하였는데 GCS 서울클럽회원들과 함께 경기도 진접의 봉선사 일대와 수목원까지 집게와 비닐봉투를 들고 휴지, 담배꽁초, 쓰레기 등을 직접 수거하였다.[47]

프랑스의 리스 시장에서는 농부들이 직접 가꾸어 온 각양각색의 꽃들이 즐비하고, 싱싱한 꽃을 사러 나온 사람들은 식탁에 올리고 선물하는 즐거움으로 줄지어 구매한다. 한국에서도 이제 꽃은 결혼식, 가게 개업, 각종 기념일 등 우리의 생활에서 필수적이다. 조영식은 아름다운 자연을 추구하였고 사람과 자연이 조화를 이루기 바랐으며, 이미 50-60대에 대학 전교생들과 꽃길 가꾸기를 시작하였다. 캠퍼스 곳곳에는 작은 풀, 돌 하나에까지 그의 손길이 가지 않는 곳이 없으며, 그 자신이 직접 교문 앞과 운동장에 낙엽 쓸기를 진행한 것은 많은 사람에게 그의 인간미를 느끼게 하였다.

3. 살신성인의 의지력으로 이룬 '세계평화의 날'과 '세계평화의 해'

세계대학총장회의 창립 대회시(1965년) 옥스퍼드대학에서 행한 기조연설에서 "세계 인류의 진정한 평화를 얻기 위해서 인류는 공동번영을 기해야 한다"라고 역설했던 조영식은 각국의 치열한 경쟁을 물리치고 제2차 IAUP 회의를 한국의 경희대학교에서 개최하도록 유치하는 데 성공하였다. 그리고 3년 뒤 1968년 제2차 IAUP 회의에서 세계의 진정한 평화를 위해 동서양 문화의 융화점을 어떻게 찾아야 하는가에 역점을 두고 '동서양 문화의 융화와 세계평화의 증진'[48]을 첫 번째 의제로 설정하였다. IAUP 서울대회 개막식에

---

47 '밝은사회 서울클럽'의 회원이기도 했던 조영식은 평화복지대학원의 행사에 참여한 후 휴식 시간을 이용하여 교수 및 학생들과 회원들이 함께 깨끗한 자연환경 가꾸기에 솔선하였다. 2002년 9월 25일
48 경희50년 편찬위원회, 『경희50년사(상권)』, 서울: 경희대 출판국, 2003, p. 247. 당시 국민소득 80불의 열악한 국가에서 전 세계 석학들을 한국으로 초청하는 일은 쉽지 않은 상황이었지만 IAUP 회장

직접 참석하여 축사를 해 준 박정희 대통령은 후일 서신에서 "귀하께서 주동이 된 세계대학총장회가 발전을 거듭하여 교육을 통한 인류의 평화. 복지 그리고 안정을 이룩하는 데 있어서뿐만 아니라 한국 국민과 각국 회원들 간의 유대강화에 이바지하고 있는 것을 경하해 마지않습니다."[49] 라고 인류의 평화를 위해 노력하는 조영식에게 격려의 서신을 보내 왔다.

그의 평화실천을 위한 다양한 행보는 끊이지 않고 진행되었다. IAUP이사회는 부설기관으로 '국제평화연구소'를 경희대학교에 두고 경제적으로 자립할 때까지 모든 재정적 부담을 경희대가 진다는 내용으로 1979년 12월 28일 설치되었다. 그 외에도 조영식의 평화를 위한 판문점에서의 '인간 띠 잇기 운동', '일천만 이산가족 재회운동' 등 이루 말할 수 없이 많다. 남북한의 평화통일에 기여하고자 결성된 '일천만 이산가족 재회추진위원회' 위원장(1982년)으로 18년간 7선에 연임되면서 대규모 결의대회, 세미나, 호소문 채택 서명운동을 개최하였으며 1994년의 서명운동은 153개 국가에서 각국의 전·현직 수반, 33명의 노벨상 수상자를 비롯하여 21,202,193명이 서명하여 참가국 수와 참가 인원 수에서 기네스북에 오르는 신기록을 세웠다.

조영식은 평화교육을 목적으로 경희대 평화복지대학원을 건립하였고 (1984), 이 대학원은 교육기관으로는 세계 최초로 UNESCO 평화교육상을 수상하였다(1993). 또한 세계평화의 해를 계기로 영문판 『세계평화대사전-World Encyclopedia of Peace』(1986)을 편집 발행하였다. 조영식의 평화사상의 실천을 위한 활동은 대단히 많다. 국제회의석상에서의 결의문 또는 선언문의 제안 및 채택이 37개, 저술 활동 36권, 논문발표 67편, 작시와 작

　　피터 샴마르티노 박사 부부 등 34개 국가에서 154명이 경희대학교에서 개최된 제2차 대회에 참석하였다.

49　경희50년 편찬위원회, 『경희50년사(상권)』, 서울: 경희대 출판국, 2003, p. 249.

사 47편을 비롯하여[50] 각 국가의 지도층 인사들을 대상으로 수많은 연설을 하였다. 박상식 대사는 조영식의 평화사상에 관해 오토피아를 연구한 후, 인류가족 정신에 의한 평화 협동사회를 건설해야 하며 하나의 인류, 하나의 규범, 하나의 지구라는 생각으로 세계평화를 이룩해야 한다[51]는 평화정신을 강조했다.

가장 주목할 점은 그가 평화를 위해 유엔총회에, IAUP 회장이며 의장으로서 제의한 '세계평화의 날'과 '세계평화의 해' 제정을 위한 불굴의 의지력이다. 그는 왜 목숨을 걸고라도 평화를 추구하고자 했을까? 그가 당시 생각한 것은 지구 구석까지 화생방 무기를 운반할 수 있는 각종 단·중·장거리 미사일이 있고 인공위성으로 먼저 내려다보고 핵이 배치된 곳과 전략상으로 중요한 곳을 선제공격하면 전쟁은 불과 30분도 걸리지 않고 인류세계는 폐허가 되고, 또 그 후에 낙하된 방사진으로 오염되어 살아 남아 있던 생물마저도 죽게 되리라는 확고한 견해를 가지고 있었기 때문에[52] 제3차 핵 대전을 피할 수 없고 결국 한반도가 위치한 동북아시아에서 최후의 결전을 하게 될 것이라는 결론을 얻게 되었다. 이러한 근거는 그가 국제평화연구소를 만들기 이전부터 스탠포드의 전략문제연구소, 스웨덴의 스톡홀름 국제평화연구소(SIPRI), 영국의 국제전략연구소(IISS), 미국의 브루킹스 평화연구소, 조지타운의 전략문제연구소 등 많은 연구기관을 방문하여 여러 번 브리핑을 받고 회의를 가지면서, 이 3차 핵 대전을 방지하기 위해서는 SDI(Strategic Defence

---

50 손재식, "미원 조영식 박사의 평화사상과 실천", 하영애 편저, 『조영식-이케다 다이사쿠 연구회 총서 ② 문화세계의 창조와 세계시민』, 파주: 한국학술정보 (주), 2020, p. 31.

51 박상식(전 유네스코 대사), "조영식 박사의 사상: 문화세계와 인류사회의 재건", 하영애 편저, 『조영식-이케다 다이사쿠 연구회 총서② 문화세계의 창조와 세계시민』, 파주: 한국학술정보 (주), 2020, p. 108.

52 경희50년 편찬위원회, 『경희50년사(상권)』, 서울: 경희대 출판국, 2003, pp. 240-248.

Initiative)와 같은 신무기를 개발하여 방지할 것이 아니라 인간의 마음을 바꾸어 평화애호 사상과 평화수호사상을 고취해 국제대기를 바꾸어야 하며 그 중심에 지성인을 대표하는 IAUP가 그 역할을 해야 한다고 결심하게 된다. 그 후 IAUP 제6차 총회(1981. 6. 27-7. 3)가 코스타리카 산호세에서 열렸을 때, "The Great Imperative: Peace is more Precious than Triumph"라는 제목의 기조연설을 통해 유엔이 세계평화의 날과 세계평화의 해를 제정 공포하도록 제안하여 이를 700여 명의 대학총장들의 전원일치로 통과시켰다. 1981년 당시 한국이 유엔의 회원국이 아니었기에(1991년 9월 가입) 의안을 제출할 권한이 없어서 조영식은 회의에 참석했던 코스타리카의 로드리고 카라조 대통령과 협력하여 아돌포 피자 에스카란테(Adolf Piza Escalante)[53] 주 유엔 코스타리카 대사의 도움으로 유엔총회 의안으로 제출하게 되었다. 당시 제출되었던 '코스타리카 결의문(Costa Rican Resolution)은 세계평화의 날과 세계평화의 해 제정의 뿌리와 원류로써 대단히 주목할 필요가 있으며 동시에 커다란 시사성을 내포한다고 생각된다.[54] 〈그림 1〉 세계평화의 날 제정(Imperative)에 '코스타리카 결의문(Costa Rican Resolution)'을 보자.

---

53 반기문 전 유엔사무총장과의 대담(2021.2.25. 10: 30-11:10 기후회의 위원장 사무실 방문) 중에서 그의 이름을 명확하게 다시 듣게 된다.
54 하영애, 『조영식과 평화운동: 유엔 세계평화의 날 제정의 원류를 찾아서』, 파주: 한국 학술정보, 2015, pp. 42-51.

The International Association of University Presidents

EXECUTIVE COMMITTEE MEMBERS

Presidents and Vice Presidents

President
* Dr. Young Seek Choue - Kyung Hee University

Founder - President
* Dr. Peter Sammartino - Fairleigh Dickinson University

Vice Presidents
* Dr. Peter De Somer - Katholieke Universiteit Leuven
* Dr. Innes King Pearson - University of Niger
* Dr. Albert N. Whiting - North Carolina Central University
* Dr. Bowen Dietrich - Hebrew University of Jerusalem
* Dr. Zaman Cowan - University of Queensland
* Dr. Nozomu Fekete - Rikkyo University

Members-at-Large
* Dr. Cirilo P. Manalo - University of the Philippines
* Dr. William T. Dowd - University of Alaska
* Dr. K. Reeves - Tennessee Association of Universities Womens
* Mr. Saurabh S. Esten - Fairleigh Dickinson University
* Dr. Bonito F. Reyes - World Conservation Zaire
* Dr. Nelson V. Nao - United States International University

Regional representatives
* Dr. Ruben Riedersaler - Universität Heidelberg (Europe)
* Dr. Lloyd King - University of Bridgeport (North America)
* Dr. Antonio Pinilla Sánchez - Universidad de Lima (South America)
* Dr. J. Bernard Power - University of Lagos (Africa)
* Dr. Mohammed A Shalal - University of Mosul (Middle East)

OFFICERS

Treasurer
* Dr. Albert N. Whiting - North Carolina Central University

Auditor
* President La Yun Pin - Bank of Chung Hung University

Secretary-General
* Dr. Won Sul Lee - Dean, the Graduate School of Kyung Hee University

Dr. Young Seek Choue
President of the IAUP

COSTA RICAN RESOLUTION

Against the backdrop of the grim world situation in this decade of the 1980's unprecedented crisis in the events of human history, the mounting international tensions, the unbridled armaments race which could push the world into a global conflict and put a full stop to human history, the sixth triennial conference of the International Association of University Presidents, a body composed of over seven hundred presidents, rectors, and scholars from all over the world was held in San Jose, Costa Rica during the days of June 28 through July 1 1981

Having deliberated upon the crucial importance of the Peace University and its program for peace education and conflict resolution, having arrived at the conclusion that the world, if it is to prevent the impending global upheaval, needs urgently to inculcate love of peace and global "familism" in the minds of all people, thereby mitigating the mounting international tension and contributing towards lasting peace, the participating members of the International Association of University Presidents.

Resolved to

Recommend

To the United Nations the proposal to establish through the General Assembly "A Day of Peace," "A Month of Peace," and "A Year of Peace"

Invite

All governments of the nations in the world to honor the U N. Peace Day perhaps by holding commemorative ceremonies and supporting other related activities in their respective countries in which the importance of peace, international friendship and transnational cooperation will be stressed.

Encourage

Social institutions, business enterprises, religious groups, and schools of each nation to conduct, on their own initiatives ceremonies and acivities on the U N. Peace Day to generate international goodwill so that, before long, the ideal of peace will be rooted in the minds of peoples throughout the world and that a Global Cooperation Society will be created with the spirit of goodwill, cooperation, and service.

Having resolved the above, the participating members of the International Association of University Presidents cordially request all the governments and the people of the world to join in establishing a Day of Peace.

"PEACE, WELFARE AND SECURITY FOR MANKIND THROUGH EDUCATION"

〈그림 1〉 세계평화의 날 제정(Imperative)에 '코스타리카 결의문(Costa Rican Resolution)'

그는 이 결의문을 유엔에 보내놓고 중남미 여러 나라를 순방하면서 많은 국가지도자에게 이 결의안이 유엔에서 통과될 수 있도록 협조해줄 것을 요청하였고, 뉴욕본부가 있는 뉴욕에 1개월 이상 체류하면서 많은 대사를 만나 협의했다. 평소에 탁월했던 그의 영어 실력은 이 기간 더욱 빛을 발휘했을 것이다.[55] 그는 회갑잔치까지 포기한 채 이 결의문이 유엔총회에서 통과되도록 간절히 염원하면서 당시 묵고 있던 유엔플라자 호텔 부근에서 인생의 최후를 결정할 검을 사서 간직한 채 숙연한 마음으로 기도를 올렸다. "저는 만약에 평화의 날과 해가 통과되지 못할 경우, 핵 대전에 의한 인류사회의 파멸을 막을 수 없기에 부득이 이 세상을 하직할 수밖에 없습니다. 자비로운 주님이시여! 굽어 살펴 주시옵소서!"[56]

정성은 하늘도 움직인다고 했다. 그의 불굴의 의지력은 마침내 유엔총회의 의결을 이끌어 내었다. "유엔 총회는 총회 정규개회일인 9월 제3 화요일을 '세계평화의 날'로 공식 제정하고 이를 준수하며 또한 이날에 모든 국가와 국민이 개별적으로 이를 준수하며 모든 국가 또한 상호 간에 평화의 이상을 기리며 강화하도록 하는 그 일에 기여할 것을 선언한다."

오늘날 우리가 기리는 '유엔 세계평화의 날 9월 21일(당시 세 번째 화요일, 그 후 9월 15일, 9월 17일 등으로 추진되다가 9월 21일로 고정함)'은 이렇게 조영식이 전쟁

---

55 어느 세미나가 끝난 후, 학자들은 그 시절의 '조영식은 어떻게 영어를 잘할 수 있었을까'가 화두였는데 다양한 의견을 나누었으나 궁금증을 풀지 못했다. 필자는 그 후 법인의 상임이사인 조여원 교수(셋째 딸)를 방문하여 문의하였는데, 손주를 사랑하시면서도 많이 놀아주지 못하실 정도로 영어 공부에 시간을 많이 할애하신 것으로 기억한다고 했다. 최근에 알려진 또 다른 얘기는, 조 박사는 차를 타고 이동하는 중에도 끊임없이 영어 공부를 하였으며 영어 속담, 격언과 특히 칸트와 같은 대 사상가들의 문장이나 용어를 많이 암기하셨다고 한다. 그는 유창한 영어로 국제세미나의 기조연설에서 좌중을 압도하기도 하였는데, 이는 우리 학자들이나 후손들에게 끊임없이 배움의 자세를 갖게 하는 중요한 롤 모델이 될 수 있겠다.

56 경희50년 편찬위원회, 『경희50년사(상권)』, 서울: 경희대 출판국, 2003, p. 254.

을 반대하고 평화를 추구하며 살신성인의 의지력으로 이룩한 것이다. 이는 70년 말 국제사회가 미소 양국의 극단적 대립으로 제3차 세계대전이 발발할 위급한 상황에서 미국과 소련의 최고지도자가 평화를 강조하는 회담을 하게 되고 전 세계는 화해의 무드를 맞이하게 되었다. 유엔은 조영식의 이러한 공로를 인정하여 1996년 10월 24일 유엔 특별 공로상('The UN Special Award Of Meritorious Services On Peace)을 뉴욕의 유엔본부에서 수여하였다.[57] 조영식의 이러한 평화사랑의 실천적 의지는 세계가 인정하였고 한 번의 후보도 힘든 평화노벨상 후보자를 조영식은 '23차례나 노벨 평화상 후보자'[58]로 등극되기도 하였다.

Ⅳ. 결론

본 연구는 사회운동의 네 요소를 적용하여 조영식의 생태학적 자연환경 위기에 관해 고찰해보았다. 그는 생태, 자연, 인간, 평화를 가치관으로 표현하였고, 이들 규범으로는 세계대학총장회의 각종 결의문과 선언문, 국제회의의 보스턴 선언, 테헤란 선언을 위시하여 GCS헌장, GCS 5대 운동을 들 수 있다. 그가 운용한 대표적인 조직으로는 밝은사회 국제클럽 및 각 국가클럽, 이산가족재회운동추진위원회, 경희대학교 및 산하 6개 병설학교의 GCS

---

57 Kwan Bong Kim, "Dr. Choue's American Flag Of Stars And Stripes At The Capitol Hill", The publication committee of Global Leader with Great Vision, *Global Leader With Great Vision-100 Essays on Dr. Young Seek Choue-* (Seoul: KYO HAK SA), 1996. pp. 326-331; p. 590. 참조.

58 GCS 서울클럽 회장을 역임한 신동련 대사는 회원들과 조영식 책 출판 관련 논의 중에서 이와 같이 증언하였다. 2000년 노벨 평화상 후보자로 김대중 한국 대통령과 조영식 학원장 두 명 등이 후보군이었으나, 최종적으로 김대중 대통령이 수상하였다.

클럽 나아가 세계적인 지성인들로 구성된 총장들의 조직인 IAUP, 그리고 부속연구기관인 국제평화연구소, 인류사회재건연구원 등을 들 수 있다. 실천활동으로는 그가 세계평화를 이끌었던 '유엔 세계평화의 날 제정', 조국의 평화통일을 위해 펼친 2천여만 명의 서명운동, 1999년 서울 NGO세계대회, 17년간의 세계평화의 날 기념 국제학술회의, 세계평화백과 대사전 발간 등을 대표로 들 수 있겠다.

1974년부터 대기오염, 수질오염, 환경파괴 등 생태 위기를 예견했던 조영식은 자연환경파괴와 생태 위기를 극복하기 위해 인간의 마음을 움직이는 교육으로 세계평화를 함께 추구해야 한다고 강조했다. 1999년에는 리우환경회의, 여성NGO회의, 종교회의 등 개별주제로 다루던 단일 회의에서 환경, 평화, 안보 등을 총망라하는 '1999 서울 NGO 세계대회'를 ECOSOC, GCS International, 경희대학교가 공동주최하였다. 정부기구 외에 각국 시민사회가 소중한 역할을 담당하는 NGO 회의를 108개 국가의 1만여 명의 NGO가 함께 환경문제, 평화문제를 논의하는 장을 마련한 것이다. 이 대회를 계기로 한국 사회에 NGO단체가 본연의 역할을 할 수 있도록 재정적, 조직적, 실질적 역할을 하는 기반과 체계를 구축하였다. 조영식은 또한 인간과 자연, 자연과 인간의 조화로운 삶을 중시하고 '자연을 사랑하자, 자연에서 배우자, 자연에서 살자'라는 실천정신으로 나무심기, 무궁화 꽃 보급, 각종 쓰레기와 담배 및 오물수거, 수질개선과 맑은 강 만들기를 진행하였다. 우리가 흔히 하찮은 일이라 생각할 수 있는 환경문제에 대해 그는 수십 년 전부터 의식변화와 실행을 솔선하였고, 나아가 조영식은 1974년부터 "환경 녹화미화 상"을 학교, 마을, 직장의 공로자를 선정하여 시상함으로써 피폐해가는 자연환경을 가꾸고 보존하는 데 실질적인 역할을 하였다. 조영식은 팍스 유엔(Pax UN)-유엔을 통한 세계평화-를 주장하였는데, 손재식 장관은 이 팍스유엔이 절실한 이유는 인류의 안전을 위협하는 지구환경의 악화를 방지하고 파괴된 환경을 복원할 수 있는 지구적 차원의 대응 태세의 확립이 긴요한 점, 빈곤의 심화와 환경파괴의 원인이 되는 제3세계 국가들의 인구 과잉증가를 방지하기 위한 세계적 차원의 효과적 규제가 절실히 필요한데 상대적으로 중립성을 갖춘 유엔에 맡기는 것이 바람직하기 때문이다[59]고 간파하였다. 또한 손 장관은 "지극히 높고도 큰 비전을 지닌 평화교육과 평화운동에 선각자적, 선도적 역할을 해온 당대의 위대한 인물로서 조영식 선생님과 이케다 다이사쿠(池田大作) 선생님을 빼놓을 수 없다. 이 두 위인(偉人)은 여러 차례의 창조적 대화로 서로 의기투합(意氣投合)하였으며 다각적이고도 열성적인 평화 노력을 기울여 왔다."[60]고 극찬한다.

조영식을 선두로 80년 대에 이룬 인간, 자연, 환경, 평화의 가치가 전 세계를 3차 대전의 위기에서 평화스런 국제사회로 바꾸는 역사적 변화를 일으켰다. 특히 그의 평화사상은 고차원성, 종합성, 유기성, 장기성을 갖추고 있다. 이 장기성이란 먼저 지역협동사회(Regional Cooperation Society)를 이룩한 다음 이를 지역 공동사회(Regional Common Society)로 발전시키고 이에 뒤따라 지구협동사회(Global Cooperation Society)를 이룩하여 최종적으로 지구공동사회(Global Common Society)로 승화시킨다는 구상이다.[61] 이처럼 평화는 장기성을 가지고 꾸준히 추구해나가야 한다. 또한 그가 보스턴 선언에서 제시했듯이 '미래교

---

59 손재식, "미원 조영식 박사의 평화사상과 실천", 하영애 편저, 『조영식-이케다 다이사쿠 연구회 총서 ② 문화세계의 창조와 세계시민』, 파주: 한국학술정보, 2020, pp. 25-26.

60 손재식, "미원 조영식 박사의 평화사상과 실천", pp. 20-21.

61 국제평화연구소 소장을 역임한 손재식 전 통일원 장관은 조영식의 평화사상을 다각적으로 연구하고 있다. Jae Shik Sohn, *Restoration of Morality and Humanity*(Seoul: The Institute of International Peace Studies, 1994); 손재식, "미원 조영식 박사의 평화사상과 실천", 하영애 편저, 『조영식-이케다 다이사쿠 연구회 총서 ② 문화세계의 창조와 세계시민』, 파주: 한국학술정보, 2020 참조.

육은 인간가치 교육과 평화 지향적(peace oriented)'이어야 한다. 저학년부터 인류의 평화를 사랑하고 아낄 줄 아는 교육을 해야 하는 것이다.

'기후 위기와 세계평화'를 연구회의 대주제로 선정한 것은 생태계 위기 환경보호를 위한 바람직한 일이며, 동시에 이러한 기회에 조영식의 생태 위기와 관련한 연구를 고찰해본 것은 또한 의미 깊고 보람 있는 계기가 되었다. 한국은 기후 위기와 관련하여 세계적으로 악명 높은 상황이지만, 다행히 2021년 P4G(Partnering for Green Growth and the Global Goals 2030, 녹색성장 및 글로벌 목표 2030을 위한 연대) 정상회의를 개최하였고 서울 선언문을 채택하는 등 늦었지만 다행스런 조치를 하였다. 선언문은 구체적으로 지구온도 상승 1.5도 이내 억제 지향, 탈석탄을 향한 에너지 전환가속화, 해양 플라스틱 대응 등 다양한 기후 환경 위기에서 벗어나기 위해 각 국가가 최선을 다하기로 합의하였다.[62] 13개 국가가 참여한 가운데 탄소중립을 위해 미국은 국가 간의 연대를 강조하였고, 약소국들은 선진국의 협조를 바라는 것을 중점으로 발언한 화상회의를 지켜보면서 각 국가는 여전히 자국의 입장이 우선이 되니 조영식의 대소국의 동권은 언제나 가능할까 하는 생각이 드는 것은 지울 수가 없다.

한국이 "기후 악당 오명"[63]에서 벗어날 수 있는 다양한 조치들이 이루어지도록 정부, 기업체, 학자, 시민, 여성 단체, NGO 단체 등 실질적이고 실천적인 노력이 필요하다. 이러한 의미에서 최근 한국여성단체협의회에서 『생태문명 생각하기』의 대표 저자를 초빙해 강연과 토론을 추진하였고, 학교 법인 경희학원 조인원 이사장이 이리나 보코바 전 유네스코 사무총장의 강연과 구성원 대표들의 토론을 추진하여 생태 위기의 경각심을 논의한 것은 대

---

62 2021 P4G 정상회의는 2021. 5. 30-31까지 서울에서 개최되었고 차기 개최국은 콜롬비아로 결정되었다. KBS TV [P4G 정상회의 화상회의]; 동아일보 2021. 5. 31-6. 1 관련 자료 참고.

63 동아일보 2021. 5. 21. "한국은 '기후악당' 오명 벗고 탄소중립 모델국가로 거듭나야."

단히 시의적절하다고 할 것이다.[64]

50여 년 전부터 시작한 조영식의 생태계, 자연환경, 인간, 평화의 사상은 물질과 과학문명의 보급으로 인간이 소외되어가고, 온갖 분쟁과 핵무기 발달로 제3차 세계대전이 일어날 것 같은 전쟁의 문턱에서 평화를 목숨처럼 사랑했던 실천정신으로, 그는 우리 역사의 한 전환점이 되는 '세계평화의 날'과 '세계평화의 해' 제정이란 커다란 유산을 남겼다. 또한 대기오염을 바꾸는 자연환경과 인간이 공존할 수 있도록 다양한 활동과 실천을 통해 생태계 보존에 적지 않는 족적을 남기고 떠났다.

우리 후세는 이제 그의 이러한 정신을 이어받아 무엇을 어떻게 할 것인가?

첫째, 생태계 위기와 평화의 추구를 위해 인간의 가치교육과 평화지향적인 교육을 학교교육과 사회교육에서 실천해야 한다. 특히 최근 바다 생태계의 복원을 위해 우리 모두는 플라스틱 사용 줄이기, 텀블러 가지고 다니기 등 지구환경을 위해 자신이 할 수 있는 다양한 생활 실천을 몸소 이행하는 것도 한 방안일 것이다.

둘째, 생태계, 환경보존 등 기후 위기를 극복하기 위해 지속적인 연구가 이루어져야 한다. 정부, 교육부, 학계에서는 이와 관련한 교과목을 체계화해야 한다. 초등교육에서부터 대학교육에 이르기까지 기후 위기, 생태 및 환경에 관한 교육을 통해 기후 위기 극복에 만전을 기해야 할 것이다. 또한 시민단체, 여성단체에서도 부단한 교육을 통해 실천화하는 것이 중요하다.

---

64 학교법인 경희학원 주최, 콜로키움, 2020. 12. 22; 이리나 보코바 · 조인원 외, 『지구의 운명 평화로 가는 길』, 서울: 경희대 출판문화원, 2018; 한국여성단체협의회 주최, "환경위기극복, 환경교육이 답이다", 2021. 4. 20; 신충식, "서구의 생태사상", 한국환경정책 · 평가연구원 엮음, 『생태문명 생각하기』, 서울: 크레파스북, 2018, pp. 182-222.

셋째, 기후 위기는 코로나보다 더 위급하다. 최근에 한국 정부에서도 관심을 가지기 시작하였으나 연구회에서도 생태계, 환경 및 기후 위기에 관한 꾸준한 연구발표가 이루어져야 할 것이며 나아가, 최근 이 분야의 발표를 통해 지구인들에게 지구 행성의 중요성과 경각심을 고취시키고 있는 이케다 다이사쿠와의 비교 연구를 해야 할 과제를 남긴다.

제8장

GCS 이념으로 자연애호운동 전개

김천일*

자연애호운동은 조영식 박사께서 선도한 밝은사회 5대 운동 중 하나다. 한국 밝은사회운동은 세계적으로 전파되면서 GCS 국제클럽이 이루어지고, GCS 국제클럽이 UN NGO 지위로 활동하면서 GCS 이념도 세계적으로 전파되었다. GCS 이념은 밝은사회운동의 영혼이고 나아가서는 지구협동사회의 DNA이다. 잘살기운동으로부터 시작한 자연애호운동을 오늘까지 해온 우리는 계몽적 은사이신 조영식 박사를 그리워하지 않을 수 없다. 삼가 이 논문으로 밝은사회운동의 자연애호운동을 재조명하고, 오늘날 고취된 환경보호 인식으로 비록 핵 오염수 바다로 방류하겠다는 행위 같은 판도라 상자를 열어 인류에 재앙을 초래하려는 자연 파괴 행위를 단호히 반대 하면서 세계적인 자연애호운동을 전개한다.

---

* 중국 요녕대학교 교수

Ⅰ. 서론: GCS 이념의 이론적 배경

'지구상의 모든 생명체는 크거나 작거나, 동물이든 식물이든 미생물이든 우리는 모두 새로운 시각으로 보아야 하고, 적절한 보살핌을 주어야 된다.' 이 얘기는 미원 조영식 박사께서 자연애호운동에 관한 연설에서 한 구절이다.

1. GCS 이념의 본질

GCS는 '밝음의 빛이 이 땅에 널리 확산되어 밝음의 빛이 감싸는 인류 사회를 건설하려는 운동'이다.[1] GCS 이념은 11개의 원리가 포함돼 있다. 즉, 의지의 힘을 길러 행위로 나타내야 한다는 '의지실천'의 원리; 매사를 긍정적 입장에서 받아들이고 적극적으로 참여해야 한다는 '긍정적, 적극적 참여'의 원리; 먼저 가까운 일, 작은 일, 실천 가능한 일을 찾아 실천하면서 단계적으로 확대해 나가는 '근친, 소사 실천'의 원리; 사회 구성원은 서로 기쁨과 슬픔을 함께할 수 있는 훌륭한 형제자매로서의 정을 갖는다는 '형제자매 결연'의 원리; 제도와 조직, 기계와 모두는 인간을 위해서만 활용되는 '인간중심'의 원리; 파괴되는 자연을 보호하고 공해로부터 구제하여 인간과 자연이 조화를 이루는 '우주질서 회복'의 원리; 인간의 존엄성을 받들고 인간으로서의 대우를 하는 인간사회를 건설하여야 한다는 '인간성 추구'의 원리; 밝은 마음, 밝은 태도, 밝은 행동을 생활화 할 때 인간의 정도는 개척되는 '정도'의 원리; 인간 사회를 발전시키기 위하여 필요한 '협동'의 원리; 사회 구성원이 상호 간에 친목을 도모하면서 그 누구라도 참여하는 '통합적 접근'의 원리;

---

1   박순영, 조만제, 신대순, 『밝은사회 운동론』[M], (서울: 경희대학교 출판국, 1984.

비정치적, 비종교적인 '중립성'의 원리이다.

GCS의 필요성은 바로 '풍요 사회의 건설', '인류사회의 위기 극복'이다. 그중에 전쟁에서 오는 위기, 자원환경의 파괴, 물질주의와 인간중심주의, 이웃의 상실과 지구 마을, 어둠의 체질과 밝음의 체질, 이기주의와 인간교육 등은 인류사회가 직면한 중대한 위기이자 과제이다.

2. GCS 이념의 기본 철학

GCS 이념의 철학은 인간이 달성하고자 하는 목표가 무엇이며, 우주질서가 어떠한 양상을 지니고 있으며 그러한 우주질서를 통해서 인간이 지향하고자 하는 목표를 효율적으로 달성할 것인가에 대한 해답을 제시하는 방향에서 논리적으로 전개되었다.

인간이 추구하고자 하는 최대의 목표 즉, 이루고자 하는 이상사회를 조영식 박사는 오토피아(oughtopia)라고 불렀다.

이 오토피아를 달성하기 위하여 조박사는 우주법칙인 전승화 이론을 설명하셨다. 나아가서 박사는 인간의 의지 작용을 통해서 전승화의 우주법칙과 오토피아를 연결시키는 주의생성(主意生成) 이론을, 그리고 주의생성의 원리를 실현하는 방법론으로서 삼정명상(三正冥想)의 원리를 설명하셨다.

3. GCS 이념의 특성 및 정신

GCS 이념은 단란한 가정, 건전한 사회, 평화로운 세계의 건설을 목표로 삼는다.

GCS 이론의 3대 정신은 'Goodwill Cooperation Service'이다. 즉, 선의·협동·봉사-기여이다. 선의는 개개인부터 전 사회적으로 나눔과 호의적 마음 그리고 선의의 행동을 확산하는 것이다. 협동은 우주질서의 기본이며 생존의 원칙이기도 한다. 사회 구성원 서로 간의 지속 가능한 발전을 추구하는 필수의 수단이다. 봉사-기여는 자신을 위하고 인류를 위하는 인간의 본원적 행동이다. 사회를 아름답게 하는 일에 솔선수범하고 타인에게 도움이 되는 일에 최선을 다하는 의도적이며 계획적인 행동이다.

또한 GCS 이념은 현대 인류사회 재건에 대한 인식론이다. 이는 조영식 박사께서 반세기 동안의 꾸준한 노력으로 필묵농사 탐색과 연구하면서 글을 통해 완성 된 것이다. 『민족주의 자유론』, 『문화세계의 창조』, 『인류사회의 재건』, 『Oughtopia: 이상사회의 실현』 등의 저서는 한국사회의 여러 시대적 문제의 해결에 기여한 책론(策論)이자 한국 국민인식을 발전시킨 교과서이다. 이러한 저서들을 통해 원만하게 새로운 철학 체계가 완성되었다. 이 새로운 철학 체계는 형이상학 (본체론-和生論; 생성론-全乘和) 그리고 형이하학(사회실천론-H, C, U, G, P)으로 구성되었다.[2]

인류 운명공동체가 현재 직면한 과제는 8대 공간에서 왔다. 즉 1) 사람의 마음, 2) 사람과 사람, 3) 인간과 자연, 4) 사람과 사회, 5) 인간과 기술, 6) 민족과 민족, 7) 국가와 국가, 8) 문명과 문명이다. 이의 8대 공간의 도전은 각 공간의 내부적 충돌이 있고, 또는 상호 간 엇갈리는 충돌도 있다. 심지어 복합적, 중첩적, 일치적인 충돌도 있다. 아무튼 모순이 없는 곳은 없고, 갈등을 멈추는 순간도 없다. 때로는 특정 공간의 문제가 중요한 요소로 부각

---

2   김천일, 『현대 한국 철학 오토피아 해석』, 서울: 경희대학교 출판국, 2005, p. 38.
   H 즉 Human centrism 重人思想에 의한 인간중심주의.
   C 즉 Civilizational View of History 文化規範.
   U 즉 Universal Democracy 보편적 민주주의.
   G 즉 Global Cooperation Society 지구협동사회.
   P 즉 Pax UN중심으로 세계평화 구현.

되기도 한다. 예를 들면 홍수, 가뭄, 눈사태, 충재, 산불, 역병, 지진의 돌발 등 이때는 인간과 자연의 갈등이 급선무가 된다. 가끔은 나라와 나라 사이의 충돌이 주위로 강조하게 되는데 예를 들면 두 나라 간 전쟁이 일어날 때 문제가 더 복잡해진다. 어떻게 합리적, 도덕적, 심미적, 창조적 수단으로 이 8대 공간의 도전을 융합하여 해결할 수 있는가? '策論'은 사회적 질병을 퇴치하는 처방이다. 역대 현명한 선조들은 별과 달을 걸치고 많은 전략을 찾기 위해 열심히 노력했지만 시종 핵심문제를 풀지 못했다. 조영식 박사께서 설명한 '전승화'가 바로 운명공동체인 인류의 이상사회를 실현하는 DNA를 찾아냈다.

GCS를 의미론으로 보면 세 가지 뜻이 있다.

첫째, Goodwill Cooperation Service, 즉 선의 · 협동 · 기여-봉사이다.

둘째, Global Cooperation Society, 즉 지구 협동 사회다.

셋째, Global Cooperation States, 즉 지구 협동 국가다.[3]

여기서 주의할 점은 '협동'이 세 가지 해석의 공통점이다. 이 협동이 바로 이상사회를 구현하는 'DNA'이다. 협동 행위를 철학적으로 추론하면 바로 '전승화'(全乘和)다. 이것은 GCS의 핵심 이념이다.

II. 시급한 밝은사회운동의 전개

1945년 한국이 일본 식민 통치에서 광복하지 며칠 못 가서 한국전쟁의

---

3 조영식, 『오토피아』, 서울: 경희대학교 출판국, 1996, p. 233.

폭발을 맞이하였다. 전쟁의 불길이 도탄에 이른 한국은 극심한 재난에 빠졌다. 경제적으로 엄청난 타격을 받고 산업생산시설, 일반 주거용 주택, 철도, 도로 교통 등 사회 방면 큰 손해를 입었다. 전쟁으로부터 받은 문화 사상적인 손실은 눈으로 따지기 어렵다. 따라서 상처의 심각성도 진단하기 어렵다. 당시 유엔 조사 보고서에 의하면 '한국은 50년 안에 회복하기 어렵다'라는 진단이 있었다. 60년대까지 한국은 국제적으로 아무런 지위도 없었고, 한국전쟁이 없다면 많은 사람들은 세계에서 한국이라는 나라가 존재한다는 것도 몰랐다. 가난은 한국 국민에게 절망을 가져다 주었고 자포자기 현상이 심해졌다. 한국은 농업국이지만 매년 봄 계절에는 식량이 없어 굶어 죽는 현상이 자주 발생했다. 양식 문제는 제일 큰 문제였다. 한국은 산림국가이지만 전국은 황량한 산대령이 되어 난방 장작도 부족하여 얼어 죽는 현상이 비일비재했다. 한국은 5000년의 문명사를 지니고 있는 나라인데 국민 정신이 퇴락하여 도박이 유행하고, 먹기 좋아하고, 일하기 싫고, 쓰레기가 산처럼 쌓여 있고, 질병의 발생도 많아졌다.

지구상에는 잘 사는 민족도 있고 가난한 민족도 있다. 운명에 도전하여 창조의 길을 개척하고 불합리한 여건을 발전적 여건으로 변화시키는 민족은 풍요사회를 이루었고 발전적 의지 없이 숙명론에 빠져 가난을 숙명으로 받아들이고 적은 자원이라도 활용할 생각은 아니하고 자원 부족을 내세워 안이한 생활을 한 민족은 가난할 수밖에 없었다. 당시 선각자라면 우리의 빈곤의 원인을 분석하고 발전적 대안을 모색했을 것이다. 과연 우리 민족은 능력이 없고 해도 안 되는 민족인가? 이용할 수 있는 자원이 부족한 나라인가? 우리는 어쩔 수 없이 가난해야 하는 민족인가? 당시 한국의 비참한 현실을 관망만 할 수 없었던 조영식 박사는 이와 같은 우리의 비참한 모습을 걱정스런 심정으로 바라보면서 잘 살 수 있는 방법을 모색하기 시작하였다. 조영식 박사는 4차에 걸친 세계일주를 통해서 우리도 잘 살 수 있다는 확신을 갖게 되었으며 국민들에게 의욕을 고취시키기 위하여 『우리도 잘 살 수 있다』는 책을 저술하여 물질적으로 낙후되어 있는 후진국 국민들에게 할 수 있다는 방법론을 제시한 것이다. 밝고 보람 있는 사회건설에 기초가 되는 교과서 또한 책론이었다. 오랜 가뭄에 단비를 만난 것같이 굶주린 듯 읽은 이 책에 국민의 마음이 얼마나 설레었던가. 이 책은 며칠 안 되어 15판이 재판되었다. 이것은 출판물 대박이 아니라 동시에 '우리도 잘 살 수 있다'는 씨앗을 전 국민에게 심어 주었다. 그리하여 이 이론의 지도하에 밝은사회운동을 발동시켰다.

밝은사회운동은 가난을 극복하고 풍요사회를 건설하기 위한 운동이고, 또한 인류사회의 위기를 극복하기 위한 운동이다. 인류사회의 위기는 전쟁에서 오는 위기, 자연환경의 파괴, 물질주의와 인간중심주의, 이웃의 상실과 지구 마을, 어둠의 체질과 밝음의 체질, 이기주의와 인간 교육 등 이러한 위기를 극복하기 위한 필요성이 밝은사회운동을 이뤘다.

밝은사회운동은 자신의 존재로부터 시작하여 단란한 가정, 건전한 사회, 평화로운 세계, 인간이 활동하는 공간을 3대 목표로 세웠다. 인간은 정신적 동물이다. 인간 정신 무장은 필수적 기본이기 때문에 밝은사회운동은 3대 정신, 즉 선의, 협동, 봉사-기여를 기저로 확정하였다. 목표가 있고, 정신도 있으며, 밝은사회가 이뤄지려면 구체적 실천 덕목이 있어야 된다. 그리하여 밝은사회를 만들기 위하여는 건전한 사회운동, 잘살기운동, 자연애호운동, 인간복권운동, 세계평화운동 등 5대 운동을 실천 덕목으로 하여 분투한다.[4]

---

4 박순영, 조만제, 신대순, 『밝은사회 운동론』, 서울: 경희대학교 출판국, 1984, p. 33.

Ⅲ. 자연애호운동 트렌드

밝은사회운동 중 자연애호운동은 60년대 국토녹화운동 또는 녹색혁명운동의 명예로 이루어졌다. 이 운동은 잘살기운동에서 전개된 사회봉사활동이 계몽, 교육, 봉사로 다양하게 확대되어 가면서 그 일환으로 금수강산을 재현시켜 보고자 하는 의지의 소산이었다. 1967년 4월 4일 경희대학교 노천극장에서 잘살기 애림녹화대(愛林綠化隊)를 조직하여 4월 5일부터 19일까지 20만 주 묘목을 경기도 양평을 위시한 서울 근교에 대대적인 식수 작업이 이루어졌다. 여기서 강조할 것은 애림녹화대 조직과 이 녹화대 실천적 식수 행위는 일반적 운동의 호소가 아니라 이는 5장 28조로 구성된 규약과 강령이 있는 신성한 행동이다. 산림현황조사, 산림 황폐의 원인규명, 대책수립, 해충구제법, 도시미화 연구 등 대학운동다운 면모를 과시하였다.

'우리가 가는 길마다 갖가지 꽃들이 다투어 피게 하고, 우리가 사는 동리마다 사철 푸른 잎과 예쁜 꽃들이 항상 우리 주위를 덮어주게 하고, 거기에 곁들여 온갖 새들이 아름다운 노래 소리와 우리 흥금을 울려준다면 우리 인간의 마음은 항상 봄 날씨처럼 미소 지으며 조용해질 것이고, 시기, 질투 없는 인정이 깃든 화목한 협력사회를 이루게 되어 우리 선조들이 지향해오던 민족의 얼, 밝고 깨끗하고 아름답고 값있고 멋있는 풍류선인의 기품을 우리의 강토 금수강산 위에 재현시킬 수 있으리라 믿습니다.' 무지몽매한 이 언사는 조영식 박사께서 경희대학교 개교 24주년 기념식에서 한 강연의 한 구절이다. 이 기념식에서 제창된 것이 꽃길, 꽃동리 가꾸기 운동인 것이다. 이 운동은 경희의 이미지와 관련된다. 경희대학교는 창학 이래 전인교육(全人教育), 정서교육(情緒教育), 과학교육(科學教育), 민주교육(民主教育)이란 사대교육(四大教育)의 방침 중 어느 하나 소홀함이 없지만 특히 인간교육, 정서교육에 역점을 두어 왔거니와 '자연을 사랑하자', '자연에서 살자', '자연에서 배우자'라는 모토를 내세워 경희 캠퍼스를 세계제일의 대학공원으로 만들어 놓았음은 모두가 아는 사실이다.[5]

Ⅳ. 자연애호운동의 사회적 전파

환경미화의 전통과 경륜 및 환경미화에 대한 경희의 특출한 창의성을 전국적으로 확산시켜 국민정서 함양에 이바지하고자 하는 운동이 바로 꽃길, 꽃동리 가꾸기 운동인 것이다. 경희는 이 운동의 실효를 거두기 위하여 경희학원 일만오천여 학생들이 교직원과 더불어 꽃씨수집에 앞장서 매년 수만 봉지의 아름다운 꽃씨를 모아 전국에 보냈으며, 전국 방방곡곡을 꽃길과 꽃동리로 꾸미도록 최소한 '1학생 2목주의'로 전국 1천만 학생들이 조국의 미화사업에 흔연히 참여하고 협력하도록 앞장서서 계몽하고 권유하였다. 이와 때를 같이하여 수천 마리 큰 어미 금잉어가 뛰놀고 있는 선동호(仙洞湖)에서 매년 수십 마리의 새끼 금잉어를 양어 분양한 대금은 꽃길, 꽃동리 가꾸기 운동의 기금으로 보태 쓰기도 하였다.

전국 방방곡곡을 대상으로 계몽활동을 적극적으로 폈을 뿐만 아니라 개교 25주년을 기념하여서는 경희 '환경녹화미화상'을 제정하여 매년 환경녹화와 미화를 통해 지역사회 발전에 공헌하고 있는 학교, 부락, 또는 직장 및 공로상을 선정, 시상함으로써 이 운동에의 적극참여와 사기를 북돋아 왔다. '무궁화상', '목련상', '해바라기상'으로 나누어 시상하였다. 그동안 이 운동

---

5 조영식, 『경희사십주년』, 서울: 경희대학교 출판국, 1992, p. 439.

에 적극 호응하여 응모한 건수만 하더라도 74년 제1회 107개소, 75년 제2회 108개소, 76년 제3회 121개소, 77년 제4회 129개소에 이르렀다. 이것은 이 운동이 얼마나 전국적으로 호응을 얻고, 성과를 거두었는가를 단적으로 보여 주는 것이다. 여기서 강조하고자 하는 것은 이 운동이 일어나던 초창기만 해도 꽃보다 빵이 더 중요하게 여겨지던 때였고, 파괴하는 것이 꽃길, 꽃동리보다 더 중요한 때였다. 건설이면 곧 전부가 미덕으로 치부되고, 정서를 운위하는 것은 사치와 통하고, 공해라는 단어도 찾아보기가 힘든 때였다. 그럼에도 불구하고 우리 경희가 약 몇 십 년 전부터 이러한 꽃길, 꽃동리 가꾸기 운동을 학교적으로 또는 범사회적으로 펼쳐나갔다는 것은 참으로 뜻있는 일이라 아니할 수 없다.[6]

V. 자연애호운동 국제적 직면한 문제

이미 인류에게 인식된 환경문제는 주로 다음과 같다. 지구 온난화, 오존층 파괴, 산성비, 담수 자원 위기, 에너지 부족, 산림자원의 급격한 감소, 토지 사막화로 다종 멸종 가속화, 쓰레기 재해, 유독성 화학 물질 오염 등 많은 측면에서 사람들의 생활 속으로 접한 것을 볼 수 있다. 이 현상은 첫째, 공장에서 배출되는 폐연기, 폐수 및 소음, 둘째, 사람들의 삶에서 배출되는 폐연, 폐소음, 더러운 물, 쓰레기, 셋째, 교통수단에서 배출되는 배가 가스와 소음, 넷째, 화학비료를 대량으로 사용한 살충제, 제초제 등 화학 물질의 농지, 관개 후 흐르는 물, 다섯째, 광산 폐수 찌꺼기, 이 모든 것은 인류의 파괴활동과 관련

---

6 조영식, 『경희사십주년』, 서울: 경희대학교 출판국, 1992, p. 440.

된다.

자연은 인간생활의 터전이므로 자연을 파괴하는 것은 인간생활의 터전을 파괴하는 것이다. 자연은 무한하여 전체적으로 정복해야 할 상각하는 가치관은 시정되어야 한다. UN에서 「하나밖에 없는 지구를 지키자」고 전 세계에 호소한 바 있으며 내일의 후세들을 위하여 환경을 보호하자고 하는 인간 환경선언을 채택함으로 전 세계적으로 자연보호운동이 전개되고 있다.

『적막한 봄』(한국 내 출판명『침묵의 봄』. 원서는 *Silent Spring*)이라는 책은 미국의 한 여성 생물학자 칼슨(Rachel Carson)이 60 년대에 쓴 친 환경 책이다. 1960년만 해도 미국에는 500종 이상의 완전히 새로운 화학 합성 유기물이 탄생했다. 결국 그것들은 자연으로 배치되어 상당 부분은 인간과 자연의 싸움에 쓰인다. 화학자는 교묘하게 분자단(分子団)을 전이하고 원자(原子)를 교체하고, 그들조차 알 수 없는 다양한 종류의 미지물을 만들었다. 그는 예를 들었다. 하나의 탄소와 4개 수소는 $CH4$(메칸)가스이고, 그중 하나 수소원자를 염소로 바꾸면 즉 $CH3Cl$(클로로 메탄)이 된다. 두 개를 바꾸면 $CH2Cl2$(클로로 포름), 즉 마취제가 되고 세 개로 바꾸면 $CHCl3$(사염화탄소) 청결제가 된다. 마지막까지 이르러 학명은 에틸렌 디즐로리도, 즉 사신(死神) 특효약 DDT가 나온다. DDT를 발견한 사람은 노벨상을 받았다. 당시 DDT 및 기타 맹독성 농약이 남용된 60년대에 이 책에는 논박할 수 없는 많은 사실로 대중에게 한 가지 자연의 슬픈 이야기를 했다. '하나의 새소리가 없는 봄, 이러한 현대 세계를 건설할 만한 가치가 있는가?' 이 책은 수많은 일반 백성의 마음을 건드렸다. 켈 전 미국 부통령은 나중에 이렇게 평가했다. '이것은 광야의 외침이다.' 책이 출판된 지 얼마 되지 않아 작가 칼슨은 암에 걸렸다. 자신도 의심할 여지없이 환경오염에 의해 피해를 입었다. 그러나 그때 정부 부처에서(지방 정부, 농업부, 산림부), 실력이 강력한 화학 회사 및 적대 여론의 악독한 공격 속에서 세상을 떠났다. 심지어 미국 의학협회조차 그를 공개적으로 반대했다. 그러나 정신은 죽지 않았다. 오히려 미국 대중을 깨웠다. 미국 국민들의 책에 대한 지속적인 관심에 영향을 미쳐 컬럼비아 방송사가 특집 프로그램을 제작하게 되었다. 사태가 심각하여 두 명의 대형 투자자들이 TV 회사에 방송 중지를 요청했다. 만약 중지 하지 않으면 자금을 취소하겠다고 압박했다. 하지만 방송은 여전히 족쇄를 뚫고 방송됐다. 이 책은 서양의 생태 보호 개산작(開山作)이다. 그 전에는 미국 신문에서 친환경과 비슷한 말을 거의 찾을 수 없었다. 몇 년 후 케네디 미국 대통령은 기자회견에서 이 책의 내용을 인용했다. 그리고 전문 조사팀을 구성하여 첫 번째 미국 친환경 단체도 결성됐다. 사람들은 '여성 작가가 후세에 미치는 영향은 아마 수많은 정치인들보다 능가했다'라고 평가했다.

기후 변화는 인류가 직면한 공동 도전이다. 탄소 배출량 문제를 해결하기 위해 아랍에미리트의 수도에서 아부다비가 주최한 중동 및 북아프리카 기후 대화 콘퍼런스에서 각국 탄소 배출량 문제에 대해 논의했다. 미국, 중국, 인도, 러시아, 일본, 한국, 호주, 인도네시아 등 탄소 배출량이 비교적 많은 나라가 이번 회의에 참석했다. 일본, 한국 등의 국가는 잇달아 배출량을 승낙하였다. 미국은 파리 협정으로 복귀한다고 발표했다. 기후 변화에 대한 국제 행동이 가속화되었다는 것을 보여줬다.

이번 대회에서 각국이 탄소 배출량에 대해 좋은 태도를 보여줬다. 특히 중국은 "十四伍"[7]시기 환경보호 계획을 통보했다. 구체적으로 보면 다음 네 가지 측면에서 보장 메커니즘을 설정했다. 첫째, 제도적 시스템에서는 항상 자원 절약 및 환경 보호를 위한 기본 국책 정책을 고수하고, 생태 환경 관리

7　"十四伍" 중국 14차 5개년 경제발전 계획.

제도 시스템을 개선한다. 둘째, 관리적 시스템에서는 국유 천연 자원 자산 관리 및 자연 생태 규제 기관을 설립하고, 산(山), 수(水), 림(林), 전(田), 호(湖), 초(草) 관리 시스템을 조정한다. 셋째, 감독 시스템에서는 정부가 주도하고, 기업을 주체로 함으로, 사회 조직과 대중이 함께 참여하는 환경 거버넌스 시스템을 만들어 생태 환경 파괴 행위를 제지하고, 처벌하는 것을 고수한다. 넷째, 홍보 시스템에서는 친환경 지식을 홍보 강화 보급하고, 환경보호와 녹수청산 보호 개념에 대해 홍보한다. 그리고 제도 간 상호 작용도 조정해야 한다. 제도적 힘을 형성하고, 지속적인 환경 개선을 위한 장기적 메커니즘을 구축 및 개선한다.

VI. 중국 자연애호운동 사례

1. 탄소 최고치 달성, 탄소 중화(中和)의 의미

"탄달봉"(炭達峰), "탄중화"(炭中和) 전에 들어 본 적이 거의 없는 이 두 단어는 갑자기 불이 타오른 것처럼 인기가 있게 되었다. 이 두 단어의 뜻은 무슨 의미가 있는가? "탄달봉"은 이산화탄소 배출량이 최고치에 도달하여 더 이상 증가하지 않는다는 뜻이다. 중국은 2030년까지 이산화탄소 총 배출량을 정점에 놓고, 더 이상 증가하지 않고 감소하기 시작한다는 뜻이다. "탄중화"는 2060년 이전까지 중국이 식수조림을 통해 에너지 절약과 배출 감축을 한 것을 말한다. 산업 조정 등 형식자체 이산화탄소 배출을 상쇄한다는 뜻이다.

2020년 9월 중국 시진핑 주석이 75차 UN 총회에서 중국이 2030년 전까지 "탄달봉", 2060년 전까지 "탄중화"를 이룬다는 것을 선포하였고, 12월 세계기후회의에서 국가의 자주적 공헌을 높이는 일련의 새로운 조치를 한층 더 선포했다. 국제 사회의 높은 찬사와 광범위한 영향을 받았다. 이 두 단어를 조금도 과장하지 않고 말한다면 중국, 나아가 세계 경제의 판도를 재정의하는 뜻이다.

왜냐하면 "탄달봉"과 "탄중화"의 본질은 대전이고, 신에너지와 구에너지의 결전이기 때문이다. 새로운 질서와 낡은 질서의 결전이고, 복잡한 업그레이드 판이며 그래서 단순히 지구 기후 변화에 대응하는 것만 아니라 이것은 매우 중요한 전략적 의의를 가지고 있다는 것이다.

그렇다면 어떤 전략적 의미가 있는가?

첫째, 가장 근본적인 전략적 의의는 전 세계 제조업을 재구성하여 미래의 고지를 점령하는 것이다. 모두가 알고 있는 것처럼 4차 산업혁명의 주제는 청정 에너지, 친환경 제조, 저탄소 산업이다. 누가 미래의 새로운 저탄소 산업 시스템을 저렴한 비용으로 먼저 이뤄지나? 재생 가능 에너지를 저렴한 비용과 높은 효율성으로 창출한 자의 경쟁력은 강해질 것이다. 산업 체인의 모든 단계에서 "탄중화"를 달성해야 하기 때문에 이는 모두 새로운 제조업 표준과 새로운 산업 패턴을 수립하게 될 것이다.

둘째, 중국 경제 판도를 재정의하다. 2060년이 되면 중국은 "탄중화"를 달성한다. 태양광과 풍력이 밀집된 중서부 지역은 가장 주요한 에너지 수출지 중 하나가 될 것이다. 중서부 지역의 중국 경제판도에서의 역할은 다시 정의될 것이다. 중국 서부 지역의 풍력, 태양열, 수력 등 청정 에너지의 비축량은 전 세계에서 선두를 달리고 있다. 중국의 특 고압 전력 수송 기술도 전 세계 일류이고, 또한 전 세계에서 유일하다. 그리고 전 세계 에너지 인터넷은 중국에서 처음으로 만들어졌고, 그리고 적극적으로 추진하고 있다.

셋째, 석유 주도의 지정학적 구도를 완전히 바꾼다. 2060년이 되면 중국이 "탄중화"를 실현하게 된다. 중국이 외부 에너지 수입에 대한 의존에서 벗어나 "탄중화"의 배경으로 석유 지정학적 시대의 막을 내릴 것이라는 의미다. 전통적인 석유 수출국들은 전면적인 이익 상실에 직면하게 될 것이다. 국제 경쟁의 초점은 점차 저탄소 기술 제어에 옮겨질 것이다. 새로운 에너지와 저탄소 기술이 최우선 과제가 될 것이다.

넷째, 중국 에너지 인터넷에서 글로벌 에너지 인터넷의 경지에 이른다. 그렇다면 중국은 어떤 능력을 가지고 "탄달봉" "탄중화"의 거의 완성할 수 없는 이 임무를 제안했는가? 중국은 비장의 무기가 있기 때문이다. 이것이 바로 중국 에너지 인터넷이다. 에너지 인터넷은 무엇인가? 전문적으로 얘기한다면 중국 에너지 인터넷은 청정 에너지가 전국적으로 대규모로 수송되고 사용되는 기본 플랫폼이다. 통속적으로 말하자면 중국 에너지 인터넷은 청정 에너지가 중국 범위 내에 있는 운반공이고, 또한 수송관도이다.

2. 탄소 최고치 달성, 탄소 중화(中和)의 구현 방법

탄소 배출은 경제 발전, 산업 구조, 에너지 사용, 기술 수준 등 많은 요소에 의해 영향을 받는다. 그 근원은 화석 에너지의 대량 개발과 사용이다. 탄소 배출 문제를 해결하는 열쇠는 에너지 탄소 배출을 줄이는 것이다. 근본적인 해결책은 에너지 발전 방식을 바꾸는 것이다. 원천적으로 탄소 배출을 제거하여, 청정 에너지 대체 즉 에너지 생산 단계에서 태양열, 풍력, 수력 등 청정 에너지로 화석 에너지를 대체하여 발전하는 것이다. 청정 에너지와 대체 에너지 공급 시스템 형성을 가속화한다. 청결과 녹색으로 에너지 수요를 충족시킨다. 전력 에너지 대체는 에너지 소비 단계에서 전기로 대체한다. 전기로 기름을 대신하고, 전기로 가스를 대신하고, 전기로 땔나무를 대신한다. 청결한 발전을 사용하여 전기 중심의 에너지 소비 시스템 형성을 가속화하고, 친환경적이고 효율적인 에너지 사용을 빨리 형성한다.

중국의 에너지 인터넷은 크게 세 부분으로 이루어져 있다. 즉 "지능 전력 망+특 고압 전력망 +청정 에너지"이다. 그중 지능 전력망과 청정 애너지는 기본이고, 특 고압 전력망은 관건이다.

여기서 특 고압 전력망에 대해 중점적으로 살펴보겠다. 왜 중국 에너지 인터넷 구축의 관건이라고 할 수 있는가? 중국전력기업연합회 이사장인 류진이아이가 쓴 "탄달봉"과 특 고압 전력기술에 대한 말을 살펴보자.

> "이 특 고압 전적 기술은 중국의 독창적이고, 또한 세계에서 선도적인 것이고, 자주적인 지적 재산권을 가진 중대한 혁신이다. 장거리, 대용량, 저손실은 세계적 난제를 해결했다. 특대형 전력망이 구축되어 상호 연결하여 청정 에너지가 전국적으로 효율적이고, 최적화되도록 배치하는 핵심 기술이다.
>
> 십여 년의 꾸준한 노력에 걸쳐 중국의 특 고압 전력 수송기술은 장비, 표준, 프로젝트 등 면에서 전면적이고, 선도적인 세계에서 전압 등급이 최고 높고, 배치 능력이 가장 강력한 특 고압 직류 전류와 교류 전류 혼합 전력망이 구성되었다. 2019년 수송 전력량이 4500억 킬로와트에 달하고, 절반 이상이 청정 에너지 발전이다. 에너지 안전을 위해, 청정 발전을 촉진하는 데 중요한 기여를 했다."

사실상 이 중국 특 고압 전력 수송 기술도 핍박에 못 이겨 나온 것이다. 중국의 수력 발전, 풍력발전, 태양열 발전은 항상 세계 최고 수준이지만 중국의 청정 에너지 발전은 항상 큰 문제가 있었다. 원인은 서부의 풍력, 태양열 발전 성(省)들이 동중부의 전력 사용하는 성에서 멀리 떨어져 있기 때문이다.

그래서, 많은 청정 에너지가 방치되거나 혹은 버려진 현상은 매우 심각했다. 간쑤성(甘肅省)을 예로 간쑤성의 풍력 발전은 항상 버려진 일이 존재해 왔다. 2014년, 간쑤성은 전기 발전이 전기 사용보다 168억 도(시간 당 킬로와트)를 더 많이 생산했다. 풍력 발전은 115억 도를 생산해냈다. 풍력이 다 쉬어도 간쑤성의 전기 사용에도 충분했다. 주변의 서북성은 전력 수요가 적거나, 자체 발전소가 있거나, 간쑤성의 전기가 필요하지 않았다. 그렇기 때문에 원래 간쑤성이 2,000시간의 전기를 발전해낼 수 있었는데 지금은 1,200시간만 발전해야 어쩔 수 없게 되었다. 2010년부터 2015년까지, 버려짐으로 인한 전력 손실은 1015억 도에 달했다. 이것은 삼협(三峽)과 갈주바(葛洲壩) 두 수력발전소의 2015년 연간 발전량이다. 같은 상황이 수력발전에서도 나타나고 있다. 물을 안 쓰거나, 태양열 발전의 빛을 버리거나, 국가 재정에서 중점적으로 지원하는 청정 에너지 발전시설이 이렇게 낭비되고 방치되고 있는 것은 실로 너무 아쉽다. 기술적으로, 중국의 전통적인 고압선은 3000km 이상, 심지어 1000km의 전력 전송 수요를 충족시킬 수 없다. 무리하게 전송하면 소모되는 전력이 너무 크기 때문이다. 얻는 것보다 잃는 것이 더 많다. 동부에서 전력 수요가 많고, 서부 전력 과잉 생산이고, 전력 낭비의 문제를 해결하기 위해 특 고압 전력 수송 기술이 등장했다. 특 고압 전력 수송 기술은 중국 에너지 발전의 비밀 열쇠이고, 절대적으로 나라의 중요한 기술이다. 이것은 중국이 30년 동안 몰두하여 연구한 기술 성과이며, 또한 중국 거국 체제의 성과 전시이기도 하다. 특 고압 전력 수송 직류 전력망 수송 출력의 1200만 킬로볼트 전력 손실은 1.6%이다. 이 수송 기술이 있기 때문에 서쪽 전기를 동쪽 지역으로 보낼 수 있게 되었다. 이 전송 거리가 5000km를 넘는다. 5000km는 어떤 개념인가? 베이징에서 인도 북부 도시 방갈로르로 직선 거리는 4800km이고, 라싸에서 모스크바 거리가 5000km이다. 이것은 단지 한

개의 특 고압선의 거리일 뿐이다. 현재 중국은 이미 특 고압 수송 노선 22개를 건설했다. 현재 건설 중인 특 고압 수송 노선은 9개다. 합치면 4만 킬로미터가 넘고, 연결하면 지구 적도를 한 바퀴 돌 수 있다.

3. 탄소 최고치 달성, 탄소 중화(中和)의 세계적 영향

특 고압 수송 전력망이 있어서 동서남북을 가로지르는 중국의 전력 수송은 더 이상 문제가 되지 않는다. 예를 들어 칭하이는 중국에서 태양열 에너지가 가장 풍부한 지역이다. 이 에너지 산업은 매년 100만 도의 속도로 증가하고 있으며, 그것의 외부 송출 통로는 끊임없이 건설되고 있다. 공급 세그먼트 특 고압 수송 책임으로 중국의 청정 에너지 생산능력이 완전히 방출되어 석탄전기에 대한 대체가 가능하게 되었다. 이론적으로, 중국 어디에서나 어떤 방식으로 전기를 생산하든, 특 고압 수송 통해 어느 곳이든 수송될 수 있다.

특 고압 수송이 중국 대지에서 사면팔방으로 있는데 다른 나라로 복제할 수 없는가? 특 고압 수송 기술을 캐리어로 하여 중국 전력망과 다른 국가의 전력망을 연결하여 글로벌 에너지 인터넷을 구성할 수 없을까? 정답은 충분히 가능하다. 중국 주변 서부에서 아프가니스탄, 파키스탄에서 동쪽의 한국, 북한, 일본, 그리고 남쪽의 동남아 국가까지 에너지 부족이 심각한 나라들이다. 특 고압 수송 기술로 아시아 40여 개국의 전력망을 연결하면 일대일로(一帶一路)가 상호 협력하게 되어 서로의 장점이 더욱 뚜렷해진다. 아시아 대륙의 일체화, 나아가 유럽 아시아 대륙의 일체화는 막을 수 없을 것이다. 에너지 문제는 경제 발전의 전제 조건이기 때문에, 에너지 일체화는 반드시 경제의 일체화를 가져오고, 이로 인해 글로벌 정치의 지도를 완전히 변화시킬 것이다.

과거의 세계는 석유가 주도했고, 모든 지정학과 강대국 게임은 석유를 중심으로 전개되었고, 미래의 세계는 전력에 의해 주도된다. "탄달봉, 탄중화+특 고압 수송 전력망+글로벌 에너지 인터넷+일대일로" 이것은 전 세계 에너지 구도를 완전히 뒤엎을 것이고, 세계화와 세계 경제를 다시 일으켜 세운다.

Ⅶ. 결론

GCS 이념으로 자연애호운동을 전개하는 것은 시대의 사명이다. 전 세계를 통틀어 보아 우리는 각국의 발전 질과 효과가 여전히 높지 않고 있다는 것을 알 수 있다. 발전과 친환경의 갈등은 아직 완전히 해결되지 않았다. 개발 부족과 과도한 환경 파괴 및 기타 문제, 생태 문명 건설은 여전히 갈 길이 멀다. 환경보호는 인류가 직면한 공동의 과제다. 전기분해, 증류, 지하매설 등 처리 방법은 기술적 어려움 외에 돈이 많이 드는데 일본정부는 막대한 비용부담을 하기 원치 않는 태도를 세계에 보여주고 있다. 오염수 방류로 해양 생물의 유전자 구조가 바뀌고 인류의 건강이 위협받을 수 있다. 또한 세계적으로 해산물 관련 산업이 타격을 입을 수 있다. 일본이 끝내 핵 폐수를 방류하면 국제사회는 장기적으로 책임을 묻고 요구해 갈 것이다.

세계는 이미 빅데이터 공업화 시대에 접어들었다. 깨닫든 깨닫지 못하든 이 인터넷은 어디에나 어느 틈이든 다 들어가 있다. 이 마법 같은 첨단 기술 덕분에 '수재가 문을 나서지 않아도 천하의 일을 알게 되는 것'이 충분히 가능하게 되었다. 따라서 민주 사회에 진출하면서 국민의 친환경 의식을 제고하는 것이 급선무로 되었다. 이 임무는 정부가 하는 것으로는 분명히 힘에 부친다. 국민은 국민 스스로 자신을 교육해야 효과가 높지만 정부가 나서서

교육한다면 성격이 변하여 자각이 아닌 강제가 된다.

GCS는 '선의, 협동, 기여-봉사' 이념으로 NGO의 역할로서 국민의 친환경 의식을 제고하기 위해 노력한다. "이 세상의 모든 성공과 증복은 의욕을 안고 노력하는 사람에만 주어지는 것은 하늘의 보상이다. 뜻있는 자가 이루고 노력하는 자가 승리한다. 의지는 역경을 뚫고, 협동은 기적을 낳는다."

〈참고문헌〉

金天一, 2005, 『當代 韓國哲學 Oughtopia解析』[M], 서울: 경희대학교 출판국.

金天一, 2005, 『重建人類社會的燈塔 趙永植博士與 GCS運動』[M], 서울: 경희대학교 출판국.

조영식, 1996, 『오토피아』[M], 서울: 경희대학교 출판국.

조영식, 1983, 『밝은사회 이룩하자』[M], 서울: 경희대학교 출판국.

박순영, 조만제, 신대순, 『밝은사회 운동론』[M], 서울: 경희대학교 출판국, 1984.

조영식, 『경희사십주년』[M], 서울: 경희대학교 출판국, 1992.

克里西(瑞士)等, 『西歐新社會運動比較分析』[M], 重慶: 重慶出版社, 2006.

約翰 · 貝拉米 · 福斯特, 朱書剛, 『美國資本主義的經濟擴張與環境保護運動的發展』[J], (武漢: 財經政法資訊, 第3集, 2007.

夏斐君, 『碳達峰背後的中國大戰略』[J], 斐君思享匯, 2021年3月18日.

央視財經, 『碳達峰, 碳中和, 將重新定義經濟版圖』[J], 經濟資訊聯播, 欄目組, 2021.

제3부

—

조영식 · 이케다 다이사쿠 펠로우 연구

○

제9장

한반도 평화 담론

문화복리주의를 통한 남북연합제 통일방안의 분석

김성우*

Ⅰ. 서론

1. 연구의 배경 및 목적

조영식 박사의 평화사상을 바탕으로 한반도 평화 담론에 대한 논의가 앞으로 더욱 확대되었으면 하는 바람으로 문화복리주의 이론을 활용한 연구를 기획하여 진행했다. 대한민국 정부의 공식적인 통일방안인 '민족공동체 통일방안'에서 강조하는 남북연합제가 실현 가능성이 가장 큰 통일방안이라고 생각했기 때문이다. 또한, 남북연합제 통일방안을 통해 한반도 평화 체제를 영구히 구축하는 결과를 기대해볼 수 있다는 점에서 문화복리주의를 분석 틀로 설정했다. 이 이론이 조영식 박사의 평화사상의 한 갈래에 속하며, 국가 간, 더 나아가 국제사회의 평화 실현을 긍정적으로 바라보기 때문이다.

---

* 펠로우 1기, 경희대학교 정치외교학과

이러한 연구 목적에 대해 현재의 남북관계가 연구 배경으로 적절하지 않다는 반론이 제기될 수 있다. 남북한 사이 통일방안에 대한 논의는 물론이고 화해와 협력을 위한 협의가 제대로 진전을 보이고 있지 못하기 때문이다. 베트남 하노이에서 열린 2차 북·미 정상회담 이후 경색된 남북대화 및 관계에서 이를 알 수 있다. 이는 남북연합제 통일방안을 통한 한반도 평화 담론 형성에 대해 문화복리주의 이론을 통한 분석 연구가 시기상조일 수 있다는 것을 의미한다.

하지만, 이와 같은 남북관계의 현실에도 불구하고 문화복리주의를 이론적 분석 틀로 하는 남북연합제 사례 연구는 충분한 가치가 있다고 할 수 있다. 이론적 분석을 통해 한반도 평화 체제 구축, 남북 통일방안의 한계점을 알아내는 것 또한 한반도 평화 담론 형성의 한 과정이기 때문이다. 그뿐만 아니라 남북한은 갈등과 협력의 반복 속에서 여러 차례 평화와 통일 실현 방안에 대한 논의를 이어왔다. 김대중, 노무현, 문재인 정부의 남북정상회담 사례에서 이를 알 수 있다. 이는 한반도 평화 담론에 관한 연구를 진행함으로써 기존 통일방안의 문제점을 개선해 나가며 남북 간 평화 체제 구축 방안 논의를 확대할 필요성이 있다는 것을 의미한다.

문화복리주의는 평화사상의 한 갈래일 뿐만 아니라 남북통일에 대한 조영식 박사의 염원이 담겨있다고 말할 수 있다. UN 세계평화의 날 제정에 있어 선도적 역할을 한 것으로 널리 알려진 조영식 박사가 '일천만 이산가족 재회 촉구를 위한 범세계 서명운동'을 전개하여 기네스북에 등재되었을 정도로 남북통일을 위한 노력에 앞장섰기 때문이다. 이는 조영식 박사의 평화사상적 측면에서, 특히 문화복리주의적 관점에서 남북연합제를 통한 한반도 평화 담론을 구체적으로 어떻게 형성할 수 있을지에 관한 연구를 진행하는 계기로 작용하게 되었다.

2. 주요 문제의식

본 연구의 주요 문제의식은 다음과 같이 세 가지로 구성된다.

① 조영식 박사의 평화사상에서 문화복리주의 이론은 남북연합제 통일방안을 분석함에 있어 어느 정도의 적실성을 가지는가?
② 남북연합제 통일방안에 대해 문화복리주의 이론이 가지는 한계점은 무엇인가?
③ 문화복리주의 이론의 시각에서 남북연합제 통일방안의 전망과 과제는 무엇인가?

첫 번째 문제의식은 분석 사례인 남북연합제 통일방안과 이론적 분석 틀인 문화복리주의 간 적실성의 정도를 파악하는 것이다. 문화복리주의 이론에서 도출 가능한 이론적 명제가 남북연합제 관련 사례를 분석하는 데 적절한지를 판단하는 것이 문제의식의 핵심이라고 할 수 있다.

두 번째 문제의식은 문화복리주의를 통해 남북연합제 통일방안을 분석하는 과정에서 해당 이론이 적실성을 제대로 갖지 못하는 부분을 알아보는 것이다. 문화복리주의에서 남북연합제를 통한 한반도 평화 체제 구축 및 통일 과정을 설명할 수 없는 내용을 찾아내는 것이 두 번째 문제의식이라고 볼 수 있다.

세 번째 문제의식은 남북연합제 통일방안에 대해 문화복리주의가 갖는 적실성과 한계점을 바탕으로 한반도 평화 담론 형성, 더 나아가 한반도통합의 실현 가능성과 해결 과제를 파악하는 것이다. 분석 틀로 사용된 이론의 적실성에서 비롯된 한반도 통일의 전망과 해당 이론의 한계점으로 인한 통일 과제의 분석이 세 번째 문제의식의 목표인 것이다.

3. 선행 연구 검토

한반도 평화 담론에 관한 연구는 크게 두 가지 방향으로 구분할 수 있다. 우선, 국제통합이론을 통한 한반도 평화 및 통일 담론의 분석 연구이다. 이와 같은 연구는 대부분 해외 통일 또는 통합사례에 대해 국제통합이론을 적용하여 평가하는 방식으로 연구가 이루어졌다. 유럽통합, 독일이나 예멘 등의 통일 사례에 대해 국제통합이론이 주는 함의를 분석하는 연구들이기 때문이다. 이러한 방향성의 연구는 대표적으로 분단국 통합사례에 대한 국가통합이론의 시사점을 알아보는 김국신의 연구,[1] 유럽통합을 이론적으로 분석한 한종수의 연구,[2] 예멘 통일 과정에 통합이론을 적용한 정지웅의 연구[3] 등이 있다.

다음으로 남북한 통일방안의 비교 및 연합제 통일방안을 분석한 연구 사례를 찾아볼 수 있다. 이러한 연구는 대부분 남한의 연합제와 북한의 연방제 통일방안을 비교 분석하거나 국가 연합제 통일방안의 특성을 파악하는 방식으로 연구가 진행되었다. 대표적으로 연합제와 연방제 통일방안의 수렴 가능성을 분석한 최완규의 연구,[4] 6.15 공동선언 내 남북 통일방안 논의의 의

1 김국신, 「국가통합이론과 분단국 통합사례가 남북한 통일에 주는 시사점」, 『한국과국제정치』 16권 1호, 경남대학교 극동문제연구소, 2000.
2 한종수, 「통합이론에 비추어 본 유럽통합과 한반도통합」, 『유럽연구』 17권 0호, 한국유럽학회, 2003.
3 정지웅, 「남북예멘의 국력과 통일과의 상관성 연구: 통합이론의 적용」, 『國際地域研究』 15권 1호, 서울대학교 국제학연구소, 2006.
4 최완규, 「남북한 통일방안의 수렴가능성 연구: 연합제와 낮은 단계의 연방제」, 『북한연구학회보』 6권 1호, 북한연구학회, 2002.

미를 도출한 진희관의 연구,[5] 국가연합을 통한 공존형 통일방안을 모색한 윤영상의 연구[6] 등이 이와 같은 방향성의 연구 사례라고 할 수 있다.

　이러한 연구들은 국제통합이론과 통합 및 통일 사례, 남북한 통일방안과 관련된 연구이지만, 남북연합제 통일방안에 대해 조영식 박사의 평화사상 및 문화복리주의 등을 적용하는 것과 같은 직접적인 적실성 검토는 이루어지지 않았다. 그러나 일부 연구에서는 남북통일 문제에 있어 국제통합이론의 적실성을 검토한 경우는 찾아볼 수 있다. 김학노의 연구[7]가 이에 관한 대표적인 연구 사례이다. 남북한 관계에 있어 국제통합이론이 가지는 의미를 분석했기 때문이다. 이는 한반도 평화 및 통일 담론에서 국제통합이론이 가지는 적실성의 검토를 시도했다는 점에서 앞서 언급한 다수의 선행 연구 사례와 구별된다.

II. 이론적 논의 및 쟁점

1. 이론적 분석 틀: 조영식 박사의 평화사상과 문화복리주의

　조영식 박사는 경희대학교의 창립자로서 '교육을 통한 세계평화 구현'을 위해 노력한 교육자이자 사상가, 평화운동가이다. 『민주주의 자유론』, 『문화

5　진희관, 「6.15공동선언 제2항의 통일방안 논의와 최근 북한의 인식」, 『서석사회과학논총』 2권 2호, 조선대학교 사회과학연구원, 2009.

6　윤영상, 「남북한 국가승인과 국가연합 – 공존형 통일방안의 실현가능성 모색」, 『통일정책연구』 29권 2호, 통일연구원, 2020.

7　김학노, 「남북한 관계에 대한 국제통합이론의 적실성 문제」, 『한국정치연구』 25권 3호, 서울대학교 한국정치연구소, 2016.

세계의 창조』,『교육을 통한 세계평화』,『오토피아』,『인류사회의 재건』,『아름답고 풍요하고 보람있는 사회』 등 활발한 저술 활동을 기반으로 조영식 박사는 세계평화론을 주창했다. 이와 같은 조영식 박사의 세계평화론은 네 가지의 평화사상, 즉 문화복리주의, 오토피아(Oughtopia), BAR 정신, 유엔 주도하의 세계평화론(Pax UN) 등으로 요약해볼 수 있다.

조영식 박사의 첫 번째 평화사상은 문화복리주의이다. 본 연구의 이론적 분석 틀이기도 한 문화복리주의는 문화주의의 실천, 문화혁명의 제창 등을 목표로 한다. 이러한 목표 실현에는 열린 민족주의, 경제적 평등, 호혜주의, 인권주의, 문화주의, 반전 평화주의, 과학주의, 보편적 민주주의 등 8개의 원칙이 필요하다.

조영식 박사의 두 번째 평화사상은 오토피아이다. 오토피아는 소망스러우면서도 소망할 수 있는 인간의 이상사회로서 당위적 요청사회를 의미한다.[8] 이처럼 유토피아와 구별되는 개념의 오토피아는 세 가지 목표로 구성된다. 우선, 정신적으로 아름다우면서 건전한 도덕 및 인간사회를 건설해야 한다. 다음으로 물질적으로 풍요로우면서 편리한 사회를 만들어야 한다. 마지막으로 인간적으로 가치 있고 보람 있는 사회를 구현해야 한다.[9] 이러한 오토피아의 세 가지 목표를 실현하기 위해서는 인간복권, 상호협동체제 구축 및 불신 척결, 건전 생활 기풍 확립, 과학기술의 개발과 통어, 새로운 세계질서의 수립, 인류 가족정신에 의한 평화·협동 사회 건설 등 여섯 가지 조건이 필요하다.

조영식 박사의 세 번째 평화사상은 BAR 정신이다. BAR 정신은 오토피아

---

8   조영식,『오토피아』, 경희대학교 출판국, 1979, p. 240.
9   하영애 편저,『조영식과 이케다 다이사쿠의 평화사상과 계승』, 한국학술정보, 2018, p. 57.

를 그 자체를 의미하는 세 가지 사회, 즉 정신적으로 아름다운 사회(spiritually Beautiful society), 물질적으로 풍요하고 편익하여 살기 좋은 사회(materially Affluent society), 인간적으로 보람 있는 사회(humanly Rewarding society)를 뜻한다.[10]

조영식 박사의 마지막 평화사상은 팍스 유엔(Pax UN), 즉 유엔 주도 하의 세계평화론이다. 팍스 유엔은 지구협동 사회의 세계적 보편성을 바탕으로 유엔이 주도적으로 인도와 민주의 공동 번영, 국제평화를 실현하는 것을 의미한다.[11] 이와 같은 팍스 유엔이 국제사회에 필요한 이유는 여섯 가지로 요약할 수 있다. 첫째, 개별 국가의 해결 능력을 통해 전쟁과 같은 국제적 차원의 갈등을 해결하는 것에는 한계가 있다. 둘째, 군비경쟁, 과잉군비, 대량살상무기 등의 문제가 지속되고 있다. 셋째, 빈곤퇴치와 기아 방지, 자원의 효율적 관리와 공정한 배분 등의 문제 해결이 시급하다. 넷째, 국제적 차원의 환경 보호 및 복원 태세의 확립이 필요하다. 다섯째, 제3세계 인구의 과잉 증가를 막기 위한 국제적 차원의 규제가 이루어져야 한다. 여섯째, 일부 국가에 세계평화 및 안보 관련 책임을 맡기는 것보다 국제적으로 정통하고 상대적으로 중립성이 있는 유엔(UN)에 그 책임과 권한을 위탁하는 것이 더 바람직하다.[12] 이러한 이유에서 알 수 있듯이, 유엔 주도하에 이루어지는 세계평화, 즉 팍스 유엔은 팍스 브리타니카, 팍스 아메리카나 등 일부 초강대국에 의한 평화보다 더욱 안정적인 국제평화를 실현할 수 있다.

이처럼 조영식 박사의 다양한 평화사상 중에서 문화복리주의는 조영식 박사가 강조한 세계평화론의 근간이라고 할 수 있다. 오토피아, BAR 정신, 팍스 유엔 등의 평화사상이 모두 이 관점과 맥락을 같이하기 때문이다. 앞서

---

10 조영식, 앞의 글, p. 241.

11 하영애 편저, 앞의 글, p. 104.

12 하영애 편저, 『문화세계의 창조와 세계시민』, 한국학술정보, 2020, p. 26.

설명한 바와 같이 문화복리주의는 문화주의를 실천하고, 궁극적으로 문화혁명을 실현하는 것을 목표로 하고 있다. 이와 같은 문화주의, 문화혁명의 실현을 위해 문화복리주의는 그 방법론을 8개의 강령을 통해 구체화하고 있다.

첫 번째 강령은 열린 민족주의이다. 열린 민족주의는 통정된 민족관을 의미하는데, 여기서 통정된 민족관은 개별 민족의 개성과 전체 인류 국가 모두를 고려하는 국가적 개념을 말한다.[13] 이를 바탕으로 문화복리주의는 인간의 동일성과 만민 공영의 원리를 중시한다.

두 번째 강령은 경제적 평등이다. 문화복리주의는 국민, 국가 간 갈등의 원인으로 작용하는 경제적 불평등 문제를 해결할 것을 강조한다. 다만, 부의 균등한 분배가 아니라 부의 공정한 분배를 통해 경제적 불평등을 해소해야 한다.[14]

세 번째 강령은 호혜주의이다. 호혜주의에 따르면, 인류사회의 상호협력을 지향하고 민족이나 국가에 대한 차등을 지양한다. 또한, 호혜주의는 침략주의, 제국주의, 자본주의, 공산주의 등의 사상을 모두 배격하며 전쟁이 없는 평화로운 국제사회를 추구한다. 이는 호혜주의가 계급과 대립이 없는 '하나의 세계', 독재와 전횡이 없는 '문화 세계'를 지향한다는 것을 의미한다.[15]

네 번째 강령은 인권 수호이다. 문화복리주의는 모든 인간에게 인간다운 생활을 보장하는 인권주의를 강조한다. 인간으로 살아가기 위해서 자유, 평등, 공영 등의 기본권이 보장될 필요가 있기 때문이다. 이러한 문화복리주의적 관점의 인권주의는 기존의 인권주의, 인도주의, 인문주의와는 구별되는 인권 사상이다.

---

13 조영식, 『문화세계의 창조』, 경희대학교 출판문화원, 2014, p. 190.

14 하영애 편저, 앞의 글, p. 91.

15 조영식, 앞의 글, p. 205.

다섯 번째 강령은 문화주의이다. 문화주의는 '문화를 위한, 문화에 의한, 인민의 문화정치'로 정의할 수 있다.[16] 인간을 중심으로 하여 인간의 행복을 추구한다는 점에서 문화주의는 인본주의, 인민 복지주의라고도 볼 수 있다. 이로 인해 문화주의는 종교적 신본주의, 노예주의, 자연주의, 제국주의, 군국주의, 침략주의, 폭력주의 등을 모두 배격한다.

여섯 번째 강령은 반전 평화주의이다. 문화복리주의는 평화를 지향한다. 앞서 언급한 문화복리주의의 강령에 따르면, 인간은 그 자체로 최고의 가치다. 따라서 가치 있는 존재인 인명을 살상하는 전쟁은 문화복리주의에서 결코 용납될 수 없는 행위라고 볼 수 있다.

일곱 번째 강령은 과학주의이다. 문화복리주의는 과학의 실천을 강조한다. 과학을 증진함으로써 인간사회를 정신적, 물질적으로 풍요롭게 만들고, 국제사회가 평화를 추구하도록 변화시킬 수 있기 때문이다.

마지막 여덟 번째 강령은 보편적 민주주의이다. 문화복리주의는 국제민주주의를 지지한다. 문화복리주의적 관점에서 민주주의는 일부 국가의 전유물이 아니다. 따라서 민주주의는 국제적 차원에서 보편적으로 적용되어야 마땅하다. 이를 위해 문화복리주의는 UN의 기능 및 권한을 강화하여 이를 더욱 발전시킬 것을 역설하고 있다. 문화주의의 실천, 문화혁명의 제창, 문화세계의 실현에 있어 UN의 역할을 강조한 것이다.

2. 이론적 명제 및 연구 가설

지금까지 검토한 문화복리주의로부터 남북연합제 통일방안을 설명하기

---

16 조영식, 위의 글, p. 215.

위한 이론적 명제를 도출하면 다음과 같다.

〈명제 1〉 국가들은 통정된 민족관을 바탕으로 열린 민족주의, 만민 공영의 원리를 중시한다.

〈명제 2〉 국가들은 부의 균등한 분배가 아닌 부의 공정한 분배를 추구함으로써 경제적 평등 실현을 위해 노력한다.

〈명제 3〉 국가들은 서로 상호협력하며, 다른 민족과 국가에 대해 차등을 두지 않음으로써 호혜주의를 실천한다.

〈명제 4〉 국가들은 인권주의를 기반으로 하여 자유, 평등, 공영 등 인간의 기본권을 보장함으로써 인권 수호에 앞장선다.

〈명제 5〉 국가들은 인본주의, 평화주의, 인민복지주의 등의 문화적 가치관을 지향하고, 침략주의, 영리주의, 관념주의적 미신 등의 야만적 가치관을 배격함으로써 문화의의를 실천하고자 한다.

〈명제 6〉 국가들은 평화를 지향하고 인명을 살상하는 전쟁 행위를 규탄함으로써 반전 평화주의를 실현한다.

〈명제 7〉 국가들은 과학 증진을 통해 인간사회를 풍요롭게 하고 국제평화를 추구함으로써 과학주의를 실천하고자 한다.

〈명제 8〉 국가들은 국제민주주의를 지지함으로써 국가의 자유, 평등, 공영을 모두 보장할 수 있도록 국제사회의 보편적 민주주의를 실현한다.

〈명제 9〉 국가들은 유엔 주도 하의 세계평화론에 동조함으로써 유엔의 기능과 권한을 강화하고, 국가 간 평화 관계 구축을 위해 더 큰 국제적 정치단체 설립, 지역 기구의 권장 및 통합 확대 등을 추진한다.

이처럼 문화복리주의에서 도출한 명제를 바탕으로 분석 사례인 남북연합제 통일방안에 대해 적실성의 여부를 검토하기 위한 연구 가설을 설정했다. 연구 가설은 다음과 같이 세 가지로 구성된다.

① 국가 간 평화 관계 구축 과정에 있어 초국가적, 국제적 정치단체 설립이 필요하며, 이때 지역 기구의 설립 및 통합 확대를 권장할 필요가 있다.

② 인간의 기본권을 보장함으로써 인본주의, 인민복지주의를 기반으로 한 문화주의 국가체제를 건설하고, 개인과 국가의 자유, 평등, 공영을 보장하는 민주주의 정치체제를 설립한다.

③ 국가 간 관계에 있어 공존공영의 원리를 제창함으로써 전쟁을 배격하고 평화를 지향하며, 호혜주의의 원칙에 따라 상호평등과 협력을 강조한다.

첫 번째 연구 가설은 〈명제 9〉를 기반으로 설정한 가설이다. 이 가설은 남북연합제 통일방안 사례에 대해 국가 간 평화 관계 구축을 위한 초국가적 정치단체 및 지역 기구 설립의 필요성 여부를 분석할 수 있다는 점을 기대할 수 있다. 가설이 성립하기 위해서는 남북연합제를 기반으로 한 한반도통합 과정에서 초국가적 정치단체의 설립이 이루어져야 하는 것이다.

두 번째 연구 가설은 〈명제 4〉, 〈명제 5〉, 〈명제 8〉을 기반으로 세운 가설이다. 해당 가설을 통해 연구 과정에서 남북연합제 통일방안을 실현하는 데 인권주의, 문화주의, 보편적 민주주의 원칙의 성립 여부를 분석할 수 있다. 이 가설이 성립하려면 남북연합의 설립 과정에서 인권을 수호하고 문화주의를 실천하며 국제민주주의 또는 보편적 민주주의가 보장되어야 하는 것이다.

마지막으로 세 번째 연구 가설은 〈명제 1〉, 〈명제 3〉, 〈명제 6〉을 기반으로 도출한 가설이다. 이 가설을 바탕으로 남북연합제 통일방안이 공영주의, 호혜주의, 반전 평화주의 원칙에 부합하는지 그 여부에 대한 분석이 가능하다. 해당 가설이 성립한다면 남북연합제를 통해 남북한이 상호공존 및 협력하고, 한반도 내에서 영구적인 평화 체제를 설립해야 하는 것이다.

III. 사례 분석

1. 분석 사례: '민족공동체 통일방안'과 남북연합제

'민족공동체 통일방안'은 현재 우리 정부의 공식적인 통일방안이다. 김영삼 정부가 노태우 정부의 '한민족공동체 통일방안'을 계승한 민족공동체 통일방안을 발표한 이래 현 문재인 정부에 이르기까지 해당 통일방안을 보완 및 발전시켜오고 있기 때문이다.[17] 민족공동체 통일방안에 따르면 통일의 원칙은 크게 세 가지로 구성된다. 우선, 통일은 자주적으로 이루어져야 한다. 이는 남북 간 합의를 통해 우리 민족의 힘으로 통일을 실현해야 한다는 것을 의미한다.[18] 다음으로 통일 과정은 평화롭게 진행되어야 한다. 전쟁이 아닌 평화를 추구하는 방향으로 통일이 이루어져야 하는 것이다. 마지막으로 통일 과정은 민주적이어야 한다. 이는 민주적 통합에 따른 통일이 실현되어야 함을 의미한다고 볼 수 있다.

또한, 민족공동체 통일방안은 국가연합제가 핵심인 통일방안이라고 할 수 있다. 민족공동체 통일방안이 화해 협력 단계, 남북연합 단계, 1민족 1국

---

17 "통일부", https://www.unikorea.go.kr/unikorea/policy/Mplan/Pabout/
18 최완규, 앞의 글, p. 11.

가의 통일국가 완성단계 등 3단계 통일론으로 구성되어 있기 때문이다. 1단계 화해 협력 단계는 분단상태를 평화적으로 관리하는 단계이다. 남북 간 분야별 교류 협력을 활성화함으로써 상호신뢰를 형성하는 것이다. 2단계에서는 남북연합 설립을 통해 교류 협력을 제도화하고 상호신뢰를 구축함으로써 결과적으로 민족 동질화의 추진이 이루어진다. 3단계 1민족 1국가의 통일국가 완성단계는 과도기적 단계인 남북연합에서 더 나아가 단일 국가, 즉 하나의 통일국가를 건설하는 단계이다. 따라서 3단계에서는 통일헌법에 따른 총선 실시, 통일 국회 구성을 통해 통일 정부가 최종적으로 수립된다.[19]

민족공동체 통일방안에서 남북연합은 과도체제이지만 1민족 1국가의 통일국가로 나아가기 위한 사실상의 통일을 의미하기 때문에 남북 경제·사회공동체를 발전시키는 목적으로 여러 남북연합 기구의 설립 및 운영이 필요하다. 남북연합 기구는 남북정상회의, 남북각료회의, 남북평의회, 공동사무처 등으로 구성되어 있다. 먼저, 남북정상회의는 남북연합의 최고결정기구이다. 남북연합 단계는 한반도에서 2국가 2체제가 유지되는 상태이기 때문에 남북정상회의를 통해 남북 국가 정상 간 회의가 진행된다. 남북각료회의는 남북연합 내에서 집행기구의 역할을 수행한다. 남북 간 대부분의 현안에 대한 협의 및 결정 사항을 정책적으로 실천하는 것이 남북각료회의의 주요 역할이라고 볼 수 있다.[20] 남북평의회는 남북연합의 대의기구이다. 100명 내외의 남북 동수 대표로 구성되는 남북평의회의 주요 업무는 통일헌법의 초안 작성이다. 통일국가 완성단계에서 통일 국회로 나아가기 위한 준비작업을 진행하는 것이다. 마지막으로 공동사무처는 남북연합의 최고결정기

---

19 국립통일교육원, 「2021 통일문제 이해」, 통일교육원 연구개발과, 2021, p. 177.

20 박영호, 「남북연합 하에서의 남북정치공동체 형성 방안」, 『통일연구원 연구정책세미나』, 2002권 0호, 통일연구원, 2002, p. 99.

구, 집행기구, 대의기구 등을 보조하는 지원기구이다. 공동사무처의 주요 특징은 남북한 상주연락대표를 파견한다는 점이다. 이는 상주연락대표를 통해 남북정상회의, 남북각료회의의 개최나 남북평의회의 운영을 지원할 수 있다는 것을 의미한다.

2. 남북연합제 통일방안에 대한 문화복리주의 이론의 적실성 검토

본 연구는 민족공동체 통일방안에 따른 남북연합제 관련 사례에 연구 가설을 대입하는 방식으로 남북연합제 통일방안에 대한 문화복리주의의 적실성을 검토하였다. 우선, '국가 간 평화 관계 구축 과정에 있어 초국가적, 국제적 정치단체 설립이 필요하며, 이때 지역 기구의 설립 및 통합 확대를 권장할 필요가 있다.'라는 첫 번째 연구 가설은 남북연합제 통일방안에 있어 적실성이 있다. 남북연합제 통일방안에서 남북연합이라는 기관 자체가 초국가적 정치단체라고 볼 수 있기 때문이다.

먼저, 첫 번째 연구 가설이 적실성이 있다고 판단한 근거로는 남북연합 기구의 설립 및 운영이 있다. 연합제를 통한 한반도 통일 과정에서 남북한이 남북정상회의, 남북각료회의, 남북평의회, 공동사무처 등의 정부 간 기구의 창설을 합의하기 때문이다. 이는 남북한 기존의 정부와 체제가 유지되는 남북연합 단계에서 국가연합에 대한 남북 간 법적 또는 제도적 장치의 체계화를 합의한다는 것을 의미한다. 결과적으로 남북연합은 통정된 국가관 실현을 위한 초국가적 기구이자, 팩스 유엔의 성격과 맥락을 같이하는 지역 기구인 것이다.

이와 같은 분석에 대해 첫 번째 연구 가설이 갖는 적실성이 부족하다는 반론이 제기될 수 있다. 남북연합 기구가 아직 실제로 설립되지 않아, 각 기구의 역할에 대한 구체적인 합의가 이루어지지 않았기 때문이다. 남북연합 기구의 구체적인 권력분배, 업무 분담 등의 특성이 명확하지 않다는 것에서 이를 알 수 있다. 남북연합의 최고결정기구, 집행기구, 대의기구 등이 초국가적 기관의 권한을 보유하는지 그 여부를 파악할 수 없다는 것이다. 특히 집행기구의 역할을 맡은 남북각료회의의 성격과 권한의 범주가 확정되지 않았다는 점이 남북연합제 통일방안에 있어 첫 번째 연구 가설의 적실성에 대한 반론이 나오는 이유라고 할 수 있다. 유럽연합(EU) 내 집행위원회와 달리, 남북각료회의가 현재 실제로 설립되거나 운영되지 않고 있기 때문이다. 이는 남북연합이 설립되어 운영될 때, 남북각료회의가 유럽연합의 EU 이사회 (Council of the European Union) 또는 집행위원회의 성격을 갖는지 알 수 없다는 것을 의미한다.

하지만, 이러한 문제점은 남북연합 기구의 성격, 기능, 권한 등에 대한 세부적 합의가 이루어지지 않았기 때문에 발생했다. 구체적인 합의가 이루어지지 않았을 뿐, 연구 가설이 틀렸다고 말할 수는 없는 것이다. 민족공동체 통일방안에서 언급된 남북연합 기구는 남북한 정부 어디에도 속하지 않는 정부 간 국제기구이다. 따라서 남북각료회의와 같이 일부 기구의 초국가적 권한 보유 여부를 명확히 판단할 수 없음에도 불구하고, 남북연합의 설립을 통해 결과적으로 남북한이 초국가적 기구의 설립을 시도할 것이라는 예측이 가능하다. 민족공동체 통일방안의 2단계 남북연합 단계에서 3단계 1민족 1국가 통일국가 완성 단계로 나아가기 위해서는 남북연합의 기능 및 권한이 더욱 확대될 필요가 있기 때문이다. 그뿐만 아니라 남북연합은 초국가적 기관 또는 지역 기구의 하나로써 조영식 박사의 평화사상에서 찾아볼 수 있는 유엔 주도 하의 세계평화론에 긍정적인 영향을 미친다. 남북연합과 같은 국제적 정치단체, 지역 기구의 설립 및 확대가 유엔의 기능 및 권한의 확대로 이어질 수 있는 것이다. 이를 통해 남북연합제 통일방안에 대하여 초국가적 기관의 설립 및 지역 기구의 확대를 강조한 첫 번째 연구 가설은 상당한 적실성이 있다는 결론을 도출할 수 있다.

다음으로 '인간의 기본권을 보장함으로써 인본주의, 인민복지주의를 기반으로 한 문화주의 국가체제를 건설하고, 개인과 국가의 자유, 평등, 공영을 보장하는 민주주의 정치체제를 설립한다.'라는 두 번째 연구 가설은 남북연합제 통일방안에 있어 적실성을 판단하기 모호한 측면이 있다. 남북연합제를 바탕으로 한 국가 통합 과정에서 연구 가설이 참이나 거짓이라고 판단할 수 있는 근거를 모두 찾아볼 수 있기 때문이다.

우선, 남북연합과 그 이후에 완성되는 남북한 통일국가는 인권주의, 문화주의, 보편적 민주주의를 모두 지향한다는 점에서 어느 정도의 적실성을 갖는다. 남북연합제 통일방안이 민주적 방법 및 절차에 따른 선거를 통해 1체제 1정부의 자유민주주의 통일 정부를 구성하는 것을 목표로 하기 때문이다. 이는 민족공동체 통일방안에 있어 궁극적으로 단일한 민주주의 정부 수립을 추구한다는 점에서 과도기전 단계인 남북연합 또한 인권과 함께 평화주의, 비폭력주의, 복지주의, 과학주의 등 문화적 가치를 중시한다는 것을 의미한다. 그뿐만 아니라 남북연합제에서 추구하는 최종 통일 정부의 형태가 민주주의 정부라는 것에서 남북연합제 통일방안이 문화복리주의의 보편적 민주주의 원칙에도 어긋나지 않는다는 것을 알 수 있다.

하지만, 남북연합제 통일방안에 대하여 두 번째 연구 가설은 적실성이 없다는 반론이 제기될 수 있다. 남북연합제가 연구 가설에서 강조하는 문화복리주의의 인권주의, 문화주의, 보편적 민주주의 원칙에 부합하지만, 현재까지 남북연합제 통일방안의 추진에 따라 이와 같은 원칙이 실현된 사례가 없기 때문이다. 1단계인 화해 협력 단계에서 2단계 남북연합 단계로 나아가지 못하고 있는 남북관계에서 이를 알 수 있다. 두 번째 연구 가설이 성립하려면 남북연합을 설립하는 과정을 통해 남북한이 함께 인간의 기본권을 보장하고, 문화주의를 실천하며, 국제민주주의를 지지해야 한다. 그러나 현재 남북관계는 남북연합 창설 및 운영에 대해 합의를 하고 있지 못할 뿐만 아니라 상호신뢰를 구축하는 화해 및 협력조차 제대로 추진하지 못하고 있다. 북한은 2017년 11월 29일, 신형 ICBM 장거리 미사일 시험발사를 강행하며 '국가 핵무력이 완성되었다.'라고 주장한 바 있다.[21] 이렇듯 북한의 거듭된 핵실험에 대응하여 유엔 안전보장이사회는 대북 석유 정제품 공급을 90% 수준으로 대폭 수축하는 등의 내용이 포함된 대북 제재 결의안을 채택했다.[22] 이처럼 고착화된 북핵 문제는 남북 간 적대, 불신, 대립 관계를 청산하는 과정에 있어 가장 큰 장애 요인이라고 할 수 있다. 북핵 문제로 인한 남북연합 설립의 장애 요인은 문화복리주의의 이론적 명제, 연구 가설 등으로 예측할 수 없는 문제인 것이다.

또한, 북한은 남한 정부에 대해 지속적인 군사 도발을 해왔다는 점에서 남북연합제 통일방안은 제대로 된 진전을 보이지 못하고 있다. 북한의 군사 도발이 발생할 때마다 남북관계가 경색되어 남북경협이 중단된 경우가 많기 때문이다. 북한은 한·미 합동군사훈련을 강력하게 비난하며 2010년 3월 26일에 천안함을 피격하고, 같은 해 11월 23일에 연평도를 포격하는 도발을 감행한 바 있다.[23] 이러한 북한의 군사적 도발에 대해 당시 이명박 정부는 5.24 조치를 발표하며 남북 교역 중단, 대북 신규 투자 금지 등의 독자적인

---

21 이용인, "북한 "핵무력 완성" 선언… 교착된 북-미 관계 흔드나", 『한겨레』, 2017년 11월 29일.

22 BBC News 코리아, "유엔, 새 대북제재 결의안 만장일치로 채택", 『BBC News 코리아』, 2017년 12월 23일.

23 김남일, "MB정부 압박-북 연이은 도발 '위기의 악순환'", 『한겨레』, 2013년 6월 6일.

대북 제재를 가했다.[24] 이외에도 2016년 1월 6일, 북한이 4차 핵실험을 진행하고 2월 7일에 장거리 미사일을 발사하자 같은 해 2월 10일, 박근혜 정부는 이러한 북한의 군사적 도발의 대응 방안으로 개성공단의 전면 중단을 발표했다.[25] 2000년 이래로 개성공단을 중심으로 한 남북경협이 남북 간 군사적 갈등으로 인해 16년 만에 중단된 것이다.

이처럼 유럽통합 사례와 달리, 북핵 문제와 북한의 군사적 도발과 같은 변수로 인해 한반도에서 지속적인 남북경협의 진행은 많은 어려움을 겪고 있다. 이는 남북연합제 통일방안에서 문화복리주의가 강조하는 인권주의, 문화주의, 보편적 민주주의의 실현을 기대할 수 없다는 것을 의미한다. 남북통합 과정에서 북한의 인권 문제를 아직까지 해결하지 못했고, 군사적 갈등으로 인해 전쟁의 위험이 남아 있으며, 이로 인해 남북연합, 더 나아가 남북한이 최종적으로 단일한 민주주의 정부를 구성하게 될지를 전혀 알 수가 없는 것이다. 이를 통해 남북연합제 통일방안에 대하여 두 번째 연구 가설은 적실성을 갖는 것에 있어 상당한 한계점을 보인다는 것을 확인할 수 있다.

마지막으로 '국가 간 관계에 있어 공존공영의 원리를 제창함으로써 전쟁을 배격하고 평화를 지향하며, 호혜주의의 원칙에 따라 상호평등과 협력을 강조한다.'라는 세 번째 연구 가설의 경우, 남북연합제 통일방안에 대하여 적실성이 있다고 할 수 있다. 남북 정상이 한반도 평화 및 통일과 관련하여 여러 차례 합의를 이루어낸 사례가 존재하기 때문이다. 2000년에 사상 최초로 성사된 남북정상회담 6.15 공동선언에서 남북한 국가 정상이 통일방안에 대해 합의점을 찾은 것에서 이를 알 수 있다. 6.15 공동선언 제2항을 통해 당

---

24 김혜린, "'5 · 24 조치 해제하라'… 남북경협기업들, 무기한 시위 돌입", 『서울경제』, 2021년 3월 24일.
25 이유미, "개성공단 착공에서 가동 중단 2년까지", 『연합뉴스』, 2018년 2월 9일.

시 김대중 대통령과 김정일 국방위원장은 '남과 북은 나라의 통일을 위한 남측의 연합제안과 북측의 낮은 단계의 연방제안이 서로 공통성이 있다고 인정하고 앞으로 이 방향에서 통일을 지향시켜 나가기로 하였다.'라는 내용에서 타협에 성공하였다.[26] 이는 장기적인 남북한 갈등 상황 속에서 남북 간 정치 지도자가 전쟁을 지양하고 평화를 실현하기 위해 상호협력했다는 것을 의미한다. 남북한의 공식 통일방안인 연합제와 낮은 단계 연방제 사이에서 통일 과정에 2체제 2정부를 유지하는 과도기가 필요하며, '선 민족통합, 후 제도 통일' 방식을 추구한다는 공통점이 있다는 합의를 이루어 낸 것이다.[27]

이러한 분석에 대해 세 번째 연구 가설이 남북연합제 통일방안에 대해 적실성이 부족하다는 반론이 제기될 수 있다. 남북한 간에 높은 사회·문화적 이질성으로 인해 남북한의 상호협력을 통한 공존공영이 어렵기 때문이다. 국가 간 통합 과정에서 남북한이 처한 상황이 유럽과 전혀 다르다는 것에서 이를 알 수 있다. 서울대학교 통일평화연구원의 '남북통합지수'에 따르면 2014년 기준으로 남북통합지수는 1,000점 만점에 190점으로 집계되었다.[28] 남북통합지수가 정치·사회·문화 분야의 남북한 동질화 정도를 계량화했다는 점에서 이는 여러 분야에서 남북 간 이질성이 높다는 것을 의미한다. 남북의 경제력 격차가 크다는 점도 남북한 사이의 호혜주의와 공영주의 실현을 어렵게 하는 이유 중 하나로 볼 수 있다. 통계청의 '2020 북한의 통계지표'에 따르면 2019년 북한의 국민총생산(GDP)은 남한의 1.8% 수준이며, 남한의 1인당 국민총소득(GNI)은 북한의 27배에 달한다.[29] 이를 통해 남북

---

26 "6.15 남측위원회", https://www.i615.net/sub/declaration_3.php.

27 진희관, 앞의 글, p. 276.

28 임민혁, "딴 민족처럼 멀어지는 한민족", 『조선일보』, 2015년 7월 3일.

29 오종택, "남북 경제력 격차 더 커졌다… 1인당 총소득 '141만 원 vs 3744만 원'", 『뉴시스』, 2020년

은 서로 간에 사회 · 문화적 이질성이 높을 뿐만 아니라 서로 이질적인 경제 체제로 인해 경제력에도 많은 차이를 보인다는 것을 알 수 있다. 이러한 이 질적인 요소들이 한반도 평화 체제 구축 및 통합을 위한 남북 간 상호협력과 공존공영에 장애 요인으로 작용하는 것이다.

하지만, 이러한 이질성이 존재하고 있음에도 한반도 평화 및 통일 담론 형성을 위한 남북 정상 간 합의가 지속해서 이어지고 있다는 점에서 세 번째 연구 가설이 가지는 적실성은 충분하다고 할 수 있다. 국가 간 통합을 위한 정치지도자 간 타협과 협상이 국가 간 상호협력 및 공존공영, 그리고 평화 체제 형성에 결정적인 역할을 하기 때문이다. 6.15 공동선언 이후에 진행된 여러 차례의 남북정상회담 사례에서 이를 알 수 있다. 2007년 남북정상회담 에서 당시 노무현 대통령과 김정일 국방위원장은 6.15 공동선언을 고수한 다는 방향성에 동의하며 10.4 남북공동선언문을 발표했다. 10.4 남북공동선 언을 통해 남북 정상은 남북관계를 통일 지향적으로 발전시켜 나가기 위한 법률 · 제도적 장치 정비, 군사적 긴장 완화 및 대화와 협상을 통한 분쟁 문 제 해결, 남북 경제 및 사회 · 문화 분야의 교류와 협력 확대 발전 등에 합의 했다.[30] 또한, 2018년에 당시 문재인 대통령은 김정은 국무위원장과 무려 세 차례 남북정상회담을 가지며 4.27 판문점 선언, 9월 평양공동선언을 발표했 다. 이를 통해 문재인 정부는 북핵 문제 해결 및 항구적 평화 정착, 지속가능 한 남북관계 발전, 한반도 신경제공동체 구현 등의 목표를 바탕으로 통일을 추진하는 '신한반도체제'를 구체화하게 되었다.[31] 이처럼 노무현, 문재인 정 부의 남북정상회담은 그 내용이 6.15 공동선언과 같이 통일방안을 직접적으

12월 28일.

30 "행정안전부 국가기록원", https://theme.archives.go.kr//next/unikorea/second/second05.do.

31 국립통일교육원, 앞의 글, p. 158.

로 논의한 것은 아니지만, 궁극적으로 통일을 목표에 두고 이루어낸 남북 간 합의라는 점에서 의미가 있다고 할 수 있다. 사회 · 문화 · 경제 · 정치 등 남북 간에 서로 다른 체제적 이질성을 극복한 남북의 정치지도자들의 타협과 협상이 호혜주의, 반전 평화주의, 공영주의에 기반을 둔 국가 간 통합 과정에 긍정적인 영향을 미친 것이다.

3. 한반도 평화 담론으로서 문화복리주의 이론의 한계와 과제

남북연합제 통일방안에 대한 연구 가설의 검증을 통해 한반도 평화 담론으로서 문화복리주의에 어느 정도 한계점이 존재한다는 것을 알 수 있다. 남북연합제 통일방안에서 문화복리주의의 이론적 명제가 적실성을 충분히 가지지 못하는 부분이 있기 때문이다. 우선, 문화복리주의는 군사적인 장기갈등이 남아 있는 국가 간 통합 과정에 적용하기에 현실적인 어려움이 있다. 남북한 갈등 사례에서 알 수 있듯이, 군사적인 갈등으로 인해 국가 간 경제 협력이 지속되지 못하고 평화 체제를 영속화하지 못하는 경우가 발생하기 때문이다. 이는 군사적 갈등이 초래하는 적대와 불신의 관계가 초국가적 기구 설립, 문화주의 및 호혜주의의 실천을 통한 국가 간 통합 과정에 장애 요인으로 작용한다는 것을 의미한다. 문화복리주의가 결과적으로 국가 사이 또는 국제사회의 영구적인 평화를 강조하지만, 이를 실현하기 위한 현실적인 방법론을 제시하지 못하는 문제점이 발생하는 것이다.

또한, 문화복리주의는 사회 · 문화적으로 동질성이 부족한 지역 간 통합 과정에 적용하기 힘들다는 한계가 있다. 체제 간 이질성이 존재하는 지역에서는 문화복리주의에 따른 국가 간 통합이 진전을 보이지 못하기 때문이다. 유럽과 달리, 통합에 어려움을 겪는 한반도의 사례에서 이를 알 수 있다. 정치·경제 분야에 있어 남한은 자유민주주의와 시장경제 체제를, 북한은 공산주의와 계획경제 체제를 유지하고 있다. 이렇듯 체제 간 이질성이 확연한 지역에서는 문화복리주의의 원칙에 따른 통합을 방해하는 장애 요인이 많다. 남북한이 기존 체제를 변화시키는 것이 현실적으로 어려움이 많으며, 사회·문화적인 이질성을 극복하는 통합 과정에 많은 노력이 필요하고, 극심한 경제력 격차를 극복하는 과정에서 적지 않은 통일 비용이 요구되기 때문이다. 이를 통해 사회·문화적 동질성이 충족되지 못하면 호혜주의, 인권주의, 문화주의, 보편적 민주주의 등 문화복리주의적 관점에 따른 국가 간 통합이 이루어지기 어렵다는 것을 알 수 있다.

국제통합이론을 바탕으로 한반도 통합을 분석한 김학노 연구의 경우, 통합의 진척에만 집중하는 것이 국제통합이론의 한계라는 점을 지적한다.[32] 국제통합이론은 통합의 발전 과정에만 주목하며, 통합이 쇠퇴하는 과정에 대한 분석은 부족하다는 것이다.

이러한 한계점을 바탕으로 문화복리주의는 한반도 통합 과정에 적용했을 때 발견하거나 그동안 예측할 수 없었던 부분을 보완하는 개선 작업이 필요하다. 궁극적으로 영속화된 평화를 지향하는 이론이 문화복리주의인 만큼, 이제는 남북한 통합 과정의 면밀한 분석을 통해 이론을 재점검해야 한다는 과제가 주어진 것이다. 이를 통해 이론의 내용이 이상적이어서 현실적인 적용이 어렵다는 문화복리주의의 한계점을 극복하고, 호혜주의, 인권주의, 문화주의, 반전 평화주의, 보편적 민주주의 등 문화복리주의에서 추구하는 원칙들이 결과적으로 실현될 수 있도록 하는 방법론을 구체적으로 제시하는 것이 이 이론의 최우선 과제라는 것을 알 수 있다.

---

32   김학노, 앞의 글, p. 44.

Ⅳ. 결론

이 논문은 민족공동체 통일방안의 남북연합제에 대해 문화복리주의의 이론적 명제를 바탕으로 한 연구 가설을 검증했다. 남북연합제 통일방안에 이 이론에 따른 연구 가설을 대입하여 적실성을 검토하는 분석은 한반도 통합 과정에서 문화복리주의의 강점과 개선점을 모두 알 수 있게 해 주었다.

이러한 연구 가설의 적용을 통한 남북연합제 통일방안의 분석 결과는 다음과 같다. 첫째, 민족공동체 통일방안에서 남북연합제에 대해 문화복리주의는 충분한 적실성이 있다. 남북연합제를 실현하기 위해 초국가적 기관의 설립과 평화 지향, 상호협력이 필요하다는 점을 확인했다. 이는 남북연합제 통일방안에 대한 문화복리주의의 적실성이 더욱 강화될 가능성이 있다는 것을 의미한다. 앞으로 남북연합 창설 및 운영을 위한 남북정상회담이 지속적으로 개최되고, 집행기관인 남북각료회의의 권한이 확대된다면 문화복리주의에 따른 연구 가설의 입증이 가능하기 때문이다.

둘째, 이와 같은 적실성에도 불구하고 문화복리주의는 한반도 평화 담론으로서 분명한 한계점을 가지고 있다. 남북연합제 통일방안에 연구 가설을 적용하는 과정에서 문화복리주의의 적실성이 부족하다고 판단할 수 있는 부분이 존재한다. 아직 권한 및 특성이 명확하지 않은 남북연합 기구와 남북한 체제 간 이질성 및 장기갈등 사례에서 이를 알 수 있다. 이는 한반도 통합 과정에서 문화복리주의가 강조한 인권 수호, 문화주의 국가체제 건설, 민주주의 정치체제 설립의 가능성이 크지 않다는 것을 의미한다. 부족한 사회 · 문화적 동질성과 군사적 갈등 등의 요인이 남북연합의 설립뿐만 아니라 북한의 인권 문제 해결, 남북 문화 협력, 단일한 민주주의 정부 구성 등의 걸림돌이 될 수 있기 때문이다.

이와 같은 사례 분석의 결과에 따르면 남북연합제 통일방안에 있어 첫 번째 연구 가설과 세 번째 연구 가설은 적실성이 있는 것으로 판명되었다. 그러나 두 번째 연구 가설은 한반도 평화 담론에 있어 적실성 판명에 한계가 있는 것으로 검증되었다.

이 논문의 사례 분석 결과는 문화복리주의 시각에 따른 남북연합제 통일방안의 전망과 과제를 제시한다. 우선, 이 관점에서 남북연합제 통일방안의 전망은 긍정적이다. 남북한 체제 간 이질성과 장기갈등으로 인한 인권주의, 문화주의, 보편적 민주주의 실현에 의문을 제기하는 반론이 존재하지만, 이러한 한계점은 충분히 극복할 수 있다. 문화복리주의에서 초국가적 기관의 역할과 국가 간 상호평등 및 협력을 강조하기 때문이다. 남북 정책결정자 간에 지속적인 합의를 통해 북핵 문제를 해결하고 장기적인 군사 갈등을 종식한다면, 체제 간 이질성을 극복한 남북연합제를 실현할 수 있을 것이다.

이러한 긍정적 전망의 실현을 위해 남북연합제 통일방안은 문화복리주의에서 강조하는 원칙들이 실현되기 위한 현실적인 방법론을 구상해야 하는 과제가 있다. 특히 남북관계가 경색되지 않고 남북 경제 및 문화 협력이 지속될 수 있는 환경 조성이 필요하다. 지속적인 경제, 문화 협력 과정에서 비롯된 남북 간 상호협력이 한반도 문화주의 실천, 더 나아가 한반도 통일에 이바지할 수 있기 때문이다. 이는 한반도에서 통정된 민족주의, 경제적 평등, 호혜주의, 인권주의, 문화주의, 반전 평화주의, 과학주의, 보편적 민주주의 등 문화복리주의의 모든 원칙을 현실화시킬 방안을 찾아야 한다는 것을 의미한다. 이러한 과제가 해결된다면, 남북연합제는 시기상조가 아닌 한반도통합의 유력한 대안이 될 수 있다.

본 연구를 계기로 한반도 평화 담론에 조영식 박사의 평화사상을 활용한 연구 사례가 매우 부족하다는 것을 알게 되었다. 조영식 박사의 평화사상이 궁극적으로 국제적 차원의 평화 실현을 강조하지만, 조영식 박사의 일생에 있어 남북통일을 위한 노력도 포함되어 있다는 점에서 관련 연구 사례가 늘어났으면 하는 바람이다. 조영식 박사의 평화사상에 기반을 둔 한반도 평화 체제 구축 및 통일에 관한 연구가 더 나아가 세계평화론으로의 연구로 더욱 발전할 수 있기 때문이다.

〈참고문헌〉

김국신, 「국가통합이론과 분단국 통합사례가 남북한 통일에 주는 시사점」, 『한국과국제 정치』 16권 1호, 경남대학교 극동문제연구소, 2000.

한종수, 「통합이론에 비추어 본 유럽통합과 한반도통합」, 『유럽연구』 17권 0호, 한국유 럽학회, 2003.

정지웅, 「남북예멘의 국력과 통일과의 상관성 연구: 통합이론의 적용」, 『國際地域硏究』 15권 1호, 서울대학교 국제학연구소, 2006.

최완규, 「남북한 통일방안의 수렴가능성 연구: 연합제와 낮은 단계의 연방제」, 『북한연 구학회보』 6권 1호, 북한연구학회, 2002.

진희관, 「6.15공동선언 제2항의 통일방안 논의와 최근 북한의 인식」, 『서석사회과학논 총』 2권 2호, 조선대학교 사회과학연구원, 2009.

윤영상, 「남북한 국가승인과 국가연합 – 공존형 통일방안의 실현가능성 모색」, 『통일정 책연구』 29권 2호, 통일연구원, 2020.

김학노, 「남북한 관계에 대한 국제통합이론의 적실성 문제」, 『한국정치연구』 25권 3호, 서울대학교 한국정치연구소, 2016.

조영식, 『오토피아』, 경희대학교 출판국, 1979.

하영애 편저, 『조영식과 이케다 다이사쿠의 평화사상과 계승』, 한국학술정보, 2018.

하영애 편저, 『문화세계의 창조와 세계시민』, 한국학술정보, 2020.

조영식, 『문화세계의 창조』, 경희대학교 출판문화원, 2014.

국립통일교육원, 「2021 통일문제 이해」, 통일교육원 연구개발과, 2021.

박영호, 「남북연합 하에서의 남북정치공동체 형성 방안」, 『통일연구원 연구정책세미나』 2002권 0호, 통일연구원, 2002.

조영식, 『아름답고 풍요하고 보람있는 사회』, 경희대학교 출판국, 2003.

이용인, "북한 "핵무력 완성" 선언…교착된 북-미관계 흔드나", 『한겨레』. https://www.hani.co.kr/arti/international/america/821364.html?_fr=st1 (검색일: 2017년 11월 29일)

BBC News 코리아, "유엔, 새 대북제재 결의안 만장일치로 채택", 『BBC News 코리아』. https://www.bbc.com/korean/42462315 (검색일: 2017년 12월 23일)

김남일, "MB정부 압박-북 연이은 도발 '위기의 악순환'", 『한겨레』. https://www.hani.co.kr/arti/politics/defense/590807.html (검색일: 2013년 6월 6일)

김혜린, "5·24 조치 해제하라… 남북경협기업들, 무기한 시위 돌입", 『서울경제』. https://www.sedaily.com/NewsVIew/22JXMCZFA8 (검색일: 2021년 3월 24일)

이유미, "개성공단 착공에서 가동 중단 2년까지", 『연합뉴스』. https://www.yna.co.kr/view/AKR20180208173000030 (검색일: 2018년 2월 9일)

임민혁, "딴 민족처럼 멀어지는 한민족", 『조선일보』. https://www.chosun.com/site/data/html_dir/2015/07/03/2015070300323.html (검색일: 2015년 7월 3일)

오종택, "남북 경제력 격차 더 커졌다…1인당 총소득 '141만 원 vs 3744만 원'", 『뉴시스』. https://newsis.com/view/?id=NISX20201228_0001285187 (검색일: 2020년 12월 28일)

"통일부", https://www.unikorea.go.kr/unikorea/policy/Mplan/Pabout/.

"6.15 남측위원회", https://www.i615.net/sub/declaration_3.php.

"행정안전부 국가기록원", https://theme.archives.go.kr//next/unikorea/second/second05.do.

○

제10장

조영식의 오토피아 사상과 사회공헌활동

휠체어 이용자를 위한 경사로 벤치 프로젝트

홍예성*

Ⅰ. 조영식 사상에 입각한 한국 사회에 대한 분석

1. 오토피아의 의의

인간을 독립된 실체와 자기지배를 할 수 있는 인격적 실체로 전제하였으며 이러한 인간이 자기자신을 완성하고 자기자신의 행복, 인류문명, 공동체의 행복을 위해 자유와 책임을 안고 살아가는 사회를 의미한다.

2. 조영식의 오토피아 사상의 필요성

1) 복잡하고 다원화된 사회환경의 새로운 방향성 역할

과거 선형적인 사회에서는 사회문제가 크게 논란이 되지 않았다. 과거에

---

* 펠로우 1기, 경희대학교 행정학과

는 계층적이고 명확한 인과관계로 사회과 구성되어 있었고 사회문제 역시 크게 복잡하지 않아 단일적인 주체가 쉽게 해결할 수 있었다. 하지만 점점 세계화 및 가치의 다원화로 인해 사회적 맥락이 변화하면서 현대 사회에 들어가면서 사회환경은 복잡해지고 사회에서 다루는 영역 역시 이러한 가치와 이해관계가 충돌하면서 난제(wicked problem)가 발생하고 있다.

특히, 오늘날 사회환경은 사회를 둘러싼 이해관계자들 간 수가 증가되었고 그들 간의 충돌 강도 등 다양성이 높을수록 해결하기 어려운 과제들이 넘쳐나는 다양성(diversity)의 특징과 사회문제의 원인 및 해결방안이 명확하지 않고 불확실하다는 것을 의미하는 복잡성(complexity)이 높아지면서 이러한 사회환경에 탄력적으로 대응하기 위해서는 더 이상 과거처럼 개인주의 시대, 민족주의 시대 등 타인을 배제하는 시선으로 사회를 바라보는 것이 아닌 협력적, 참여적, 수평적으로 사회를 바라보고 타인을 공감하고 이해하는 태도를 지녀야 할 필요성이 제기된다. 이러한 연유로 복잡하고 다원화된 사회환경을 개선하기 위해서라도 조영식의 오토피아 사상에 입각한 태도 및 행위의 고취가 요구된다.

2) 협업적 전략으로서의 수단 기능

이러한 난제를 해결하기 위해서는 가능한 모든 이해 관계자를 참여시켜 문제와 해결책에 대한 논의를 통해 공통된 합의를 도출하는 것을 사회의 목표로 구성해야 한다. 즉, 상호 이해와 협력에 의하여 우리는 사회의 평화를 추구해야 한다. 즉, 이러한 결과를 고취하려면 의사소통을 통한 상호이해 및 합의 도달을 추구해야 한다. 이러한 협업전략을 통해 이해관계자들의 시너지효과를 통해 더 많은 성과를 낼 수 있으므로 해당 전략의 필요성은 더욱 요구되는데 조영식의 오토피아 사상은 상호 이해와 협력을 전제로 한 이론이기에 그 방향성이 부합하다. 이에 이러한 상호협동을 전제로 하여 건전하고 바람직한 사회풍토를 조성하는 것을 목적으로 하는 만큼 오늘날 사회를 개선하기 위해 필요한 전략인 협업적 전략의 기본전제로 조영식의 오토피아 사상이 부합하다.

II. 차라투스트라의 위버멘쉬를 통한 조영식의 오토피아 사상의 분석

1. 위버멘시가 등장하게 된 배경은 무엇인가?

차라투스트라는 동굴 밖을 나오게 되면서 이데아의 허상을 깨달았다는 플라톤과 달리 동굴 안에서 이미 '신은 죽었다'라는 진리를 깨닫고 이를 다른 사람들에게 알려주기 위해 동굴 밖으로 나왔다고 한다. 이에 따라 위대한 위버멘쉬(übermensch/overman)가 출현하게 된 것이다. '신은 죽었다'라는 의미는 바로 지상에서 일어나는 모든 일을 관장하는 미지의 위대한 존재 및 세계가 존재하지 않는다는 의미인 것이다. 그렇다면 우리는 이런 위대한 존재를 잃게 되었으니 우리의 인생은 하찮아지는 것일까? 라는 물음을 던진다면 그렇지 않다. 신은 죽었기에 이제 우리는 헤겔이 제시한 것과 같이 우리 스스로 자기자신, 현재 우리가 살아가고 있는 현실을 중심으로 움직여야 하고 주체가 되어야 한다.

2. 위버멘쉬는 어떻게 추구할 수 있는가?

신은 죽었기에 우리는 우리가 살고 있는 현실 세계를 우리의 힘으로 창조해야 한다. 하지만 창조할 만한 원동력은 과연 무엇인가? 그것은 바로 권력의지다. 이 세계에 충실해지기로 한 이후부터 인간은 자신이 살 세계를 신의 관점에 의지했던 지난 날과 달리 오로지 자신의 의지와 가치관으로만 새로 세계를 생성해야 한다. 즉, 신의 죽음은 단순히 인간세계의 종말, 끝을 의미하는 것이 아니라 더 크고 원대하고 다양한 세계를 포용할 수 있는 예비단계에 불과한 것이다. 이에 우리는 적극적으로 의지하고 평가하고 창조하고 스스로에게 명령을 내림으로써 위버멘쉬를 추구할 수 있는 충분적 요건을 갖추게 되는 것이다.

3. 영원 회귀하다면 이러한 창조와 생성의 행위는 무의미한 행위가 아닌가?

차라투스트라는 신의 죽음으로 맞이한 세계를 각 개체별로 새로운 세계를 창조하고 생성하는 능력을 강조하였으나 한 가지 갈등에 직면하였다. 바로 이렇게 창조와 생성을 계속한다면, 과거에 있었던 창조와 생성은 무의미한 것이고 현재하고 있는 창조와 생성행위는 단순히 과거에 대한 원한, 앙갚음으로써 시행되는 것이 아닌가라는 물음 말이다. 하지만, 우리는 물음을 던질 수 있다. 추후 현재의 상태와 같은 세계가 반복이 된다 해도 이는 동일한 의미로 다가오지 않는다. 주사위 놀이로 이해할 수 있는데, 주사위 놀이를 통해 같은 숫자가 나와도 각자 나왔던 상황은 다르고 이를 받아들이는 나의 태도 역시 완전히 같지 않으며 이는 결론적으로 같은 숫자가 나왔을지라도 전혀 다른 의미와 세계를 만들어낸 것이다. 즉, 영원회귀를 통해서 무력성을 나타내는 것은 전혀 옳지 않다. 이에 우리는 창조와 생성의 행위를 영원한 시간 앞에서 무력하다고 주장할 수 없으며 창조와 생성의 태도를 삶의 태도로 항상 견지해야 한다.

4. 오토피아와 위버멘쉬의 관계에 대한 분석

오토피아가 결국 현실화 되려면 우리 스스로가 자기자신의 진정한 지배자로 활동해야 한다. 이를 위해서는 우리 스스로가 각자의 위버멘쉬를 추구해야 함과 동일한 맥락으로 이해할 수 있다. 우리 스스로 자신만의 세계를 구축하고 이에 대한 평가, 의지, 창조 등을 나타낼 수 있어야 한다. 지금까지 우리가 살아왔던 사회의 진리는 과연 진리 값을 지니고 있는지 생각해야 한다. 내가 설정한 진리 값으로 사회를 판단한 것이 아닌 우리는 항상 사회가 설정한 준거기준에 맞추어 진리 값을 설정해 옳고 그름을 판단했다. 하지만 진정한 오토피아 사회가 구현되려면 우리는 더 이상 사회가 일률적으로 설정한 기준에 우리의 가치관과 행동을 맞추어서는 안 된다. 우리가 각자의 세계를 창조 및 생성의 행위를 적극적으로 하며 우리가 설정한 새로운 가치관과 기준을 통해 사회, 공동체에게 필요할 제도, 물질 등을 형성할 수 있도록 노력하여야 한다. 이에 우리는 위버멘쉬를 각자 추구하면서 우리가 정한 기준을 통해서 사회에 기여할 수 있는 일련의 행위들을 적극적으로 시행해야 한다. 이에 필자는 위버멘쉬와 조영식 선생님의 오토피아 사상을 계승하여 경사로 벤치 프로젝트를 시행하였다. 자세한 내용은 후에 기술하고자 한다.

Ⅲ. 한국 사회에서의 오토피아 적용에 대한 물음

1. 현재 한국은 오토피아를 충족할 수 있는 환경인가?

앞서 차라투스트라가 제시한 오토피아를 이루기 위한 필요적인 요건에 대해서 살펴보았다. 그렇다면 이러한 오토피아는 과연 현재 우리가 살고 있는 대한민국 사회에서도 적용이 가능한지 살펴보아야 한다. 우리가 살고 있는 대한민국의 사회는 어떠한 상황일까?

현재 한국 사회는 사실상 박제화된 공화주의 시스템 안에서 운영되고 있다. 과거 이승만, 박정희 정부가 권위주의를 사용하면서 이러한 권위주의로의 회귀를 극도로 두려워하여 절차적 범위 내에서 대통령의 선거제도를 고치는 수준으로 사회를 이어가고 있다. 즉, 아직까지 한국 사회는 실질적인 수준으로 발전하지 못하며 시스템만을 채택하여 단순히 진정한 자아실현을 추구하기보다 오로지 경제문제, 사적 영역에 대해서만 관심을 가지게 되면서 우리가 살아가고 있는 현실 세계를 창조하고 생성하는 데 미진하다. 그러면서 한 가지 자조적인 물음을 던진다. "내가 나선다고 세상이 바뀌나?"라는 물음을 던지는 현재의 상황은 점점 우리 스스로가 스스로의 주인이 되지 못하고 각자의 창의적이고 사랑스러운 세계를 만들고 있지 못함을 증명하고 있다는 것이다.

다양한 사례를 살펴보면 현재 이렇게 우리는 약자의 권력의지를 품은 채 살아가고 있다. 즉, 자신 스스로를 덕의 주인이라고 간주하지 않고 오로지 만인의 평등을 강조하며 법 앞의 평등만이 정의라고 생각하여 이러한 법적가치에 동의하지 않는, 공고화된 사회시스템에 동조하지 않는 자에 대해 불쾌감을 표시하며 차이를 포용하지 않는 폭군적 행태를 보이고 있다. 각자는 각자의 세계를 만들고 이를 존중받을 권리가 있음에도 불구하고 이를 인정하지 못하고 오로지 보편적인 좋은 기준만을 강조하며 그 이외 것들의 세계를 인정하지 않고 있다는 것이다.

용산참사 역시 오로지 법적으로 보장되는 건물주의 이익을 보호하면서 정작 아무런 구제수단이 없는 철거민과 세입자의 행복과 생명을 빼앗게 된 사건이다. 법이라는 보편적 가치만이 사회가 유일하게 추구하는 행복과 생명으로 바라보면서 법의 보호를 받지 못하는 자들의 세계는 무참히 침해된 것이다. 그렇다면 다시 질문을 던질 수 있다. 진정 현재의 한국은 각자의 오토피아를 달성할 수 있는 환경인가?

2. 한국 상황에서 개인들의 태도에 대한 물음

현재 한국 사회에서 살아가고 있는 개인은 어떠한 태도를 지닌 채로 살아가고 있다고 해석할 수 있을까? 차라투스트라는 낙타, 사자, 어린아이를 들면서 우리가 추구해야 할 태도를 보여주고 있다. 첫째. 낙타는 인간, 물자를 수송하기 위해 수많은 시간을 인내하고 타인을 위한 삶을 살면서 점점 본인 몸과 마음에 생채기가 누적되는 삶을 산다. 이러한 삶의 태도는 자기자신의 진정한 주인이 되지 못하고 오토피아를 추구하지 못한다.

둘째, 사자는 자유에 대한 열망과 의지가 충분하지만, 정작 이를 위해서 어떻게 자유를 활용해야 하는지를 모른다. 마지막으로 어린아이는 바로 우리가 추구해야 하는 태도이다. 어린아이만큼 자기욕망에 충실한 존재가 없으며 항상 신성스러운 긍정으로 가득하여 새롭고 아름답고 창의적인 세계를 구성할 수 있게 된다. 따라서 우리는 위대한 방식으로 우리 스스로를 사랑하고 자기자신의 주인이 되고 자기자신을 극복해야만 결실을 얻을 수 있기에 이러한 태도를 추구해야 한다. 하지만 현재 한국 사회에서 살아있는 우리들은 낙타와 같은 삶을 살고 있다.

1997년 동아시아 외환위기로 인해 IMF 대규모 차관을 사용하면서 우리 사회에 IMF는 대규모적인 구조조정을 요구하였다. 이에 한국 정부는 이를 수용하기 위해 유럽식 코포라티즘 처방을 내렸고 이렇게 탄생한 노사정위원회는 비정규직이라는 새로운 결과물을 도출할 수 있었다. 많은 노동자가 임시직, 계약직의 신분을 얻게 되면서 불안정한 상태에 놓이게 되니 점점 자기 자신의 주인이 되기보다 눈앞에 거치된 비참하고 불안한 현실 속에서 하루하루 경제적인 것에만 관심을 두고 자기자신의 주인이 되기 위한 자유를 향한 고민을 그만두기 시작했다. 이러한 삶의 태도는 누적되어 결국 자기 노동의 주인에서 자기노동에 대한 권리를 향유하지 못하고 오로지 타인을 위한 노동을 하면서 자기 노동에 대한 가치를 제대로 인정받지 못하는 노예적인 삶을 살게 되었다. 대기업은 이러한 노동자들에게 노조의 영향력을 제한하고 시장에 순응하는 존재로 만들어 버림으로써 노동시장에 대한 장악력을 점점 확대시켜 자본의 힘에 굴종시키게 만들었다. 통탄스럽고 개탄스러운 상황이다. 우리는 다시 플라톤의 동굴 속에 갇혀 진정한 자기자신을 위한 세계의 존재를 인지하지 못한 채 하루하루를 연명하고 있는 것이다. 신은 죽었지만 신의 위치를 대신해 자본이 그 역할을 대신해 '돈이야말로 최고다'라는 물질주의라는 가치를 사회 유일한 진리로 삼고 있는 것이다.

IV. 한국 사회가 오토피아를 추구하기 위해 나아갈 방향

1. 차라투스트라의 힌트에서 본 우리가 추구해야 할 방향

차라투스트라는 우리에게 많은 힌트를 주었다. 신을 살해한 자는 신을 살해하면서 웃음으로써 죽였다. 이 문장은 많은 의미를 가져다준다. 즉 우리 인간도 지금까지 인간적으로 내면화하고 숭배했고 당연한 진리라 여겼던 것들을 스스로 무너뜨려 인간적인 것을 떠나 보내고 인간이라 하는 규정에 대해 미련 없이 떠나는 것이야말로 오토피아를 추구할 수 있음을 방증한다. 인간적인 것으로부터 거리를 두고 자신을 극복하고 뛰어넘는 존재가 되어야 하는 것이다. 어떻게 보면, 생각보다 단순한 일이기도 하다. 인간이 인간적인 것을 만들었는데 왜 무너뜨리는 데 두려움을 가져야 하는가? 신 역시도 신이 인간을 만든 것이 아니라 인간들의 사고와 신념이 한데 모여 만들어진 것이기에 우리는 신을 무너뜨려도 아무런 지장 없고 지금까지도 인간은 죽지 않고 살아가고 있다. 따라서 우리는 자기 스스로를 죽이고 극복하는 그 과정을 두려워하면 안 되고 두려워할 필요도 없다는 것이다.

2. 미래의 윤리로서 아모르 파티(Amor Fati) 추구 필요

우리는 일종의 아모르 파티를 추구해야 한다. 다가오는 운명을 감수하라는 의미인데 수동적인 삶을 살아야 한다는 것은 지금까지 말했던 것과는 다른 방향성을 지니기에 문맥상 맞지 않는다고 볼 수 있다. 하지만, 차라투스트라라는 가상의 인물을 대변해서 자신의 사상을 언급했던 니체는 아모르 파티를 다르게 바라본다. 다가오는 운명을 감수하되 이에 순응하는 것에 그치는 것이 아니라 이를 오히려 내면화하고 긍정화하여 자신의 것으로 받아들여 이를 기반으로 더 나은 위대한 창조성을 발현할 수 있다는 점을 강조하였다. 즉, 운명을 받아들이는 수동적인 의미로서의 아모르 파티가 아닌 운명을 받아들이고 이를 토대로 더욱 개척해야 하는 태도를 강조한 셈이다.

더 나은 삶을 추구하는 과정은 항상 즐거움만이 수반되지 않고 고통, 용기 등도 요구될 것이다. 하지만 이러한 디오니소스적 고통을 우리는 극복해야 하고 이러한 고통을 통해 스스로 극복하고 자기자신의 주인이 될 수 있는 점을 잊지 말아야 한다. 그렇다면 우리는 비로소 의지의 자유를 달성할 수 있고 명령하는 동시에 명령을 수행하는 자 즉, 자기 스스로를 일치시켜 진정한 행복, 위대한 성취의 순간인 오토피아를 이룰 수 있을 것이다.

V. 한국 사회에서의 오토피아 적용

앞서 우리는 오토피아에 대해 알아보았고 이를 이루기 위한 요건, 나아갈 방향에 대해 알아보았다. 이제는 이러한 오토피아를 한국 사회에서 도입해 우리가 어떻게 해야 할지를 알아보아야 한다.

1. 이미 오토피아를 달성했다고 간주하는 현재 한국의 사회 상황

현재 한국 사회는 자기자신을 극복하고 자기자신의 진정한 주인이 되기 위해 필수적으로 거쳐야 되는 디오니소스적 고통을 너무나 두려워하고 불쾌해하고 있다. 한민족 사회라고 자부했던 우리지만 우리는 어쩌면 한민족이라는 이름 아래 서로의 다양한 세계를 침탈하고 차이를 주장하는 자에게 강한 불쾌감이 형성되었을 것이다. 성 소수자들이 자기자신의 주인으로서 명령을 내리고 이를 행위에 옮기는 것이 우리 시선에는 불쾌해 보였던 순간이 있지 않았을까? 사회적인 미치광이로 인식하여 자연이 준 아름다운 질서를 파괴하려는 미숙한 덩어리 집단으로 우리는 그들을 지금까지 바라보았던 것이다. 그들의 외침에 대해 사회의 보편적인 기준을 앞세워 억압하고 그들의 세계를 무참히 짓밟는 행위는 어쩌면 경제적인 위치에서 대기업, 기득권층에 비해 상대적으로 약자인 우리가 이러한 사회 보편적인 기준이라는 타자의 힘에 빌붙어 더욱 약자에 위치한 소수자들을 지배하고 있었던 것이다. 이에 우리는 이러한 행위를 우리 스스로의 생각과 가치관을 통해 자기자신을 지배하는 멋진 오토피아를 달성하고 있다고 착각하고 있었던 것이다. 실상은 우리 힘으로 결정된 것이 아니라 기득권층, 사회의 지배층이 세운 사회질서에 누구보다 충실히 순종하고 자기자신을 팔아넘긴 셈인데도 말이다. 다시말해, 현재 한국의 사회 질서는 이미 강자들이 정립해놓은 강자들에게 유리한 사회 질서의 지배하에 운영이 되고 있고 우리는 이러한 질서에 입각한 개체단위의 결정을 각자 스스로 내 순수한 자기결정이라고 착각하고 있는 것이다.

2. 포용사회의 구축

이러한 상황을 타개하고 진정한 각자의 오토피아를 달성하려면 다양성을 인정하는 포용사회를 구축해야 한다. 다양성을 인정하고 다양한 집단 간의 공존을 추구하며 관용에 기반한 사회야말로 서로의 차이를 인정하고 서로의 세계를 존중할 수 있게 된다. 실제로 현재 한국의 사회는 권위주의로의 회귀를 피하기 위해 소수 권력자의 횡포를 방지하기 위해서라도 상대적 약자들이 많은 사회구조에서 가장 유리한 다수결주의를 채택하고 있다. 하지만, 다수결주의 역시도 힘의 논리가 작동되는 제도인 만큼 사회적 약자 계층이 소수자집단의 이해를 조정하고 수렴하고 이를 통해 새로운 대안을 제시하려는 노력이 작동되지 않는다. 이러한 차이의 인정을 하고 진정한 자기자신을 극복하고 위대한 오토피아를 구성하기 위해 대표자(위임자)에게 오로지 위임하는 것은 전혀 문제를 해결할 수도 없고 바람직하지도 않다.

진정한 자기자신을 극복하려면 서로를 직접 마주하고 자유롭고 평등한 상황에서 이성적인 담론과 토론을 통해 공익을 상시 재구성해야 한다. 서로를 마주하는 것이 불쾌하고 고통스러울 수 있지만, 우리는 협동을 통해 해결해야 하며 새로운 삶의 조직화 방식을 창출해야 한다. 자유롭고 개인들의 연합적 생활 구성체인 코뮌주의를 창출함으로써 우리는 진정한 참된 자유를 추구해야 하고 이를 통해 적극적인 현실변화를 추구할 수 있다. 1980년대 한국의 마을, 생협, 교육공동체 역시도 이러한 흐름에서 있었던 포용사회의 모습이었다. 우리는 이러한 포용사회의 모습을 잠깐 향유하고 현재는 잃어버린 상황이다. 이렇게 상호 간 이해와 포용이 가득한 포용사회 속에서 우리는 자기자신을 부정함으로써 진정한 자기자신을 획득할 수 있게 된다.

자기의 한계, 오류를 인정하고 이를 적극적으로 개선하려 시도함으로써 진정한 자신을 발견하고 현실에 내재 되었던 당연하다 생각했던 모순을 극복하고 과학과 경제라는 현실로 우리를 얽매였던 장애물을 벗기고 각자가 추구하는 이상, 꿈, 희망, 상상을 다시금 되찾아야 한다. 이러한 사회의 거시적 흐름에 당당히 파장을 일으킴으로써 우리는 고통 속에 피어나는 발전, 더불어 가면서 서로의 다름을 인정하고 각자의 세계가 무궁무진한 인정, 초월, 공존의 전략을 추구해야 한다.

3. 영원회귀 속 진정한 자기자신의 극복 동력 창출

오토피아를 추구하기 위해서 앞서, 우리가 추구해야 할 태도를 찾아보았다. 하지만, 아직까지도 물음을 던지는 사람들이 있을 것이다. 아무리 내가 내 세계를 창출해서 사회가 바뀌더라도 개선된 사회가 영원히 보장될 것도 아니고 다시 미지의 힘에 의해 굴복된다면 내가 노력했던 것은 무의미한 것이 아닐까? 라는 스스로의 물음을 던질 수 있다. 당연히 아무리 내가 창조와 생성을 통해 진정으로 자기자신을 구원해도 갑자기 단절적인 변형이 찾아와 미지의 존재가 우리 사회를 다시 집어삼키고 그들이 만들어낸 질서가 곧 사회의 유일한 질서라는 가르침이 우리를 사로잡을 수 있다. 하지만 그렇다고 우리의 자기자신 극복행위가 무의미하다고 볼 수 있을까?

한국 사회를 살펴보자. 한국 사회의 개인은 이승만 정부 시절, 각자 자기자신을 극복하고 자기가 원하는 자유로움을 추구하기 위해 4.19 부정선거에 대해 맹렬한 시위를 하였다. 단순히 다른 사람도 시위를 하니까 나도 시위를 했던 것일까? 아니다. 내가 원하는 오토피아는 자유가 보장된 사회여야만 가능했기에 그 누구도 시민 각각에게 최면을 걸거나 강요하지 않았지만, 자발적으로 길거리로 나섰던 것이다. 그렇게 약간의 자유를 찾을 수 있었다. 하지만, 시간이 흘러 군사정부가 들어섰고 그렇게 5.18 민주화운동이 시작되었다. 약간의 자유를 찾았지만, 미지의 존재가 다시 사회를 집어삼켰던 것이다. 그렇다면 과거 내가 행했던 자기자신의 극복 운동은 무의미하다고 볼 수 있을까? 라는 물음을 다시 던진다면 그렇지 않다라고 대답할 것이다. 과거 자기자신을 극복했던 경험이 있기에 나는 내 오토피아를 창출하기 위한 환경을 조성하기 위해 다시 싸울 수 있고 다시 그 불편한 진실을 직접 마주할 수 있는 결단과 용기가 나올 수 있었던 것이다.

과거에 자기자신을 극복해 보았기에 비슷한 상황이 도래하니 또다시 자기자신을 전보다 쉽게 극복하고 나타낼 수 있었던 것이다. 영원회귀를 거치면서 우리 자기자신은 끊임없이 자기를 극복하고 불편한 진실을 마주함으로써 내가 원하는 각자의 세계를 지킬 수 있었던 것이다. 우리는 이러한 역사적 경험을 잊어서는 안 된다. 잊는 순간부터 바로 우리 자기자신의 세계가 침탈되고 빼앗기는 순간이 될테니까 말이다.

VI. 소결

그렇다면 대체 영원한 오토피아가 보장되는 사회는 언제 올 것인가? 차라투스트라는 그 답을 알까? 니체는 그 답을 알고 있을까? 답이 있다면 그것은 바로 무엇인가? 하지만, 애석하게도 영원한 오토피아가 보장되는 사회는 없다. 맥이 빠지는가? 하지만, 영원한 오토피아가 없기에 우리는 항상 우리를 엄격하게 바라보고 차라투스트라를 잠시나마 무력하게 만들었던 악마 '중력의 영'에게 굴복당하지 않기 위해 스스로가 건설한 자기자신의 세계에 안주하지 말고 끊임없이 발전시키고 타인을 이해하고 포용함으로써 변형시켜야한다. 자기자신이 건설한 자기자신의 세계가 완전하다고 생각하고 이를 변형시키지 않으려는 움직임은 다른 말로 말해 퇴색이요, 고집이요, 아집이고 타인을 배척함으로써 타인의 오토피아를 무시하는 것이기 때문이다.

더 나은 삶을 추구하는 과정은 고통으로 가득차 있다. 하지만 우리는 이러한 고통을 끊임없이 극복함으로써 결국은 더 나은 사회와 더 나은 세계를 얻을 수 있다. 너무 행복하지 않는가? 계속 끊임없이 발전할 수 있다니! 그럼에도 불구하고 영원한 오토피아를 추구할 것인가? 그렇다면 한계가 정해져 있는 오토피아일 텐데도 말이다.

소라게 예시를 들면서 글을 마치고자 한다. 소라게는 탈피를 하며 성장하는 생물인데 탈피할 때마다 그간 살고 있었던 소라를 떼고 고통스러운 탈피 과정을 겪어야 한다. 하지만 이러한 고통이 너무나 불쾌하고 힘들다 해서 소라를 바꾸지 않고 탈피를 하지 않는다면 점점 자라는 몸의 크기에 비해 소라의 크기는 작아 결국 짓눌려 죽게 된다. 하지만, 끊임없이 고통을 극복하고 더 큰 소라를 찾아 성장한다면 소라게는 더욱 전보다 나은 자기의 공간을 얻고 자기 역시도 발전할 수 있게 된다. 고통을 무서워하고 마주할 미래가 무섭고 불쾌해 이를 회피하지 말자. 타인의 힘을 내 힘으로 착각해 이를 토대로 결정하는 것을 자랑해 하지 말자. 그대들은 탈피를 무서워하는 소라게에 불과할 뿐이니! 오토피아를 추구하는 사회를 지향한다면 한국 사회는 발전하는 소라게가 될 수 있고 우리 개인들 역시 진정한 자기자신을 끊임없이 충족할 수 있을 것이다.

조영식의 오토피아 사상을 계승한 사회공헌활동:
너와 나의 연결고리, 경사로 벤치 프로젝트

VII. 경사로 벤치 프로젝트: 우리의 문제의식

먹고 싶은 메뉴가 있는 식당에 들어가서 맛있게 식사를 하고, 근처 카페에 들어가 티타임을 즐기는 것. 누군가에게는 지극히 평범한 일상이지만 누군가에게는 그렇지 않습니다. 점심시간, 커피 한 잔을 마시려 해도 휠체어 바퀴가 문턱에 가로막힙니다. 문턱의 높이는 10cm에 불과하지만, 휠체어를 이용하는 장애인들에게는 출입 금지 표시나 다름없습니다. 길거리에 즐비하게 늘어선 식당과 카페들이 늘어서 있지만, 장애인들에게 선택권은 없습니다. '원하는 가게'가 아닌 '들어갈 수 있는 가게'에서 밥을 먹는 것이 대한민국 장애인들의 현실입니다.

지난 1998년 만들어진 '장애인 · 임산부 · 노인 편의 증진법'은 식당이나 카페, 편의점 같은 시설에 경사로 등을 설치하도록 규정하고 있습니다. 하지만 이 규정은 면적 $300m^2$, 즉 90평이 넘는 대형 매장에만 적용됩니다. 그러나 전국 일반음식점의 96%, 제과점 99%의 대형 매장에 속하지 않아, 법의 예외에 해당합니다. 이러한 이유로 장애인들은 골목골목마다 박힌 식당 문턱에서 허기를 참고 돌아서야 합니다.

서울시장에게 장애인들의 이동권을 보장해달라는 유서를 남기고 세상을 등진 고 김순석 씨. 37년 전 그의 외침에 우리 사회는 여전히 귀를 닫고 있습니다. 최근 대부분의 학교, 회사 등에서 필수적으로 장애 인식 교육을 진행하고 있습니다. 그러나 장애인의 기본적인 이동권조차 보장되지 않고 있는 사회에서 '평등'에 대해 논할 수 있을지는 의문입니다. 일상 속에 녹아있는 차별은 모든 차별의 시작이자 뿌리입니다. 즉, 일상에서 차별이 존재한다면 평등은 이루어지기 어렵습니다. 장애를 이유로 제한·배제·분리·거부하는 행위는 차별 금지법에 따라 명백한 차별행위로 규정되어 있습니다. 장애를 이유로 이용을 제한하고 어렵게 하는 조치는 장애인의 권리를 침해하는 인권침해에 해당하기 때문입니다. '일상적 공간에 대한 장애인의 접근성과 이동성 결여'라는 안타까운 대한민국의 차별적인 현실은 장애인과 비장애인 간의 일상적 소통의 부재로 연결됩니다.

모든 과정에 앞서 상시적으로 유의했던 부분은 '우리가 아닌 당사자 입장에서 바라보기'입니다. 단순히 프로젝트를 진행하는 '우리의 시선'이 아니라, 프로젝트의 대상이 되는 '당사자들의 시선'에서 상황과 문제를 바라보며 진정으로 당사자들이 원하는 것이 무엇인지 알아보고, 이를 실현할 수 있도록 관점을 바꿔 생각하고 행동하자는 마음에서 만든 약속입니다. 앞서 언급한 카페나 음식점에서의 장애인 차별 문제를 접한 후, '차별을 부수기 위한 우리의 목표'에 대해 고민하기 시작했습니다.

이번 프로젝트는 장애인과 비장애인이 동등한 생활을 할 수 있는 생활환경을 조성하는 것을 목적으로 하며, 나아가 장애인과 비장애인 모두가 일상

생활에서의 자유를 동등하게 향유할 수 있어야 한다는 인식을 확대하고자 합니다. 누군가에겐 아주 흔한 일상이지만 누군가에겐 일생일대의 도전이 되고, 또 누군가에겐 아예 시도조차 할 수 없는 일로 자리하고 있는 것은 속히 해결되어야 할 분명한 문제입니다. 소문난 맛집을 찾아가는 게 아니라 휠체어로 들어갈 수 있는 식당 중에 그나마 맛있는 집을 맛집으로 생각하고 가야 하는 처지, 집 앞에 있는 카페도 마음 편히 오갈 수 없는 등의 다양한 제한사항들은 그저 장애인이란 이유로 허락되지 않은 평범한 일상임을 진지하게 바라보고자 하였습니다.

국내 통계에 따르면 장애인 인구의 88%는 후천적 장애, 다시 말해 건강한 몸으로 태어났어도 각종 질병이나 사고로 중도에 장애를 갖게 되는 경우이며, 갈수록 초고령화 사회로 진입해가면서 60세 이상 노령인구의 장애인 비율은 무려 90%에 육박한다고 합니다. 누구나 함께할 수 있는 사회 여건의 조성은 특정 계층을 위한 배려와 혜택이 아닌 우리 모두를 위한 당연한 기준이 되어야 합니다. 이에 장애인과 비장애인 모두가 같은 출발선에서 언제든지 소통할 수 있는 대한민국의 마중물이 되고자 본 프로젝트의 막을 열었습니다.

Ⅷ. 문제해결 Step by Step

1. 현장 리서치 인터뷰 과정

처음 장애인이라는 큰 틀을 잡은 후, 문제 상황에 대한 구체화를 위해 다양한 기관을 선정하여 현장 리서치를 진행하였습니다.

1) 발달장애 예술가와 예술 활동을 진행하는 소셜벤처 'This-Abled'

인터뷰에서 디스에이블드 대표님은 발달장애 예술가들이 작품에 대한 금전적 보상을 받지 못하여 그들의 예술 활동이 지속되지 못하는 점을 지적하였습니다. 과거 발달장애에 대한 불평등은 단순히 사람들이 모르기 때문에 생겼지만 예전보다 시대가 변하면서 사람들의 이해가 높아짐에 따라 사람들의 편견도 많이 사라지고 있는 현황이라고 말씀하셨습니다. 그럼에도 불구하고, 발달장애 예술가들이 정당한 대가를 지급받지 못하는 상황에 대한 개선이 필요하다는 점과 발달장애 예술가를 특별한 타이틀을 두지 않고, 그저 예술가로 바라보는 것이 중요하다는 인사이트를 얻을 수 있었습니다. 프로젝트 진행에 있어서는 사회통합을 통한 장애인식 개선이 필요하다고 생각하게 되었습니다.

2) 장애로 인해 교육기회를 박탈당한 이들을 위한 교육사업을 진행하는 '노들장애인야학'

노들장애인야학은 장애인의 주체적 자립을 목표로 하는 공간입니다. 해당 현장에서 활동하고 있는 박주석 씨를 만나, 장애인의 자립 및 차별을 없애기 위한 활동들에 대해 다양한 의견을 여쭤보았습니다. 인터뷰에서 박주석 씨는 장애인과 비장애인이 정책적이고 형식적인 곳에서 만나지 않고, 일상에서 서로의 삶을 공유하도록 환경을 조성하는 것이 필요하다고 이야기하며, 저희 팀의 프로젝트도 마찬가지 방향에서 이뤄지기를 조언해주셨습니다. 이러한 인터뷰 결과를 바탕으로, 장학재단의 선생님께서는 장애인과 비장애인이 기존의 형식적 틀을 벗어나 소통할 수 있는 환경을 조성하는 프로젝트, 혹은 노들장애인야학에서 기존에 진행하던 프로젝트였으나 인력 부족으로 중단된 프로젝트를 함께 진행해보는 방안 등을 긍정적으로 평가해주셨습니다.

3) 장애아와 비장애아가 함께 다니는 '장애아통합유치원'

'장애아동통합유치원'은 장애아 전담교사를 배치하고, 정원의 20% 이내에서 장애아 종일반을 편성, 운영하거나 미취학 장애아를 3명 이상 통합 보육하고 있는 어린이집으로 시군구가 지정한 시설을 말합니다. 장애아동이 겪는 어려움에 대한 질문을 하였을 때, 다른 비장애아동과의 마찰이 있다기 보다는 이동의 어려움, 의사소통의 어려움 정도였습니다. 오히려 아동들은 장애 유무와 관계없이 여러 활동에서 잘 어울린다고 합니다. 비장애아동이 나이가 들수록 장애아동이 자신과 신체적, 활동 내용에서 다르다는 것을 인식하고 의문을 갖기도 하는 것을 보면서 아동 시기에 실시하는 인식교육이 얼마나 중요한지 알 수 있었습니다. 장애아동통합유치원에서도 현재 장애인식에 대한 교육을 진행하고 있으며, 장애아동이 도움 받아야 하는 존재가 아닌, 그들도 도움을 줄 수 있는 존재라는 걸 알려준다고 합니다.

4) 수어통역사 겸 사회복지사로 활동하셨던 '이가람 선생님'

장애인 당사자 입장에서의 의사소통, 그리고 비장애인과 장애인 간의 의사소통에 대한 의견을 구하기 위해 수어통역사이자 사회복지사이신 이가람 선생님을 인터뷰했습니다. 이가람 선생님의 인터뷰를 통해, 여전히 한국 사회에서는 농인이 누려야 할 당연한 권리들이 보장되지 못하고 있음을 알게 되었습니다. 특히, 수어가 공식 채택되었지만 아직 국민들의 인식이 부족한 실정이고 비장애인들이 수화를 배우는 것을 쉽게 포기하거나 어려워하는 이유는 일상 속에서 농인을 만날 수 있는 기회가 많이 없다는 이유도 인지하게 되었습니다.

이러한 현장 리서치를 거치면서 사람들의 편견과 오해, 무지는 일상 속에서 장애인과 비장애인이 만날 기회가 주어지지 않기 때문이라 생각했습니다. 장애에 대한 제대로 된 인식을 갖기 위해선 형식적인 만남이 아니라 일상에서 함께 생활하며 그들을 이해하고 그들과 소통할 수 있어야 할 필요성을 느끼게 되었습니다. 이러한 현장 리서치 결과는 저희 팀이 장애인과 비장애인의 소통 환경을 조성하자는 프로젝트 목적의 설정으로 이어지게 되었습니다.

[현장 리서치 결과요약]

이렇게 많은 기관에 현장 리서치를 진행하면서 다양한 장애를 가진 사람들이 어떤 문제를 겪고 있고, 이러한 문제를 해결하기 위해 어떤 것이 필요한지 알아보았고, 이를 토대로 저희는 앞으로 프로젝트를 진행하는 데 있어서 가져야 할 문제 상황을 결정하였습니다.

사람들이 발달장애에 대해 잘 몰랐던 것은 많은 비장애인이 일상 속에서 그들을 잘 만나지 못했기 때문입니다. 비장애 아동이 장애아동에 대한 제대로 된 인식을 갖기 위해선 어린 시절부터 함께 생활하며 그들을 이해하고 소통할 수 있어야 합니다. 우리나라의 수어는 분명 공식적으로 대한민국 언어로 채택되었지만 많은 비장애인이 일상 속에서 농인을 만날 기회가 없다는 이유로 수어를 쉽게 포기합니다. 장애인과 비장애인이 함께 일상 속에서 녹아들어 함께 지낼 수 있다면, 서로가 서로를 좀 더 잘 알았다면 장애를 이유로 고통받을 일도 없었을 것입니다. 이에 따라 저희는 '장애인과 비장애인이 일상 속에서 만날 수 있는 환경의 부재'를 저희의 문제 상황으로 설정하였습니다.

2. 초기 프로젝트 활동 내용 및 노력

1) 문제 해결 방법

이러한 문제 상황을 가지고 저희는 다양한 해결책을 모색해 보았습니다. 교구를 통한 장애 아동에 대한 인식교육, 대학생을 대상으로 수어 과목 강의 신설, 예술을 통한 비장애인과의 소통 등 다양한 아이디어가 나왔습니다. 최종 결정을 고민하던 중 위즈온 협동조합 오영진 대표와 인터뷰를 하게 되었고, 장애인 이동권 문제에 대해 접할 수 있었습니다. 장애인 이동권 문제는 비장애인과의 물리적 장벽을 세울 뿐만 아니라 심리적으로 다가가기 어려운 장벽을 세운다는 점에서 사회 통합을 늦춘다는 의견을 나누게 되었습니다. 논의한 문제의식을 바탕으로 휠체어 이용자 분들이 문턱이 있는 가게를 출입하고자 할 때 평소 벤치로 사용되던 상판을 경사로로 활용할 수 있는 벤치 전환 경사로를 제작하기로 결정하였습니다. 특수 벤치 제작을 통해 휠체어가 타고 다닐 수 있는 장소를 확대하며 같이 어우러지는 문화를 만들어 갈 수 있을 것이라고 생각했습니다.

2) 서울새활용플라자: 꿈꾸는 공장 시제품 제작지원팀 선정

저희 팀은 건축, 제작과 관련한 전공지식이 없는 상황이었습니다. 이때 저희가 선택할 수 있는 상황은 2가지였습니다. 첫째는 제작업체에 의뢰해 제작하는 것이었고 둘째는 저희를 지원하고 도와줄 수 있는 업체를 찾아 저희가 직접 제작하는 방식이었습니다. 이에 저희 팀은 단순히 간단하게 업체에 주문 제작을 의뢰하기보다는 저희가 직접 제작하는 것이 공익적 목적에 적합하다고 생각했습니다. 그렇게 저희가 직접 제작하기로 결심했고 저희를 지원해줄 수 있는 업체를 찾게 되었습니다. 그 시설이 바로 '서울새활용플라자'라는 서울시 예산을 통해 운영되는 기관이었습니다. 해당 업체에서 운 좋게 시제품 제작 지원을 60팀을 받고 있었고 저희는 그렇게 시제품 제작 지원 계획서를 제출하게 되었습니다. 이에 서울새활용플라자에서 저희 팀을 지원팀으로 선정하는 쾌거를 얻을 수 있어 저희 팀은 그렇게 제작에 임하게 되었습니다.

3) 시제품 제작 과정

새활용센터에서 시제품 제작을 지원받을 수 있는 팀으로 선정되어, 초기 계획서를 본격적으로 보완하기 시작했습니다. 경사로 기능을 수행해야 하므로, 경사로 기능을 수행하는 벤치 상판이 성인 3명을 견딜 수 있도록 보강하는 과정이 가장 중요했습니다. 이에 기존의 유사 시제품의 규격을 조사하고, 관련 활동을 진행하신 소셜벤처 '재작소' 조미림 대표님의 자문을 구해 목재 두께와 알루미늄판 등의 규격을 확정하였습니다.

우선 장애인이 이용할 때마다 판을 들어 경사로로 설치할 수 있도록 상판을 유동적으로 탈착하는 방식으로 설계를 진행하였습니다. 이 과정에서 휠체어를 이용하는 당사자 분께 자문을 구했고, 안전성과 심미성, 그리고 현실적 실용성 등을 고려해 설계도를 대폭 수정하였으며 자작나무 합판 목재를 목재로 선정하였습니다. 벤치 크기도 현실화하여 벤치의 상용화 가능성을 높이고자 노력했습니다.

그 후에는 비장애인 이용자 입장에서 설계를 다시 검토했습니다. 평소에는 경사로가 아닌 벤치로 이용되는 기물이기에, 상판이 미끄러지지 않도록 앞뒤, 한쪽 끝에 고정이 되는 홈을 만들었습니다. 또한 알루미늄판에 다치는 일이 발생하지 않도록 모서리를 둥글게 처리하였습니다.

환경을 생각하여 목재 이용을 최소화하고, 재료를 절약하기 위한 고민도 포함되었습니다. 목재를 서로 끼워 맞추는 방식으로 설계하여 너트나 볼트, 접착제 등의 추가적인 재료가 필요하지 않도록 하였고, 목재의 이용도 최소화하였습니다.

[설계도의 수정]

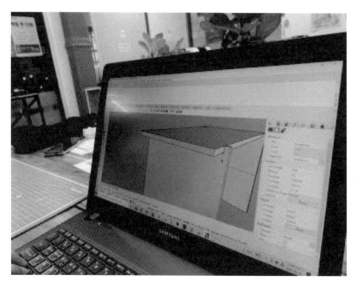

알루미늄판 수치를 계산하는 과정에서 오류가 생겨 문제가 발생하였습니다. 경사로 겸 착석 가능한 부분에 해당하는 판을 양 옆으로 고정해주는 부분이 있는데, 알루미늄판은 판과 고정 부분을 합친 총 폭을 기준으로 주문하였기에 알루미늄판이 나무판을 초과해버리는 문제가 발생하였습니다. 이로 인해서 담당자와의 논의 끝에 초기에 제작한 벤치 1개는 일반 벤치로 사용하고 설계도를 다시 수정하여 새로운 벤치를 제작하기로 결정하였습니다. 끊임없이 발생하는 예상치 못한 문제에도 모든 팀원이 침착하게 해결방안을 모색하고 이후 계획을 수립해 나갔기에 이처럼 원활한 해결이 가능했다고 생각합니다.

[재료 주문 과정]

설계도 제작 후, 제작에 필요한 목재와 여러 물건을 주문하였습니다. 설계도에 맞춰 물건을 주문하였으나, 관련 지식이 전무했던 저희로서 그 과정에서 많은 실수가 있었습니다. 공장 시설을 빌리기 위해선 규격에 맞는 목재를 주문해야 했습니다. 그러나 규격과 다른 크기의 목재를 주문함으로써 기계 사용이 어려워졌습니다. 시작부터 난관을 맞이했으나 공장 담당 매니저님과 아이디어를 모아 추가적인 주문은 최소화하는 방안으로 다시 프로젝트를 진행할 수 있었습니다.

설계도를 수정한 후 제작에 들어가기 위해 저희 팀은 재료들을 주문하였습니다. 저희 팀은 재료 주문 과정에서 꼼꼼함을 보이지 못하는 실수를 했었습니다. 재료 주문을 할 때 세심하게 확인을 하지 않았던 것입니다. 큰 목재를 사기보다는 제작하려는 벤치 크기에 맞추어 적정한 크기의 목재를 사는 것이 좋다 생각했기 때문입니다. 하지만 꿈꾸는 공장에서 목재를 커팅할 때 사용하는 기계인 CNC 기기를 사용하려면 특정 크기의 규격을 지닌 목재를 사용해야 했던 것입니다. 즉, 저희가 제작하려는 시제품 크기와 상관없이 해당 기계를 사용하려면 특정 규격 목재를 구입해야 했던 것이었습니다. 이에 저희 팀은 다시 새로운 예산을 가용하기 힘들었고 이에 저희 팀 지원 담당자이셨던 권혁민 대리님과 논의한 결과, CNC 기기에 맞는 목재를 1개만 구입해서 가운데에 공간을 만들어 저희가 제작한 목재를 퍼즐처럼 끼워 CNC 기기에 작동시킬 때 목재가 흔들리지 않고 작업하려는 방식을 활용할 계획을 세운 것이었습니다. 다행히 기기는 문제없이 작동되었고 시제품 제작작업은 그렇게 시작하게 되었습니다.

업체에 맡기는 것이 아니었기에 목재를 재단하는 전문 기계의 사용 이외에는 모두 저희 몫이었습니다. 팀원 모두가 관련된 일에 관해 지식이 전무했기 때문에 무모한 도전이고, 괜히 망치는 건 아닐까라는 생각도 들었지만 그런 우려와는 무색하게 저희의 경사로 벤치 프로젝트는 순탄하게 진행되었습니다.

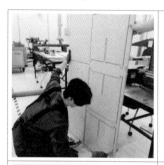

저희가 정한 수치에 맞추어 CNC(목재재단기계)를 이용하여 목재를 재단합니다. 이후 재단한 목재를 나무 판에서 떼어 내는 과정을 거쳤습니다.

이후 사포질을 통해 목재의 단면을 부드럽게 만들어 주는 작업을 거쳤습니다. 이용자의 입장에서 보았을 때 문제가 생길 수 있는 부분이기 때문에 가장 주의를 기울여야 했습니다.

다음은 방수기능을 도포하기 위한 바니쉬 작업을 진행하였습니다. 벤치 특성상 바깥에 두는 경우가 많기 때문에 바니쉬 작업은 필수였습니다.

완성된 벤치
최종적으로 벤치 상판을 알루미늄판과 접합하는 작업을 진행할 예정입니다.

[추후 계획]

현재까지 설계도 수정 전 제작하였던 일반 용도의 벤치 1개와 수정 후 규격에 맞게 제작한 경사로 겸 벤치 2개로 총 3개의 벤치를 완성하였습니다. 현재 주문한 목재가 남아 있기에 2개의 경사로 겸 벤치를 적절한 가게에 비치한 후 본 프로젝트의 확장 가능성이 있다고 판단되면 서울새활용플라자의 도움을 받아 추가 제작을 할 계획입니다. 설계도 및 CNC 재단을 위한 기존 자료, 총 3개 벤치 제작 후 남은 재료들이 모두 있기 때문에 추가 제작을 위한 시간 및 비용 소모를 최소화하여 진행할 수 있을 것으로 판단합니다. 이를 통해서 본 프로젝트의 확장성을 최대화하는 목표를 가지고 있습니다.

4) 추후 계획과 예상 성과

[벤치 제작 이후 계획]

벤치를 완성하여 가게와 컨택 후 직접 비치할 예정입니다. 현재 계획 중인 가게로는 사진과 같이 휠체어가 이동하기엔 턱이 높아 불편함이 있고, 휠체어 이용자가 많이 다닐 만한 곳임과 동시에 웨이팅이 있어 벤치가 필요한 가게입니다. 현재 한 곳에 비치할 수 있는 벤치만 제작하였지만 이를 시작으로 휠체어 사용자를 위한 경사로가 많은 곳에 비치되는 것이 목표입니다.

직접 가게를 방문하며 경사로 벤치 제작을 위해 치수를 참고하는 사진입니다.

경희대 학생들이 자주 찾는 가게(고기야 미안해)에 경사로 벤치를 설치하게 되었습니다.

경희대 학생들이 자주 찾는 가게(고기야 미안해)에 경사로 벤치 설치상황

경희대 학생들이 자주 찾는 가게(고기야 미안해)에 경사로 벤치 설치상황

[위즈온 협동조합 오영진 대표와 인터뷰를 통해 세운 추후 계획]

경사로 전환 벤치 제작을 위해 위즈온 협동조합 오영진 대표와 인터뷰를 가졌는데 입간판 경사로를 제작하게 된 계기와 목표를 들으며 추후 계획을 세울 수 있었습니다. 오영진 대표님은 장애인 이동권 문제 해결뿐만 아니라 사회적 간극이 좁혀진 사회를 목표로 하셨고, 경사로 전환 벤치를 제작한 현재 이러한 목표를 이어나가고자 합니다. 벤치를 비치한 가게가 배리어프리 지도에 등재되며 발달장애인과 비장애인 사이의 물리적 장벽을 낮추고, 이동권 문제 해결을 도울 것입니다.

위즈온 협동조합에서 입간판 경사로를
제작하는 모습입니다.

휠체어로 접근 가능한 장소를 표현한
배리어프리 지도입니다.

[예상되는 주요 성과]

이번 장학생 활동을 통해 예상하는 효과는 사회 통합입니다. 이동이 어려운 물리적 장벽과 사람이 많은 장소에서 이동의 어려움에 대한 염려로 이용하기 불편했던 심리적 장벽을 깨는 활동이었다고 생각합니다. 장애인과 비장애인이 서로 일상 속에서 소통할 수 있는 환경을 만들며 단순히 시혜적이고 동정적인 만남이 아니라, 일상적인 만남을 장려하는 데 쓰이는 것이 예상되는 주요 성과입니다. 말 그대로 거리를 돌아다니며 장애인이 신체적 한계로 인해 갈 수 없는 곳이 없어야 한다는 사명감으로 어렵지만 첫 제품 제작을 마쳤습니다. 작은 변화일지라도 장애인과 비장애인이 일상 속에서 만날 수 있는 기회를 만드는 유의미한 활동이었습니다.

IX. 더 큰 변화를 위한 분석

이번에 준비한 프로젝트는 장애인들이 어려움 없이 일상 속의 편의시설들을 이용할 수 있도록 도와주는 하나의 '배리어 프리' 프로젝트입니다. 초반의 문제의식을 가지면서 장애인의 이동권에 대한 이야기가 나올 때만 해도 '배리어 프리'라는 것이 단순히 이동이 힘든 사람들을 위해 이동의 편의를 봐주는 수단이라고만 생각했습니다. 그러나 프로젝트를 진행하면 진행할수록 '배리어 프리'는 단순히 이동을 돕기 위한, 시설의 이용을 돕기 위한 수단이 아니라 장애인과 비장애인을 이어주는 연결다리라는 것을 깨닫게 되었습니다.

많은 장애인 당사자, 관련 종사자 분들과 인터뷰를 하면서 가장 공통적으로 나왔던 말이 바로 장애인과 비장애인이 서로 일상 속에서 만날 수 없단 것입니다. 장애인과 비장애인의 만남은 항상 시혜적이고 동정적이었기 때문에 실제로 우리의 일상 속에서 장애인과 비장애인이 만나는 경우는 찾기 어려웠습니다. 이런 문제 상황에 대해서 "우리가 그럼 장애인과 비장애인이 만날 수 있는 커뮤니티를 만들어보자!"라는 생각도 해봤지만 그런 커뮤니티를 만드는 것 자체가 장애인과 비장애인이 일상 속에서 만나지 않는다는 사실의 반증만 될 뿐이었습니다. 그렇게 조금 더 넓은 차원에서 이 문제에 대해 생각했고, 이내 장애인과 비장애인이 일상 속에서 만나기 위해 무언가의 수단이 필요한 것 자체가 문제라는 걸 깨달았습니다. 장애인이 그들만의 커뮤니티에서 생활하는 것이 아니라 자연스럽게 비장애인의 일상에서 지낼 수 있다면, 그런 환경이 주어진다면 굳이 무언가를 계획하고, 프로그램을 할 필요 없이 장애인과 비장애인이 일상 속에서 소통할 수 있을 거라 생각했습니다. 그렇게 [장애인과 비장애인이 일상 속에서 소통할 수 있는 환경]을 만들기 위한 경사로 벤치 프로젝트를 시작하게 됐습니다.

그 첫걸음으로써 '벤치형 경사로'를 제작하게 되었습니다. 누구나 앉을 수 있는 벤치 형태를 하고 있지만, 필요할 때는 경사로로 변하여 부피가 큰 경사로를 본 목적 외에도 쓸 수 있도록 계획하였고, 벤치를 이용하던 사람들이 벤치가 경사로로 변하는 모습을 보면서 장애인의 이동권에 대해 생각할 수 있는 기회를 주고 싶었습니다. 하나의 경사로가 앞으로 우리의 환경을 바꾸는 첫 발자국이 되길 바라는 마음으로 손수 설계도를 그리고, 나무를 잘라 만들었습니다.

물론 경사로 벤치가 서울 어딘가 가게에 놓이게 될 단순한 경사로 하나라고 볼 수도 있습니다. 대체 이런 작은 변화 하나 가지고 어떻게 세상이 변할까라는 의심도 들 수 있습니다. 그러나 이러한 시도는 프로그램을 계획하기 이전부터 많은 곳에서 진행되고 있었습니다. 그리고 많은 시도를 본 많은 사람이 또 새로운 시도를 해나갈 것이고, 많은 사람의 마음속에 메시지를 남겨 줄 것입니다. 이러한 시도 하나하나가 모여 언젠가는 '같은 사람'인 우리가 일상 속에서 함께 섞여 지낼 수 있는 세상이 올 거라고 믿습니다. 장애인이 비장애인과 같은 일상에서 만나지 않고, 그들만의 커뮤니티 속에서 활동하게 된 것은 지금까지 오랜 시간 동안 우리 사회가 장애인에 대해 '도움을 주어야 하는 존재'라는 프레임 속에서 장애인과 비장애인을 동등하게 보지 않는 이기적인 자세를 취해왔기 때문이라고 생각합니다. 그들은 도움이 필요한 사람은 맞지만, 비장애인도 다르지 않습니다. 같은 사람으로서 우리 모두 '서로에게 도움이 되는 존재'입니다. 오랜 시간 동안 서로의 커뮤니티 속에서만 활동해왔던 만큼 짧지 않은 시간이 걸리겠지만 이러한 작은 시도들이 모이고 모여 멀지 않은 미래에는 세상 모두가 하나의 커뮤니티에서 만날 수 있는 세상이 되길 바랍니다.

X. 프로젝트 동반자 수기(서울새활용프라자 관계자)

1. 프로젝트를 시작하며

처음 프로젝트를 접했을 때가 생각이 나는 것 같습니다. 프로젝트를 시작할 때 우선 지원자 분들의 아이디어, 시제품으로 제작하시고자 하는 것들을 꿈꾸는 공장에서 제작이 가능한가의 여부를 파악하고 시작합니다. 아이디어에서는 문제가 없었지만 제작하는 방법과 재료선정, 구조 설계 등 부족한 부분들이 몇 가지가 존재하였습니다. 이런 부분들부터 바로 잡아야겠다고 생각하였고, 이 문제들을 프로젝트 팀에게 직관적으로 전달하기 위해 나무판을 사용하여 예시를 들거나, 사이즈 감을 위해 실제 벤치를 보여주거나, 재료는 어떤 것을 쓰는게 적합한지, 구조에 대해서 끊임없이 관찰하고 이야기해 주었습니다. 부족한 부분이 있었지만 비전공자의 시선이었기 때문에 그럴 수 있다고 판단하였고 제작품을 만드는 방법과 구조를 이해시키는 것이 중요하게 생각하여 프로젝트 진행을 도와야겠다고 생각했습니다.

2. 프로젝트를 진행하며

우선, 예시를 보여주며 이해를 시키기 위해 노력했습니다. 모형 모델링을 통해 전체적인 디자인과 구조를 설계하며 팀원들과 이야기를 나누었습니다. 아무래도 비전공자분들이 다수이시다 보니 작업에 있어서 지원자 분들이 간과한 부분이 여럿 있었고 그 부분을 수정 보완하면서 제작 방법과 기술에 대해서 쉽게 설명을 해주었습니다. 팀원 분들이 프로젝트를 하면서 다양한 경험을 할 수 있게 해주고 싶었습니다. 힘들었을 건데도 항상 즐거운 분위기 속에서 작업을 하는 모습은 저에게도 큰 도움이 되었고 더욱 즐겁게 지원을 해드릴 수 있었던 것 같습니다. 부족한 부분이 존재하더라도 그 부분들을 해결하기 위해 각자 의견을 나누고 문제를 해결해나가면서 그 과정과 결과물을 만들어 냈을 때의 기쁨은 다 같이 느꼈을 것이라고 생각되며 저 또한 뿌듯했습니다.

3. 프로젝트를 마무리하며

프로젝트 자체가 차별 문제를 해결하는 것에 중점을 두고 있기 때문에, 제작의 포커스가 장애인 사용자를 위한 디자인으로 고려가 되어 있었습니다. 저 또한 평소 실제 계단을 올라야 하는 휠체어 사용자 측면에서는 혼자서는 계단 한 칸 올라가는 것이 상당히 어려운 부분이 있다고 생각하고 있었습니다. 카페와 일상적으로 볼 수 있는 공간에서는 대부분 도로와 인도로부터 분리하기 위해 연석을 놓거나 단계를 높이는 방법이 주로 사용되고 있습니다. 공간 자체를 분리하기 위함도 있겠지만 이러한 부분은 분명 휠체어를 사용하는 사용자 측면에서 어려움이 있습니다. 그런 측면에서 바라보았을 때 언제든 휠체어 사용자가 방문한다면 벤치의 상판을 분리하여 편의성을 제공할 수 있다고 생각합니다. 프로젝트 팀이 만든 경사로 벤치가 사용자들에게 하여금 생활의 편의를 줄 수 있을 것이라 생각합니다.

비전공자로서 어려운 부분이 많이 있었을 건데 그런 부분의 문제를 파악하고 해결하기 위해 조언을 구하는 모습들이 매우 인상적이었습니다. 제작하는 과정 자체가 처음 하는 초심자 분들이 하기는 어려웠을 수도 있지만 포기하지 않고 열심히 하는 모습들을 보며 저 또한 자극을 받아 더 열심히 지원해드렸던 것 같습니다. 같이 프로젝트를 진행해서 재미있었고 앞으로도 더 많은 활동들을 통해 평등한 사회, 불편함을 겪고 있는 사람들의 문제를 해결해나가셨으면 좋겠습니다. 그동안 고생하셨고 수고하셨습니다. 감사합니다.

■ 저자 소개

강희원 (경희대학교 법학전문대학원 명예교수, 변호사)

경희대학교 법과대학을 졸업했다. 제24회 사법시험에 합격하여 변호사 자격을 취득한 후, 서부 도이칠란트 프라이부르크 대학에서 법학박사 학위를 취득했다. 경희대학교 법과대학과 법학전문 대학원에서 노동법, 민사소송법, 법사회학, 법철학, 법조윤리를 가르치다가 정년퇴직을 했다. 현재 경희대학교 명예교수 및 변호사로서 〈법무법인 동하〉의 공동대표로서 일하면서 〈법과 인간〉, 〈법과 언어〉, 〈법과 종교〉, 〈법과 돈〉, 〈법과 시간〉 등과 같이 "과(and)"를 넣어서 〈법〉의 근본적인 문제를 철학적으로 성찰하는 것에 관심을 두면서 연구를 계속하고 있다. 주요 저서로는 『노동법기초이론』, 『노동헌법』, 『법의 철학적 모색』 등 20여 권이 있으며, 옮긴 책으로는 R.C. 크반트의 『노동철학』, Niklas Luhmann의 「법사회학」, Edmond N. Cahn의 『법과 경험적 정의』, Norber Bolz의 『의미사회』가 있다. 그 외 "이데올로기로서 민법", "한국의 법문화와 샤마니즘", "픽션으로서 국민주권", "法의 綠色化와 綠色法學" 등 법사회학, 법철학 노동법, 민법 분야의 논문 120여 편을 발표했다.

오영달 (충남대학교 정치외교학과 교수)

한양대학교 학부 정치학사, 대학원 정치학 석사, 경희대학교 평화복지대학원 정치학 석사, 영국 아버리스트위드대학교 국제정치학 박사. 고려대학교 BK21 동아시아교육연구단 연구교수, 평화연구소 연구교수, 경희대학교 인류사회재건연구원 학술연구교수, 한양대학교 정책과학대학 정책학과 조교수를 역임한 후 현재는 충남대학교 정치외교학과 교수로 재직 중. 주요 연구로는 "대한민국 건국 시기에 대한 논쟁의 재조명: 이중 주권론의 시각," 『한국동양정치사상사연구』 제21권 1호 (2023), "유럽 중세 및 근대의 평화사상: 성 아우구스티누스, 성 토마스 아퀴나스와 이마뉴엘 칸트를 중심으로" (천주교 서울 대교구 민족화해위원회 평화나눔연구소 엮음, 『가톨릭교회 평화론과 평화사상』 2018), 『국제기구와 지역협력: EU · ASEAN · OAS · AU』 (공저, 2015) 등이 있다. onggeong@cnu.ac.kr

박명광 (국회미래연구원 이사장)

경희대학교 경제학 학사, 세인트루이스대학교 대학원에서 경제학 석사, 산토토마스대학교 대학원에서 경제학 박사를 받았다. 주요 경력으로서 2008년 통합민주당 최고위원, 제17대 국회의원(비례대표/통합민주당), 2020년 우루과이 대통령 취임식 문재인대통령 특사, 2015년~2021년 지구촌나눔운동 이사장 등을 역임했으며, 2020년 12월 이후 국회미래연구원 이사장을 맡고 있다. 신성대학교 석좌교수.

김용환 (전 충북대학교 윤리교육학과 교수, 조지 메이슨대 연구교수)

서울대학교 철학 박사. 충북대학교 윤리교육과 교수(1987-2020), 충북대학교 기획연구실장(1998-1999), 한국윤리교육학회장(2011-2012) 등을 역임했다. 현재 미국 조지 메이슨대 연구교수로 재직 중이다. 주요 저서로는 『장수시대 장수윤리』(충북대학교출판부, 2019)외 다수가 있다. 한편, 영남일보 신춘문예에서 「비 오는 날」로 장원을 수상했다. 시집으로는 『사랑하며 웃으며』(현대시학 71), 『행복하며 깨치며』(현대시학 94)가 있다.

정세희 (서울대학교 지속가능발전연구소 객원연구원)

2009년 중앙대학교 정치외교학과를 졸업하고, 2012년 동 대학교 일반대학원 북한개발협력학과에서 석사를 취득했다. 이후 국책연구기관인 통일연구원에서 비무장지대 평화적 이용방안, EC/EU 사례분석을 통합 남북 및 동북아 공동체 추진방안 등의 연구 프로젝트를 담당했다. 한국DMZ학회 연구팀장, 한반도개발협력네트워크 책임연구원을 역임했다. 2015년부터 독일 베를린 자유대학교 정치학 박사 과정을 시작하여, 2019년 독일뮌헨공대 공공정책(School of Governance) 대학에서 환경 및 기후정책학(정치학) 박사 수료하였다. 연구주제는 한반도 환경협력 및 통합, 환경평화구축이론, 동서독 비교사례, 거버넌스 연구 등이다.

가케가와 미치요(掛川三千代) (일본 소카대학교 준교수)

일본 소카대학교 문학부 사회학과 졸업 후 런던정치경제대학교(London School of Economics and Political Science) 석사학위(환경관리, 경제개발 전공), 캘리포니아대학교 산타크루즈(University of California, Santa Cruz) 환경학 박사학위를 취득했다. 유엔개발계획(UNDP) 뉴욕 사무소, UNDP 태국지역사무소, 재라오스일본국대사관, 국제협력기구(JICA) 베트남사무소, 일본 외무성 및 환경성 등에서 개발원조 지원 사업을 수행했다. 특히 환경정책의 개선, 기후변화 적응계획 지원, 인재육성 정책 등의 프로젝트 수행을 통해 현장 경험을 쌓았다. 2017년부터 현직. 주요 논문으로 "지구 규모에서의 과제와 기업 경영"(사쿠마 노부오 외 편저, 2019, 『개정판 CSR 경영 요론』, 창성사), "공해 문제와 환경 규제," "지속 가능한 사회를 향한 프로세스"(노무라 사치요 외 편저, 2021, 『현대 환경 경영 요론』, 창성사) 등이 있다.

하영애 (조영식 · 이케다 다이사쿠 연구회 회장, 학교법인 경희학원 이사)

건국대학교 정치외교학과 학사, 정치학 석사, 자유중국 국립대만대학교(National Taiwan University) 정치학 박사. 경희대학교 후마니타스칼리지 교수, 여교수회 회장 역임. 중국 북경대(2010), 청화대(2011) 방문교수. 1994년에 사단법인 한중여성교류협회 설립 및 회장으로 봉사하고 있다. 최근에는 경희대학교와 일본 소카대학교 설립자 연구에 중점을 두고 조영식 · 이케다 다이사쿠 연구회를 만들었으며, 두 사람의 비교를 위해 미국, 영국, 일본, 대만 및 중국 지역을 방문하였다. 지은 책으로『아름답고 풍요롭고 보람 있는 BAR 사회』, 『한중사회 속 여성리더』, 『밝은사회 운동과 여성』, 『한중사회의 이해』, 『중국현대화와 국방정책』, 『대만 지방자치 선거제도』, 『조영식과 평화운동』, 『조영식과 이케다 다이사쿠의 교육사상과 실천』, 『조영식과 이케다 다이사쿠의 교류협력과 문명융합』, 『조영식과 민간외교』, 『대만을 생각한다』, 『중국을 생각한다』 등이 있다.

ha-youngae@hanmail.net

김천일(金天一) (중국 요녕대학교 교수)

중국 요녕대학교 교수로, 1995년에서 2005년까지 경희대학교에서 초빙교수를 역임했다. 주요 저서로서『만주문학사』, 『심양시조선지방사』, 『현대한국철학: OUGHTOPIA 분석』등 다수 있다. 조영식 박사의 주요 저작물을 중국어로 번역 · 출판했으며, 『오토피아』, 『지구촌의 평화』, 『21세기 인류사회의 과제』, 『문화세계의 창조』, 『조국이여 겨레여 인류여』, 『국제밝은사회운동백서』등을 포함한다.

김성우 (펠로우 1기, 경희대학교 정치외교학과)

경희대학교 정치외교학과에 재학 중이며, 조영식 · 이케다 다이사쿠 펠로우 1기생으로 활동했다. 펠로우 장학생 활동 기간 동안 "한반도 평화 담론: 문화복리주의를 통한 남북연합제 통일 방안의 분석"을 주제로 한 논문을 작성한 바 있다. UN 산하 국제기구 직원으로 일하며 국제사회의 평화에 공헌하겠다는 개인적인 진로 목표를 실현하고자 지속해서 학업에 정진하고 실무 경험을 쌓아가고 있다. 주요 활동으로는 UN산업개발기구 한국투자진흥사무소(UNIDO ITPO Korea) 인턴 근무, UN환경계획(UNEP) 한국협회 기자단 활동, 제18차 UN연구훈련기구(UNITAR) 제주 국제연수센터 청년 워크숍 수료, 제16기 외교부 서포터즈 활동, 제4회 모의 아프리카연합(AU) 총회 주한 아프리카 외교단장상 수상, 제23회 전국대학생 모의유엔회의 우수상 수상 등이 있다. brandon0374@naver.com

홍예성 (펠로우 1기, 경희대학교 행정학과)

경희대학교 행정학과에 재학했으며 재학 중에 대학생 아시아 대장정 전국 대표, 서울시 청소년참여위원회 부위원장 등을 역임했다. 또한, 태양광 방음벽 설치 활동, 마을협동조합 설립 등으로 산업통상자원부 장관상을 수상했다. 조영식과 이케다 박사의 UN 비전, 평화교육 등에 관심을 가지며, 펠로우 1기생으로서 "조영식의 오토피아 사상에 대한 분석과 이에 따른 사회공헌활동"을 주제로 연구과제를 수행했다.

◈ 설립 목적

조영식 박사와 이케다 다이사쿠 박사의 교육, 문화, 평화, 종교 등과 관련된 사상과 철학, 운동을 심층적으로 연구 및 실천하여 아름답고, 풍요롭고, 보람 있는 BAR(Beautiful, Affluent, Rewarding) 사회를 만드는 데 목적을 둔다.(2016년 설립)

◈ 주요 활동

1) 연구: 조영식과 이케다 다이사쿠의 사상, 철학, 운동에 관해서 연구한다.

2) 소통: 학술 행사나 특강을 통해 연구 주제와 결과를 공유 및 확산한다.

3) 연대: 국내외 기구 및 인사와의 학술적 교류·연대를 넓힌다.

4) 실천: 사상·철학을 실천 운동으로 연결해 나간다(교육, 사회운동 등).

5) 후계: 인간성 회복과 평화 구현을 위한 젊은 인재를 양성한다(조이 펠로우 장학생 사업).

◈ 주요 출판물

『조영식을 생각한다: 조영식 박사 탄생 100주년 기념문집』(한국학술정보. 2021)

『문화세계의 창조와 세계시민』(연구회 총서 제2권, 한국학술정보. 2020)

『조영식과 이케다 다이사쿠의 평화사상과 계승』(연구회 총서 제1권, 한국학술정보. 2018)

『조영식과 이케다 다이사쿠의 교류협력과 문명융합』(한국학술정보. 2017)

『조영식과 이케다 다이사쿠의 교육사상과 실천』(한국학술정보. 2016)

일본 소카대학교 교류 간담회(2018년)

이케다 다이사쿠 사상 국제 심포지엄(중국, 2018년)

제3회 공동 심포지엄(2019년 7월 3일)
- 대주제: 평화사상과 실천
- 기조연설: 조영식·이케다 다이아쿠의 평화 사상과
  코스모폴리터니즘
- 연구발표: 인간주의 사상, 세계시민성 등

조영식·이케다 다이사쿠 평화포럼 2022
- 대주제: 평화·지구·미래를 위한 대화
- 기조연설: 조영식의 평화운동, 이케다 다이사쿠의
  지속가능한 평화
- 연구발표: 평화철학, 1·26제언 연구, 지속가능발전,
  펠로우 발표 등

◆ **조영식 박사 Profile**

- 1921년 평안북도 운산 출생
- 경희대학교 설립자 겸 학원장, 밝은사회국제클럽 국제본부 총재
- 세계대학총장회 영구명예회장, 평화협의회 의장
- 인류사회재건연구원 총재, 일천만 이산가족 재회 추진위원회 위원장 등
- 유엔 평화공로 특별상, 마하트마 간디상, 만해평화상, 국민훈장 무궁화장 등 수상
- 소카대학교 법학명예박사, 모스크바대학교 평화철학명예박사 등 수여

"21세기의 인류사회는 더 말할 것 없이 인간을 과거와 같이 정신적 존재 또는 육체적 존재로만 편협하게 떼어 보는 것이 아니라, 정신과 육체를 가지고 통정된 인격적 존재로 보는 사회가 되어야 하므로, 사회에서 인간을 가장 존중해 주고 인격을 높이 평가하는 인격적 인간사회 즉, Human-centrism(重人思想에 의한 인간중심주의)의 사회가 되어야 한다는 것이 나의 지론이다."

"나는 그것을 Oughtopia -당위적 요청사회라고 명명하였다. 그 Oughtopia는 즉 소망스러우면서도 소망할 수 있는 인간의 이상사회라는 의미에서, 과거 소망만을 바라보던 비현실적, 비당위적 이상사회를 지향했던 유토피아와 구별한다. 이 이상사회는 인간이 행복하고 값있기 위하여 당위적으로 그렇게 살아야 한다는 의미에서 ought(當爲)와 topia(場所) 즉, Oughtopia라고 이름한 것인데 이것은 인간으로서 바랄 수 있고 또 당위적으로 그래야 할 실현 가능한 사회라는 뜻에서다. 그것은 BAR 즉, 정신적으로 아름다운(spiritually Beautiful) 사회, 물질적으로 풍요하고(materially Affluent) 편익하여 살기 좋은 사회, 인간적으로 보람 있는(humanly Rewarding) 사회를 말한다."

『오토피아』에서

◆ **이케다 다이사쿠 박사** Profile

- 1928년 일본 도쿄 출생
- 일본 소카대학교 설립자, 국제창가학회(SGI) 회장
- 미국 소카대학교 설립자, 도다기념국제평화연구소 설립자
- 계관시인, 세계민중시인, 로마클럽 명예회원, 퍼그워시회의 명예의장
- 유엔평화상, 유엔인도상, 타고르평화상, 대한민국 화관문화훈장 등 수상
- 경희대학교 명예철학박사, 모스크바대학교 명예박사 등 수여

"우리 인류가 도전해야 할 과제는 단순히 전쟁이 없다는 소극적 평화의 실현이 아니라, '인간의 존엄'을 위협하는 사회구조를 근본부터 변혁하는 적극적 평화의 실현입니다. 따라서 국제협력과 법제도의 정비도 필요하겠습니다만, 그보다 더 중요한 것은 그 기반이 되는 '평화의 문화'입니다.… 법률, 제도라 해도, 그것은 인간이 만들고 인간이 운용하는 것입니다. 만약 내적인 인격의 연마를 소홀히 한다면 아무리 훌륭한 시스템이라 해도 원활하게 기능한다는 것은 불가능할 것입니다.… 나날의 행동 그리고 착실한 대화를 통하여 '생명의 존엄', '인간의 존엄'에 대한 서로의 마음을 높여 가는 가운데 '평화의 문화'의 토양이 풍부해져 새로운 지구문명은 꽃피는 것입니다."

"인간의 정신은 어떠한 곤란한 상황도 타개하고 더욱 풍부하고 결실 있는 가치창조를 성취하는 힘을 갖추고 있습니다. 이러한 위대한 정신의 힘을 인간 각자가 종횡으로 개화하면서 변혁을 지향하는 연대의 기반을 강하게 하여 '평화의 문화'를 구축해 간다. ― 여기에 제가 '생명의 세기'로 이름 한 21세기의 가장 중요한 최대의 도전이 있다는 것을 호소합니다."

제25회 SGI의 날 기념제언『평화의 문화, 대화의 대륜』에서

조영식과 이케다 다이사쿠의
생태문명과 평화운동

초판인쇄 2023년 5월 3일
초판발행 2023년 5월 3일

지은이 하영애
펴낸이 채종준
펴낸곳 한국학술정보(주)
주 소 경기도 파주시 회동길 230(문발동)
전 화 031-908-3181(대표)
팩 스 031-908-3189
홈페이지 http://ebook.kstudy.com
E-mail 출판사업부 publish@kstudy.com
등 록 제일산-115호(2000. 6. 19)

ISBN 979-11-6983-340-0 93330